—— 项目主持 ——

成渝地区双城经济圈职业院校学前教育发展联盟
重庆幼儿师范高等专科学校
川南幼儿师范高等专科学校

本书是2021年度重庆市社会科学规划项目"幼儿教师教育行为指南构建研究"（项目编号：2021NDYB130）和重庆市教育科学"十四五"规划重点课题"卓越教师培养计划实施成效评价与深化研究"（项目编号：K23YB3040020）的研究成果

川渝地区乡村幼师发展研究

CHUAN-YU DIQU XIANGCUN YOUSHI FAZHAN YANJIU

刘灿国　段永清／主编

图书在版编目(CIP)数据

川渝地区乡村幼师发展研究 / 刘灿国, 段永清主编. -- 重庆 : 西南大学出版社, 2024.5
ISBN 978-7-5697-2383-0

Ⅰ.①川… Ⅱ.①刘…②段… Ⅲ.①乡村教育-幼教人员-师资培养-研究-四川 Ⅳ.①G615

中国国家版本馆CIP数据核字(2024)第089888号

川渝地区乡村幼师发展研究
CHUAN-YU DIQU XIANGCUN YOUSHI FAZHAN YANJIU

刘灿国　段永清　主编

策划编辑：	董宏宇　龚明星
责任编辑：	钟小族
责任校对：	陈铎夫
装帧设计：	旭日视觉
照　　排：	王　兴
出版发行：	西南大学出版社(原西南师范大学出版社)
	网　址:http://www.xdcbs.com
	地　址:重庆市北碚区天生路2号
	邮　编:400715
	电　话:023-68868624
经　　销：	新华书店
印　　刷：	重庆长虹印务有限公司

成品尺寸：185 mm × 260 mm
印　　张：19
字　　数：306千字
版　　次：2024年5月　第1版
印　　次：2024年5月　第1次印刷
书　　号：ISBN 978-7-5697-2383-0

定　　价：79.00元

编 委 会

主　任

　　　刘灿国　段永清

副主任

　　　马文华　李达军

主　编

　　　刘灿国　段永清

副主编

　　　马文华　李达军　徐燕刚　熊　应　宋凌云　全晓燕

委　员（以姓氏笔画为序）

　　　马文华　王　芳　王雪媛　邓亚玲　田兴江　石　帅　卢　静　丘　静
　　　刘灿国　刘苗苗　孙天鹏　全晓燕　牟洪贵　任　捷　李达军　李欢欢
　　　沈　欣　杨　雪　杨建明　宋凌云　宋生涛　陈锦荣　罗　伟　郑龙香
　　　郑　骞　段永清　贺菲瑾　唐廷秀　徐燕刚　徐　浩　黄俊超　谢梦怡
　　　庸晶名　彭　丹　熊　应　潘　渝

前　言

党的二十大报告指出,"教育、科技、人才"是全面建设社会主义现代化国家的基础性、战略性支撑。重庆把建设成渝地区双城经济圈作为"一号工程",积极探索成渝两地教育、科技、人才协同发展的路径。根据中共中央办公厅印发《关于在全党大兴调查研究的工作方案》的通知精神,中共重庆市委办公厅印发《关于在全市大兴调查研究的实施方案》和中共四川省委办公厅印发《关于在全省大兴调查研究的实施方案》的通知要求,重庆幼儿师范高等专科学校始终坚持以习近平新时代中国特色社会主义思想为指导,全面贯彻落实党的二十大精神,积极响应"一号工程"时代号召,矢志赓续乡村师范办学使命,组织一线教师开展乡村幼师发展调查研究,讲述"一号工程"里的乡村情怀和幼师故事。

中国乡村师范教育与中国教育现代化是同步的,始终肩负着"革旧习,兴智学"的历史重任。1840年,西方列强打开了中国的国门,古老帝国面临千年未有之大变局。帝国主义的闯入让中国人惊醒,一批有识之士带头开展乡村教育先锋活动。在梁启超等人的努力下,乡村师范教育在中国诞生了。1896年,盛宣怀以梁启超提出的"师范学校立,而群学之基悉定"和"师也者,学子之根核也"为办学理念,率先在上海创办南洋公学师范院。1904年1月颁布的《奏定学堂章程》(即癸卯学制)提出独立设置师范学堂。1912年9月,《学校系统令》《师范教育令》等文件发布。

重庆幼儿师范高等专科学校创办于1914年3月,时称四川省立第四师范学校(简称"省四师")。1917年5月24日,著名民主革命家章太炎先生在省四师写下校训"无冥冥之志者,无昭昭之功。骐骥一跃,不能十步;驽马十驾,功在不舍",以此鼓励学生立大志、勤学习。1923年,萧楚女、恽代英在省四师传播革命火种,之后省四师一直被誉为"下川东的革命摇篮"。重庆幼儿师范高等专科学校传承省四师红色文化,坚持110年勤耕不辍,坚持师范教育,探索回答"如何培养具有乡村情怀的幼儿教师"的时代命题,走出了一条具有西南地域文化特质的卓越乡村幼师人才培养的新路子。

川南幼儿师范高等专科学校创办于1932年。学校草创者陈道循先生怀教育兴邦之理想,于战火和硝烟中创办了隆昌县立乡村师范学校。九十余年来,学校虽五更校名,五易校址,但一直扎根县城办学,坚守师范初心。办学之初,学校提出了"根据乡村生活之需要,培养具备严正品格、农夫身手、科学头脑、办事才能、专业修养、改造精神之健全师资"的办学宗旨。学校延续至今,一直保持"立身乡农,德技双馨,科学精神"的县乡教育播种者底色。

本书为切实发挥成渝地区双城经济圈职业院校学前教育发展联盟的行业纽带、引领、带动作用,深入推进成渝地区双城经济圈学前教育协同发展,经成渝地区双城经济圈职业院校学前教育发展联盟议定,由重庆幼儿师范高等专科学校协同川南幼儿师范高等专科学校开展乡村幼师发展重点项目系统研究,通过调查研究共同撰写《川渝地区乡村幼师发展研究》一书。

本书分为四篇。第一篇坚持人民创造历史的唯物史观,继承和创新乡村幼师文化遗产,讲述川渝地区乡村幼师故事;第二篇从专业伦理、专业知识、专业能力等维度,研制调查问卷和访谈提纲,选取四川省、重庆市部分乡村振兴示范乡镇或帮扶乡镇开展调查研究,分析乡村幼师专业素养;第三篇结合教育部与重庆市部市会商会议、教育部调研重庆和四川教育工作精神,分析川渝地区乡村卓越幼儿教师培养情况,诠释百年老牌师范专科层次学校的守望和路向,同时,为交流川渝地区幼儿教育师范院校在乡村幼师人才培养中的经验;第四篇为实践探索篇,特邀重庆幼儿师范高等专科学校、川南幼儿师范高等专科学校共同撰写在乡村幼师人才培养上的实践探索,以供大家商榷。

  本书通过调研川渝地区乡村幼师发展现状,撰写"一号工程"里的幼教篇章,期望为地方政府深入推进学前教育改革发展提供有益借鉴。同时,本书丰富了乡村幼师研究成果,对中国式现代化和乡村幼教发展中的热点问题进行了深入研究,从历史逻辑上厘清了中国乡村师范发展的早期根源,从实践层面分析了中国乡村幼师发展的未来趋势。另外,本书在重庆幼儿师范高等专科学校建校110周年庆典仪式上发布,助力西部乡村学前教育树立新理念、探索新路径、形成新模式,为中国式现代化和西部乡村幼教高质量发展贡献智慧。

编者

2024年3月重庆

目 录
MULU

第一篇 川渝地区乡村幼师事业发展调查研究

002 第一章 川渝地区乡村幼师事业发展的历史沿革
002　第一节　川渝地区乡村幼师事业的发轫时期
008　第二节　川渝地区乡村幼师事业的壮大时期
018　第三节　川渝地区乡村幼师事业的提质时期

028 第二章 川渝地区乡村幼师发展支持政策研究
028　第一节　四川省乡村幼师发展的支持政策
035　第二节　重庆市乡村幼师发展的支持政策
044　第三节　川渝地区乡村幼师发展支持政策的比较与优化建议

056 第三章 川渝地区乡村幼师发展的当代考察与应对
056　第一节　川渝地区乡村幼师发展的机遇分析
063　第二节　川渝地区乡村幼师发展当前面临的问题与挑战
067　第三节　川渝地区乡村幼师的发展策略

第二篇 川渝地区乡村幼师专业发展调查研究

076 第四章 川渝地区乡村幼师专业伦理调查研究
076　第一节　川渝地区乡村幼师专业伦理研究初探
093　第二节　川渝地区乡村幼师专业伦理现实样态
116　第三节　川渝地区乡村幼师专业伦理困境及成因分析
120　第四节　川渝地区乡村幼师专业伦理解困措施

123 第五章 川渝地区乡村幼师专业知识调查研究
123　第一节　川渝地区乡村幼师专业知识研究初探
131　第二节　川渝地区乡村幼师专业知识研究路径
135　第三节　川渝地区乡村幼师专业知识现实样态
142　第四节　川渝地区乡村幼师专业知识差异分析

001

| 145 | 第五节　川渝地区乡村幼师专业知识面临的问题 |
| 147 | 第六节　川渝地区乡村幼师专业知识提升措施 |

155　第六章　川渝地区乡村幼师专业能力调查研究

155	第一节　川渝地区乡村幼师专业能力初探
165	第二节　川渝地区乡村幼师专业能力现实样态
176	第三节　川渝地区乡村幼师专业能力差异表征
180	第四节　川渝地区乡村幼师专业能力提升困境
182	第五节　川渝地区乡村幼师专业能力解困措施

第三篇　川渝地区乡村幼师人才培养调查研究

190　第七章　川渝地区乡村幼师人才培养现状调查研究

190	第一节　绪论
197	第二节　研究设计
202	第三节　研究结果
208	第四节　川渝地区乡村幼师人才培养存在的问题
212	第五节　川渝地区乡村幼师人才培养策略

221　第八章　川渝地区学前教育公费师范生培养现状

221	第一节　师范生公费教育发展沿革
225	第二节　师范生公费教育的困境
228	第三节　川渝地区学前教育公费师范生培养模式分析
230	第四节　川渝地区学前教育公费师范生职前培养现状
253	第五节　乡土情怀与专业发展调查的内在启示

第四篇　实践探索篇

| 260 | 重庆幼儿师范高等专科学校卓越乡村幼师培养改革与实践成果 |
| 274 | 川南幼儿师范高等专科学校"校地园协同、学训教一体"乡村幼师人才培养模式探索与实践 |

| 282 | 参考文献 |

| 289 | 后记 |

第一篇

川渝地区乡村幼师事业发展调查研究

乡村幼师教育作为教育体系的重要组成部分,其发展历程充分反映了地域特性与时代精神。从早期的幼儿照看服务人员到现代的幼师教育专业化,川渝地区乡村幼师事业不断调整,适应着社会发展,也深刻影响着教育变革。对川渝地区乡村幼师事业发展历史进行深入研究,探讨川渝地区乡村幼师事业的起源及其在不同历史时期的发展状况,能够明确川渝地区乡村幼师事业的地域特色和发展逻辑。

在全球化与信息化大潮中,当前的幼师事业面临着前所未有的挑战与机遇。在这一时代背景下,透视川渝地区乡村幼师事业的发展状况,探讨乡村幼师事业在国家加强政策支持、地方经济转型、社会文化变革和科技进步等复杂环境中的应对策略,能够为其高质量发展提供有益参考。

第一章 川渝地区乡村幼师事业发展的历史沿革[①]

清末民初是我国近代专制社会向民主社会转型的重要时期。社会经济体制的变革,催生了女子师范教育。女子师范教育的兴起与发展,奠定了我国幼儿教育事业的基础,其教育思想、人才培养模式对我国幼儿师范教育产生了深远影响。在中西文化碰撞交融的特殊境遇下,中国的学前教育逐渐由家庭向社会转化,幼师事业也取得了长足进步。川渝地区的乡村幼师事业在我国社会、经济等各方面的深刻影响下,经历了发轫时期(1901—1949)、壮大时期(1949—2012)和提质时期(2012—)三个发展阶段,培养规模、人才质量和教学水平都得到了显著提升,取得了辉煌的成就。

第一节 川渝地区乡村幼师事业的发轫时期

相对于全国幼师事业来说,川渝幼师事业起步比较晚。1904年,清政府颁布《奏定学堂章程》,同年也颁布了我国近代学前教育的第一个法规《奏定蒙养院章程及家庭教育法章程》。它以国家学制的形式,将学前教育机构的名称确定了下来,标志着中国传统学前教育的近代转型。从此,中国的学前教育揭开了崭新的一页,从过去基本由家庭进行学前教育,转向由社会专门教育机构组织实施。1907年,清政府对"癸卯学制"进行修订和补充,颁布了《奏定女子师范学堂章程》,对幼教师资培养做出了规定,将幼儿保教人员纳入正规的教育渠道。自此,我国的幼师事业正式登上历史舞台。川渝地区的幼师事业也在这一时期进入初步发展阶段。

一、从蒙养院到女子师范学堂

1904年,《奏定蒙养院章程及家庭教育法章程》颁布后,蒙养院制度得以确立。制度化的学前教育得到了发展的契机,全国各地开始创办蒙养院。据张宗

[①] 本章由川南幼儿师范高等专科学校完成。负责人:全晓燕;撰写人:罗伟、石帅、彭丹。

麟统计,1907年全国蒙养院为428所,在院人数4893人,是清末幼稚教育发展的最高峰。[1]

(一)川渝蒙养院的兴办

早在维新运动期间,维新派就提倡开展学前教育,并提出了若干建议,但未能施行。1901年8月,清政府令各州县设立蒙养学堂,但这些蒙养学堂仍属小学性质,并非幼儿教育机构。《奏定学堂章程》规定建立蒙养院,招收3—7岁儿童入院。最初由于没有专门师资,四川省为数不多的蒙养院附设在育婴堂等慈善机构中,以中老年妇女为保姆。[2]1906年,成都模仿日本的幼稚园,开办了近代第一所慈幼学堂和附设保赤院。由于幼教师资和经费都极度缺乏,人们的观念也没有跟上教育改革的形势,所以绝大多数州县都没有单独设立蒙养院。即便有蒙养院的地方,也极少有家庭把子女送入院中。幼儿教育仍依赖家庭教育。清政府刊行了一些关于家教的书籍,供人们在家自相传习。少许幼儿在私塾或家塾里,每天由先生教猜谜语,教唱民间儿歌、童谣等。[3]

《奏定蒙养院章程及家庭教育法章程》规定:"保育教导儿童,专在发育其身体,渐启其心知,使之远于尧薄之恶风,习于良善之轨范。"办蒙养院的目的在于以蒙养辅助家庭教育,使蒙养和家教合一。据此,各地办园目标偏重于德育和体育。1906年,美国传教士汤姆金(Charles E. Tompkins)在四川宜宾市开办司司里亚幼稚园,招收幼儿10人,以"养成儿童健全身心与耐苦的精神"为目的,是外国人在四川最早开办的近代幼儿教育机构,由汤姆金自任教员。1909年,成都依托淑行女子师范学堂设立蒙养院,招收幼儿116人,分大班和小班,是四川设立最早的公办蒙养院,由女子师范的毕业生担任教养员。同年,四川省立第一、第三师范学堂及成都西城开始设立幼稚园,由小学教员任教。[4]

(二)川渝女子师范学堂的开设

清末,四川省蒙养院的保教人员以"辗转传授"的方法,在蒙养院内学习"保

---

[1] 张沪.张宗麟幼儿教育论集[M].长沙:湖南教育出版社,1985:144.
[2] 熊明安,徐仲林,李定开.四川教育史稿[M].成都:四川教育出版社,1993:217.
[3] 熊明安,徐仲林,李定开.四川教育史稿[M].成都:四川教育出版社,1993:217.
[4] 四川省地方志编纂委员会.四川省志·教育志[M].北京:方志出版社,2000:140.

育教导幼儿之事"。课本有《孝经》《四书》《列女传》《女诫遗规》等,也选取外国家庭教育之书,择其平正简易、与中国女道不相悖者,如日本下田歌子所著《家政学》之类。此外,初等小学识字课本、小学前两年的各种教科书也在选用之列。1902年,四川总督改锦江书院为成都府师范学堂,招蒙养师范生305人,6个月毕业。① 1904年,清政府要求扩充省城的敬节堂、育婴堂,将幼稚园附设其中。表面上敬节堂、育婴堂担当起了培养幼儿师资的任务,但实质上并非如此。很多地方把乳媪、节妇中的识字者选作育婴堂、敬节堂内的教师,若乳媪、节妇中全无识字者,就在外面请一个识字的老成妇人按本讲授。不管是育婴堂、敬节堂内的乳媪、节妇还是外面的老成妇人,都不懂幼儿教育的专业知识,用她们来培养幼儿教育的师资,效果可想而知。②

1907年,清政府颁布了《奏定女子小学堂章程》和《奏定女子师范学堂章程》。《奏定女子师范学堂章程》的立学总义第一条提出,女子师范学堂以养成女子小学堂教习,并讲习保育幼儿方法,期于裨补家计,有益家庭教育为宗旨。1907—1911年间,四川先是承认原有女学,然后新立官办女学或改民办女学为官办,一批官办女学应运而生。女子教育在学制中合法地位的确立,推动了女子学堂在各地的兴办。典型的有南充小学附属女学·端明女塾·南充女子师范学校,淑行女学堂·淑行女子师范学堂·四川省城女子师范学堂,简易女子师范班·泸县女子师范学堂(校),成都(劝学所)保育科,彭县延秀女子小学堂(校),等等。③《奏定女子师范学堂章程》规定,女子师范学堂设以下课程:修身、教育、国文、历史、地理、算学、格致、图画、家事、裁缝、手艺、音乐、体操等。至1911年,四川各地开设的女子师范学堂有13所。各地女校也开设了师范班。④

我国最早出现的各种保姆班、传习所、讲习所,一般附设于蒙养院或女塾、女师内,单独设立的很少。这些师资培训机构的出现,虽然是零星且不稳定的,但毕竟是我国第一批训练学前教育师资的机构,为幼师事业的发展提供了条件。

---

① 成都市地方志编纂委员会.成都市志[M].成都:四川人民出版社,2000:172.
② 李定开.中国学前教育[M].重庆:西南师范大学出版社,1990:258.
③ 林林.清末民初四川女子教育——以女子学堂(校)为中心[J].四川师范大学学报(社会科学版),2005(S1):150-155.
④《四川省廿年度至廿三年度中等教育概况》,四川省档案馆历史资料·文教资料,案卷号10/2/145.

二、从女子师范学校的兼有到幼稚师范学校的专业教育

1911年,孙中山领导的辛亥革命推翻了清王朝的统治。1912年1月,临时政府成立教育部,随后进行了一些重要的改革。其中与幼儿教育有直接关系的是"壬子癸丑学制"的颁布,它将蒙养院更名为蒙养园,纳入学制体系,但不计年限,没有单独列为学制系统中的一级。1922年9月,北洋政府通过了"新学制"(壬戌学制),将蒙养园改名为幼稚园,纳入学校系统,强化了它的地位,招收6岁以下儿童。1932年,中华民国教育部公布了《幼稚园课程标准》,对幼稚园的教育目标、教育内容及教育方法都做出了明确的规定,使幼稚园课程达到了比较完善的程度。幼稚园制度的确立,使中国幼儿教育的质量得以提高,幼稚园数量、儿童入园率也有了较大的发展。

(一)川渝幼稚园的规范办学

《幼稚园课程标准》规定,幼稚园教育的总目标为:(1)增进幼稚儿童身心的健康;(2)力谋幼稚儿童应有的快乐和幸福;(3)培养人生基本的优良习惯(包括身体、行为等各方面的习惯);(4)协助家庭教养幼稚儿童,并谋家庭教育的改进。各地在办园时,明确提出了培养幼稚儿童养成良好习惯的具体目标,突出了情感及习惯的培养,以弥补家庭教育的不足。至1930年,四川省有48个县设置了幼稚园124所,多附设于师范学校或小学。

抗日战争爆发后,战区学校和教育团体纷纷迁入四川。陶行知、黄炎培、晏阳初等教育名家相继入川办学,各种教育思想荟萃蜀中,大大促进了四川普通教育(包括幼儿教育)的发展。抗战不久,入川逃难者为数众多,其中不少是孤苦无依的儿童。人们从爱国图存角度,在《幼稚园规程》《幼稚园设置办法》等政策的引导和规范下,创办了一些颇有声望的以实验研究为主要目的的幼稚园。1941年,四川省政府为巩固发展幼儿教育事业,于成都设立四川省立成都实验幼稚园,招收幼儿200名,既负辅导全省公私立幼稚园工作之责,又起示范作用。1943年,四川省教育厅为加强对幼儿教育的管理,颁发了《四川省幼稚园设置办法》,对幼稚园设置、招收幼儿年龄、主管单位、建园规模、教学计划、游戏活动等内容作了统一的规定。至1945年,全省幼稚园发展到367所,在园幼儿2.1万人,是自辛亥革命以来,幼儿教育发展程度最高的年份。此后,由于国民党当局无暇顾及

幼儿教育事业,至1949年,全省幼稚园减至172所,在园幼儿减至1.9万人,幼儿教师743人。幼教事业大为倒退。

(二)川渝幼稚师范学校的专业教育

民国初期,幼师培养主要有两条途径:一是女子师范学校兼有培养保教人员的任务;二是专门的幼稚师范学校教育。教育部针对这两条培养途径都出台了一些政策,保障和促进了培养工作的开展。

1. 川渝女子师范学校的设立

民国时期,四川省学前教育的师资大部分是女子师范学校毕业生。1912年颁布、1916年修正的《师范教育令》明确规定,女子师范学校的办学目的之一是造就蒙养园的保姆。在有关女子师范学校课程设置的规定中,保育法被列为一般女子师范学校学生必修的内容。课程中设计了心理、教授法等内容,其合理性较之清末更强,并且兼顾了小学与蒙养园的教学需求,使女子师范学校的毕业生不仅有能力从事小学教育工作,也有能力从事幼儿教育工作。1912年9月底,教育部颁布《师范教育令》,12月底又颁布《师范学校规程》。依据教育部对各省办理师范教育的要求,四川计划分期设立男女师范学校共17所,但因经费不足,到1914年只设立了7所,其中包含省立第一、第二女子师范学校。

1915—1921年,四川政局混乱,战事不息,师范教育发展缓慢。县立师范学校或县立女子师范学校虽有设立,但其组织均不完备。1921年,陶行知在《关于师范教育的意见》中提出"设立师范学校,宜顾全农家子弟",提倡"师范教育下乡运动",并提出师范学校应在乡村设立分校,在乡村环境中训练乡村教师,使师范生适应农村生活,愿在农村工作。1927年,中华民国大学院颁布师范学校制度,废止六年一贯制,招收初中毕业生。国民政府1932年公布的《师范教育法》和1933年公布的《师范学校规程》中,乡村师范学校被纳入师范教育体制。四川的乡村师范教育也开始兴起,陆续成立了女子简易乡村师范学校14所,遍及彭县、达县、峨眉县、云阳县、开县、珙县、威远县、新津县、广汉县、苍溪县、巫山县、邛崃县、万源县、平武县等地[1],为广大的四川边远乡村学校培养了大批女教师。

---

[1]《四川省廿年度至廿三年度中等教育概况》,四川省档案馆历史资料·文教资料,案卷号10/2/145.

抗日战争全面爆发后,中国的学前教育师资培养事业如同其他事业一样,损失惨重。为了坚持和发展学前教育事业,国民政府和学前教育界在恢复和提高幼儿保教人员培养工作方面做了一些努力。一方面,沦陷区的一些幼稚师范学校辗转内迁;另一方面,抗战后方创办了一些新的幼稚师范学校。四川省也响应号召,于1943年建立了第一所幼稚师范学校——省立成都幼稚师范学校,学制为两年。1945年,在内江设立省女子师范学校1所。抗日战争期间,四川成为抗战后方,国民政府教育部在四川设立了7所国立师范学校。抗日战争胜利前,四川已完成每一个师范学校区至少设省立师范学校1所,每三个县至少设县立师范学校1所的目标。截至1946年底,四川省有师范学校90所。

2.川渝幼稚师范学校的设立

民国时期,幼稚园最初大多附设在女子小学,保姆由具有国民学校正教员、助教员或检定合格者充任。1914年,四川省设立第一女子师范学校,校内设保育科,专门培养幼稚师范生。1920年,私立协合女子师范学校增设幼稚师范,招收初中毕业或具有同等学力者,进行为期一年的训练。截至1930年,四川共有幼稚园教师255名(男性94名,女性161名)。1931年以后,四川省除了一般女子师范学校学生要兼习幼儿教育外,有的女子师范学校设有培养保教人员的保姆讲习所,各地还根据需要单独设立了少量专门培养保教人员的学校或训练机构,讲授儿童心理学、幼稚教育、保育方法等课程,学制半年到两年,培养幼稚园师资。总的来说,当时专门的幼儿保教人员培训机构极少,而且办学地位较低,不抵师范学校的普通专业。

1937、1938年,省城女子师范学校先后招收幼稚师范第一班和第二班。1942年秋,省立幼稚师范科开班,招生1个班,学制三年。翌年招足3个班,改名省立幼稚师范学校。省立成都实验幼稚园成立后,四川专设幼稚教育研究会,定期开展活动,促进教师不断进步,还组织通讯研究,促进交流。1943年颁布的《婴儿教保机关管理方法》规定,教职员进修的方法有:a.聘请名人讲演,每月或两周1次;b.组织读书会;c.参观,每学期或每年一次,到与保教或教育有关系的学校或机关,采取人家的优点,改正自己的缺点。

抗日战争全面爆发后,幼师由1937年的306人增加到1944年的771人,但仍然缺乏,因此临时组建了培训班。1944年树基学园因保育人才缺乏,发起保育人才培训班,开设儿童保育、儿童卫生、儿童心理、托儿所幼稚园教材教学法、儿童音乐及乐器、儿童训练方法等课程,并传授该园保育经验。1949年,树基学园以华西大学附设特别师范科开办幼稚师范教育。成都育婴堂亦办有保育班,训练期限为6个月。但师资仍然徘徊不前,至1949年,幼师仅有743人。

幼稚师范学校是培养合格幼儿教师的摇篮,教员的素质直接决定着幼稚园师资的水平。四川省培养合格幼教师资是从省立成都女子师范学校设置幼稚师范班开始的。两年制幼稚师范班开设的课程有:国文、数学、地理、历史、博物、理化、公民、美术、音乐、卫生、看护、家事、农工艺及实习、教育通论、儿童心理、幼稚园教材及教学法、幼稚园行政、家庭教育等;三年制幼稚师范班增加测验及统计、婴儿园及托儿所两科,共21门。为确保幼稚园师资质量,教育部出台了针对幼稚师范班教员的鉴定办法。1944年7月,教育部制定《幼稚园教员任用标准》,对幼稚师范班教员进行鉴定,提升幼师培养机构办学水平,促进了幼稚师范师资培养质量的提高。

第二节 川渝地区乡村幼师事业的壮大时期

1949年至2012年,川渝地区经历了社会、经济等方面的深刻变革,取得了显著的成就。在此期间,我国开始探索和建设适合国情的现代化教育体系,这对川渝地区乡村幼师事业的发展具有重大意义。改革开放至20世纪末,是中国社会经济迅速发展的时期。教育事业获得了大量投入,实现了前所未有的发展,乡村幼师的培养与培训也得到大力推进。进入21世纪以来,我国成为世界上主要的经济体之一,科技、文化、教育等多个领域取得了显著的进步,乡村幼师队伍的培养达到了新的高度。

六十多年间,川渝地区的乡村学前教育事业经历了从初创到专业化发展,再到质量和规模大幅度提升的历程,乡村幼师事业随之实现了全面发展。

一、探索与建设(1949—1978)

1949年至1978年,我国的乡村幼儿教育处于起步阶段。川渝地区积极响应党和国家的号召,大力发展乡村幼儿教育事业,开启了乡村幼师的系统培养之路。

(一)国家政策的支持

新中国成立后,我国十分重视学前教育事业的发展。1949年,中央人民政府教育部成立,在初等教育司内设置幼儿教育处,将幼儿教育作为国家教育事业建设与发展的重要组成部分。1951年,中央人民政府政务院颁布《关于改革学制的决定》,将幼儿教育定位为社会主义教育事业的重要组成部分,明确了幼儿教育的地位,使幼儿教育事业得到更多的关注和投入。学制改革政策还规定,师范学校和初级师范学校均应附设幼儿师范科。这为乡村幼师的培养提供了专门的教育平台,提高了乡村幼师的专业素质和教育水平。附设幼儿师范科的师范学校和初级师范学校不仅可以培养乡村幼师,也给在职乡村幼师的进修和提升提供了可能。

1952年,教育部颁发《幼儿园暂行规程(草案)》,规定幼儿园的任务是根据新民主主义教育方针教养幼儿,使他们的身心在入小学前获得健全的教育。这一规定明确了幼儿教育的方向和目标,强调了幼儿教育在新民主主义教育体系中的重要地位,为乡村幼儿教育的发展提供了政策保障。同年,教育部颁布《幼儿园暂行教学纲要(草案)》,规定了幼儿教育的目标要求、教材大纲、教学要点和设备要点等。这些具体的规定,使幼儿教育有了明确的依据和指导。这一时期,国家政策的支持为乡村幼儿教育的发展铺平了道路,为川渝地区乡村幼师事业的探索与建设提供了重要保障。

(二)乡村幼教事业发展的艰辛探索

新中国成立后,四川接管了英、美等国家在四川投资兴办的幼稚园、孤儿院、育婴堂、慈幼院等幼儿教育机构,收回了儿童教育等社会服务事业的主权;还陆续接管了全省的私立幼稚园,改为公立。幼儿园的数量和质量得到显著提升。1957年,全省城乡幼儿园已发展到2467所,入园幼儿179554人,教职工10856人。与1949年相比,幼儿园增长了13倍,入园幼儿增长了8倍,教职工增长了15倍[①]。这一时期,乡村幼儿园的设立主要是依靠集体经济和农民自愿出资,通常设在农村的公共场所,如文化站、农田学校等。由于资源和设施有限,乡村幼儿园的教育活动主要是生活保育和简单的游戏活动。尽管条件艰苦,乡村幼儿园在农村

---

① 四川省地方志编纂委员会.四川省志·教育志[M].北京:方志出版社,2000:141.

儿童保育和教育方面仍然起到了积极作用,为农村儿童提供了安全、愉快的学习环境,使他们能够在快乐的游戏中成长。同时,乡村幼儿园也减轻了农村家庭的保育压力,让农民能够集中精力进行农业生产。

1958年至1978年间,我国的幼儿教育事业受到了深刻影响。1958年,川渝地区各种形式的幼儿园(班)特别是农村幼儿园急剧增长,不少生产队兴建条件简陋的托儿所或幼儿园,幼儿园猛增到81247所,入园幼儿2693491人,教职工109156人。1961年,国家进行调整,多数农村幼儿园撤销和停办。到1962年,全省幼儿园减少到1117所,入园幼儿150912人,教职工13396人。尽管1963年以后每年都有所发展,但直到1966年仍未恢复到1957年的水平[1]。"文化大革命"期间,幼儿教育事业受到严重冲击,以往的幼教工作被全盘否定,师资队伍被破坏,给幼儿教育造成了极大的损失。四川乡村幼教事业进入低谷期。

(三)乡村幼师队伍建设的曲折前行

在师资队伍建设方面,中华人民共和国成立后,川渝地区便开始建立系统的幼儿教师培训体系,包括短期的在职培训和较长周期的幼师专业教育。1959年,四川省江油师范学校(今四川幼儿师范高等专科学校)开办初等、中等幼儿师范班。1960年,万县幼儿师范学校(今重庆幼儿师范高等专科学校)始建,这是一所专门培养培训幼儿教育师资的中等师范学校。1958年到1960年,四川省教育厅、卫生厅、省妇联联合举办保教人员训练班,从省、市机构中抽调150人,会同成都、重庆、万县、江油的4所幼儿师范校三年级学生共396人,组成培训大军分赴各地,为区、乡培训保教人员约27万人,以解决农村幼儿教育迅猛发展的迫切需要[2]。这对乡村幼师队伍建设有一定促进作用,为乡村幼师提供了重要的专业知识和技能,是乡村幼儿教育事业发展的重要推动力。同时,各地计划部门、人事部门和教育行政机关在中等师范学校毕业生的分配上,也坚持面向农村,面向教学第一线,根据各地幼儿园师资需求情况,将毕业生分派到各地幼儿园任教。

这一阶段,川渝地区的乡村幼师队伍主要由具有基础教育背景、热爱教育事业的乡村青年组成。他们凭借对教育事业的热情和对乡村儿童的爱心,致力于

---

[1] 四川省地方志编纂委员会.四川省志·教育志[M].北京:方志出版社,2000:142.
[2] 四川省地方志编纂委员会.四川省志·教育志[M].北京:方志出版社,2000:154.

乡村幼儿教育事业,为乡村儿童的发展做出了贡献,展现了乡村教师崇高的精神风貌。这一时期的艰辛探索,积累了宝贵的乡村幼教发展经验,为下一阶段的发展打下了基础。

二、推进与扩大(1979—1999)

改革开放后,国家高度重视教育发展,增强了对农村教育的支持力度。在这一历史背景下,川渝地区的乡村幼教事业获得振兴,乡村幼教师资培养进入快速发展时期。

(一)国家政策的影响

改革开放初期,我国农村学前教育政策适时进行了调整。1979年,中共中央、国务院在转发《全国托幼工作会议纪要》的通知中,鼓励各单位、街道、农村积极兴办多种形式的托幼机构。这一政策的出台,表明了国家对农村地区幼儿教育的重视和支持,在政策层面为农村地区的幼儿教育提供了有力支撑。同年11月,中共中央批转湖南省桃江县委《关于发展农村教育事业的情况报告》,宣传"两条腿走路"的办学方针,积极发展农村学前教育,为农村地区学前教育发展提供了新的路径和方向。1983年,教育部颁布《关于发展幼儿教育的几点意见》,明确了幼儿教育的目标和路径,对于提升农村地区幼儿教育的质量和规模有着重要影响。

由于受到各种条件的限制,农村幼儿教育的发展需要探索多种办园形式,以便为越来越多的农村学前儿童提供受教育的机会,举办学前班是当时发展农村幼儿教育的一条重要途径。[①]1986年,国家教育委员会印发《关于进一步办好幼儿学前班的意见》,大力发展农村学前一年教育。1991年,国家教育委员会颁布《关于改进和加强学前班管理的意见》,明确了农村学前班的办园理念、指导要点和管理条例。这些文件的颁布,对农村学前班的健康发展、扩大农村幼教受益面具有极强的指导作用,有力地保障了20世纪80年代以来我国农村学前一年教育

---

① 王萍.改革开放以来我国发展农村幼儿教育相关政策分析[J].东北师大学报(哲学社会科学版),2010(4):163-167.

的普及和发展。[1]国家政策的引导和支持,使乡村幼教事业从边缘走向中心,对川渝地区乡村幼师事业的发展起到了关键作用。

国家对师范院校结构的调整也深刻影响了川渝地区乡村幼师的培养。改革开放之初,为缓解中小学教师缺乏的问题,国家选拔初中毕业生到中等师范学校学习3年或4年后,再分配到中小学或幼儿园任教。这一时期,初中毕业后进入中师学习是不少优秀学生的选择。1980年,教育部颁布《关于办好中等师范教育的意见》,中师迎来了快速发展的春天。改革开放后的20余年间,中师培养了数以百万计的合格毕业生,其中相当一部分在乡村幼儿教育领域大放异彩,撑起了乡村幼儿教育的大半个天空。1999年3月,教育部颁布《关于师范院校布局结构调整的几点意见》,提出从城市向农村、从沿海向内地逐步推进,由三级师范(高师本科、高师专科、中等师范)向二级师范(高师本科、高师专科)过渡,之后随着"撤并挂升"的转型改制,具有百年历史的中师学校逐渐退出教育历史舞台。乡村幼师的学历水平在这一政策调整下,逐步由中师提高到专科水平。

(二)乡村幼教事业的蓬勃发展

1979年,四川省托幼工作领导小组成立,并连续三年召开全省托幼工作会议,交流经验,布置工作。农村依靠集体举办托儿所和幼儿园,并首先发展学前一年教育。1998年,四川省教委召开了全省农村幼儿教育工作会议,交流农村幼儿教育工作经验,研究发展农村幼儿教育的政策措施,制定了《关于加强农村幼儿教育工作的意见》,提出要多渠道、多形式发展农村幼教事业,坚持正规教育与非正规教育相结合,逐步形成以示范幼儿园为骨干、乡村集体办园为主体、公民个人办园为补充的农村幼教发展格局。这些举措有效地促进了农村幼儿教育事业的发展和提高。

这一时期,四川省的幼儿教育事业发展速度明显加快,幼儿园数量、教师队伍和教育质量都有了显著提高。1990年,全省幼儿园发展到19064所,入园幼儿147.94万人,教职工7.84万人。幼儿园数量、入园人数和教职工人数相较于1949年有了显著提升,分别增长了111倍、78倍和105倍。[2]1990年,全省5所幼儿师范

---

[1] 李红婷.农村学前教育政策审视:期待更多关注[J].中国教育学刊,2009(5):16-18,34.
[2] 四川省地方志编纂委员会.四川省志·教育志[M].北京:方志出版社,2000:143.

学校和职中幼师专业班为全省幼教系统输送了2800名幼师毕业生[1],充实了幼师队伍。各市、州采取长期与短期培训结合、函授与自学结合、单项培训等形式,加强了在职幼儿教师特别是农村幼儿教师的业务培训工作。

重庆的幼儿教育事业也得到了快速发展。1986年,全市有幼儿园7758所,入园幼儿达到329177人,幼儿入园率达到56%。这一数据较1949年有了显著提升。1997年,随着重庆市改为直辖市,全市的幼儿教育办学点增加到10389个,入园幼儿人数增加到59.05万人。[2]

(三)乡村幼师队伍建设的加强

自20世纪80年代中期开始,四川省很多城镇和农村小学都附设学前班,招收与小学一年级新生年龄接近的儿童,农村地区发展尤为迅速。1991年初,四川省教委制定《建立乡(镇)中心幼儿园的基本要求》,同年全省共建立乡(镇)中心幼儿园1997所。[3]为满足乡村学前教育快速发展的需求,四川省通过各种措施,进一步加强了师资队伍的建设。1985年与1949年相比,全省幼儿园教师增长66.2倍,达到4.4万人。[4]1986年,内江隆昌师范学校(今川南幼儿师范高等专科学校)增设幼师专业。到1990年,全省共有5所幼儿师范学校,8所中等师范学校附设幼儿师范部。

重庆市也持续推动乡村幼师事业的发展,提高乡村幼师的教学水平和教育质量。1984年,万县幼儿师范学校(今重庆幼儿师范高等专科学校)成为我国与联合国儿童基金会合作项目受援单位。联合国儿童基金会注资15万美元,重庆市投资100万元,建立幼教师资培训中心。1985年,万县幼儿师范学校增设进修部,开展幼儿教师的职后培训。到20世纪90年代,万县幼儿师范学校针对山区幼教实际和发展需要,探索出"一班一园"的山区幼儿师范办学新模式,为重庆乡村幼教人才的培养与培训做出了重要贡献。1988年,重庆市幼儿教师人数达到27.8万人。在这一年度,城区3岁以上的幼儿入园率达到了77%,农村学前一年的幼儿入园率达到了78%。[5]

---

[1] 四川年鉴编辑委员会.四川年鉴[J].1991.成都:四川年鉴社,1991:387.
[2] 重庆市教育委员会.重庆市志·教育志(1986-2005):上卷[M].重庆:重庆出版社,2012:97.
[3] 四川省地方志编纂委员会.四川省志·教育志(1986-2005)[M].北京:方志出版社,2016:9.
[4] 四川年鉴编辑委员会.四川年鉴[J].1986.成都:四川年鉴社,1986:143.
[5] 《重庆年鉴》编辑部.重庆年鉴,1989[M].重庆:科学技术文献出版社重庆分社,1989:20.

乡村幼师队伍的稳定直接影响着乡村幼儿教育的发展。江津县（今江津区）在乡村幼师的选拔及稳定方面做出了有益尝试。从1986年起，江津县就根据国家教委提出的合格幼儿教师的标准，制定了选拔、考核、聘任农村幼儿教师的基本条件。考核以思想、业务和基本技能为主，文化知识为辅，通过口试和笔试后择优录用。考核合格者，由区（镇）发给聘用证书，不合格者缓考或辞退。凡经考核合格聘用的幼儿教师，乡村不得随意更换。新补充的幼儿教师必须经考核合格后方可聘用。至1989年，全县有897名幼儿教师获得聘用证书，200多名顶岗待聘，近100名不合格的予以调整或辞退。江津县还认真抓幼教师资培训，全县农村幼儿教师接受培训的比例达到97.8%。江津县重视教师报酬的落实，从1985年起，全县农村幼儿教师报酬由乡（镇）统筹，按月兑现，并两次提高工资标准，有的区域还试行养老保险金制，解决农村幼儿教师"老有所养"的问题，促进了幼教师资队伍的稳定。全县办有幼儿园（班）1229个，基本实现了村村有幼儿园（班），入园幼儿43992人，占3～6岁幼儿总数的85.2%，其中学前一年幼儿入园率达到98%，基本满足了幼儿入园的需要。[①]1989年，江津县被国家教委授予"全国幼儿教育先进县"光荣称号。

三、振兴与提升（2000—2012）

进入21世纪，乡村幼儿教育被视为实施素质教育的重要基础，推动乡村教育均衡发展的关键环节，也是改善乡村人口素质、促进乡村经济社会发展的重要手段。乡村幼儿教育的重要性进一步凸显，乡村幼师的需求急剧增加。这一时期，川渝地区不断完善乡村幼教发展体系，乡村幼师队伍建设取得重大进展。

（一）国家政策的推动

进入21世纪，我国政府开始全面推动幼教事业的发展。2003年，教育部等十部委联合发布《关于幼儿教育改革与发展的指导意见》，要求各地根据实际出发，因地制宜、分区规划、分类推进，多形式、多渠道发展农村幼儿教育，推动农村特别是边远、贫困地区幼儿教育的发展；加强乡镇中心幼儿园的建设，充分发挥乡镇中心幼儿园在农村幼儿教育中的骨干、示范作用。同年颁布的《国务院关于

---

① 《重庆年鉴》编辑部.重庆年鉴,1990[M].重庆:科学技术文献出版社重庆分社,1990:51.

进一步加强农村教育工作的决定》指出,地方各级政府要重视并扶持农村幼儿教育的发展。2007年,党的十七大把重视学前教育作为优先发展教育、建设人力资源强国的重要举措之一。2010年,国务院发布《国务院关于当前发展学前教育的若干意见》。2011年,教育部、财政部联合发布《关于实施幼儿教师国家级培训计划的通知》。2012年,教育部发布了《幼儿园教师专业标准(试行)》,同时发布了《关于加强幼儿园教师队伍建设的意见》。政府的高度重视、相关部门职责的明确、管理体制的日益完善,都为农村学前教育发展提供了强有力的支持。

2010年,《国家中长期教育改革和发展规划纲要(2010—2020年)》出台,明确提出学前教育的发展方针是"政府主导、社会参与",其中农村学前教育发展是重中之重,要努力提高农村学前教育普及水平,多种途径扩大农村学前教育资源。为此,从2010年开始,国家实施农村学前教育推进工程,明确要求各省(区、市)以县为单位编制实施学前教育三年行动计划和面向农村幼儿教师的"国培计划";发布了包括幼儿园建设标准、师资配备标准等在内的农村学前教育发展的具体要求和基本规范;通过设立"扩大资源"类项目资金等加大对农村地区幼儿园建设的资助力度。一系列政策的发布,对农村学前教育的发展产生了深远影响,开启了自改革开放以来农村学前教育的最佳发展期。川渝地区乡村学前教育在资源投入、教育质量、教师队伍建设等方面迎来了快速发展期。

(二)乡村幼教体系建设的提速

面对新形势新任务,川渝地区采取了一系列举措推进农村地区学前三年教育的普及。2003年,四川省委省政府召开了全省民办教育和农村教育工作会议,对进一步加强全省民办教育和农村教育工作做出全面部署。2004年,四川省发布《关于进一步加强农村教育工作的决定》,要求地方各级政府重视并扶持农村幼儿教育的发展,充分利用农村中小学布局调整后富余的教育资源发展幼儿教育。在幼儿师资培养方面,川渝地区根据教育部《关于师范院校布局结构调整的几点意见》,开始将师范教育从三级师范过渡为二级师范。2005年5月,四川省教育厅印发《关于完成"三级师范"向"二级师范"过渡,将全省小学教师培养纳入高等教育体系的建议方案》,提出重组师范教育,将办学条件好、培养质量高的6所中师学校与省内4所本科师范院校进行资源重组。

2005年，四川省有农村幼儿园5505所，入园幼儿人数达83.04万人。同年，四川召开全省农村幼儿教育现场会，大力推广发展农村幼儿教育的经验。[①]2006年，四川省启动农村教师专业发展计划，以发展农村幼儿教育为重点，开展普及学前三年教育试点工作，确定19个县为试点县[②]。2007年，四川省加强民族地区和农村地区教师队伍建设，制定了民族地区中小学校校长、教师培训标准，召开四川省农村乡镇中心幼儿园现场工作会。到2008年，19个试点县基本建立起覆盖乡、村的学前三年教育体系，全省3~5周岁适龄儿童毛入园率达62.97%[③]。2011年，成都市把农村标准化幼儿园建设列为民生工程项目，当年市级财政预算投入4770万元，新建和改扩建223所农村标准化幼儿园，优化了农村学前教育布局和办学条件[④]。

在这段时期，重庆市政府也采取了一系列措施，如设立托幼工作领导小组、举办教师培训班、鼓励农村集体办园等，有效地推动了农村学前教育的发展。

（三）乡村幼教师资队伍建设的成效

这一时期，教育部、财政部启动中西部农村边远地区学前教育巡回支教试点工作，吸引优秀人才到农村边远贫困地区幼儿园任教；对长期在农村基层和艰苦边远地区工作的幼儿教师，在职务（职称）方面实行倾斜政策；加大面向农村的幼儿教师培养培训力度，将中西部地区农村幼儿教师培训纳入"中小学教师国家级培训计划"，由中央财政安排专项资金予以支持；引导各地科学制定幼儿教师培训规划，创新培训模式，完善培训体系，全面提高幼儿教师队伍整体素质和专业化水平。

"十一五"期间，四川省幼儿园专任教师数量迅速增加，从2005年的36654人增加到2010年的51909人，增幅达41.6%。这一时期，省内师范院校、高职学院的幼教专业以及中师、职高的幼教班，抓住国家大力发展学前教育的机遇，及时调

---

① 四川省地方志编纂委员会.四川省志·教育志(1986-2005)[M].北京：方志出版社，2016：44.
② 四川年鉴编辑委员会.四川年鉴[J].2007.成都：四川年鉴社，2007：227.
③ 四川年鉴编辑委员会.四川年鉴[J].2009.成都：四川年鉴社，2009：239.
④ 王衡.我国中西部省份加快发展农村学前教育成效显著[EB/OL]（2012-05-26）[2024-01-20]. https://www.gov.cn/jrzg/2012-05/26/content_2146161.htm.

整专业结构,重视学前教育师资培养,采取师范类高校定向招生、支教计划选派等方式,积极选拔高质量毕业生到乡村任教。同时,通过远程视频培训、实地帮扶指导等方式,提高在职乡村幼师专业水平,为四川乡村学前教育的发展输送了大量人才。

重庆市建立了乡村幼师培养、考核、使用、待遇保障的长效机制,确保农村幼教师资队伍稳定发展。2005年,重庆市教委对全市农村集体办园单位的幼师状况进行了专题调研,形成专题调研报告;市政府办公厅印发《关于妥善解决农村集体幼师有关问题的通知》,着力加强农村幼儿教师队伍的建设。2005年,全市各类幼儿园数量达到3287所(其中乡镇中心幼儿园667所),另有幼儿教育办学点4232个,入园幼儿人数达到53.63万人,幼儿入园率达到63.6%(其中农村学前一年幼儿入园率达到95%以上),有幼儿专任教师13.2万人,其中专业合格教师12.61万人,教师合格率达到95.4%[1]。

在四川、重庆两地政府不断推进乡村幼师事业发展的同时,很多社会组织也在持续关注川渝地区农村幼儿与教师的发展,开展了许多项目,如中国发展研究基金会的"一村一园计划",西部阳光基金会的"阳光童趣园项目",千千树"农村学前教育质量提升项目",联合国儿童基金会农村幼儿教师培训项目等。[2]这些项目的开展,为更多偏远山村的幼儿提供了接受学前教育的机会,为乡村幼师提供专业的培训和支持。

1949年至2012年间,川渝地区坚持发展农村幼儿教育,通过提高农村幼儿教师待遇、提供专业培训、鼓励优秀教师到农村工作等方式,努力解决农村幼儿园面临的问题,为农村儿童提供更好的教育服务。川渝地区乡村幼师事业的规模和质量均有大幅提升,幼儿教育的重要性得到社会的认可和重视,为新时代川渝地区乡村幼师事业的全面提高和创新发展打下了坚实的基础。

---

[1] 重庆市教育委员会.重庆市志·教育志(1986-2005):上卷[M].重庆:重庆出版社,2012:128.
[2] 卢迈,方晋,杜智鑫,等.中国西部学前教育发展情况报告[J].华东师范大学学报(教育科学版),2020,38(1):97-126.

第三节　川渝地区乡村幼师事业的提质时期

随着乡村教育事业的进一步发展和农村幼儿园的普及,川渝地区对乡村幼师的需求日益增长。政府加大了对幼师教育的投入,深入开展教育对口帮扶,新建、改扩建学校校舍,建设教师周转宿舍,实施远程教育,通过"四川云教"等优质教育直播平台,将优质教育资源传送到民族地区。同时,还对乡村幼师进行各种能力培训和素质提升,提高他们的专业素养和教学水平。虽然川渝地区乡村幼师事业起步相对较晚,但在党和国家的大力支持下,政策制度不断完善,幼儿园数量不断增加,规模不断扩大,入园率不断提高,质量也不断提升。川渝地区乡村幼师事业迈向特色创新、普及普惠发展阶段。

一、新时代四川乡村幼师教育特色创新发展

2011年,四川开始实施学前教育三年行动计划。到2013年,四川省共新建、改扩建公办幼儿园1457所,发展民办幼儿园2117所;新增幼儿园教职工45634人,新增专任教师25427人;通过国家级、省级培训幼儿园教师(园长)2.2万多名;资助在园家庭经济困难儿童、孤儿、残疾儿童和民族地区在园幼儿70万余人次。截至2013年,全省共有幼儿园11759所,在园幼儿231.5万人,学前三年毛入园率达到70%以上,超额完成省政府学前教育三年行动计划确定的69%的目标任务,"入园难""入园贵"问题得到有效缓解。[①]

2015年,四川完善农村中小学教师补充机制,实施"省属免费师范生定向培养计划"和"特岗计划",招录、培养免费师范生2000名,招聘特岗教师3507名;研究制定《乡村教师支持计划实施办法(2015—2020年)》;新增资金2.1亿元,实施大小凉山彝区教育扶贫提升工程,建设大小凉山彝区13个县学前教育和义务教育阶段校舍和教师周转房。实施大小凉山彝区"一村一幼"计划,共建成幼教点978个,招收幼儿3.96万人。[②]

[①] 四川年鉴编辑委员会.四川年鉴[J].2014.成都:四川年鉴社,2014:293.
[②] 四川年鉴编辑委员会.四川年鉴[J].2016.成都:四川年鉴社,2016:281.

2016年,四川实施"教育扶贫提升工程",省财政投入2.1亿元资金,重点用于大小凉山彝区学前教育、义务教育学校校舍建设和乡镇教师周转宿舍建设。新建、改扩建学校校舍项目114个,建设面积9.5万平方米,为33所乡镇学校建设2.3万平方米教师周转宿舍;组织人员对2015年度项目进行了检查,对2016年度项目实施进行了督查。截至年底,大小凉山彝区共开办幼教点2527个,选聘学前教育辅导员6213名,招收幼儿9.4万余名,省财政为大小凉山彝区学前教育双语辅导员提供劳务报酬补助资金12412.8万元。[①]

2017年,四川实施"9+3"免费教育,根据藏区、彝区"9+3"人才培养需求,优化调整内地招生学校和专业,共91所中职学校面向藏区和大小凉山彝区招生;编印"9+3"招生指南并组织"9+3"学校深入藏区和大小凉山彝区开展招生宣传。通过2次集中录取,全年"9+3"学校共招录藏区、彝区"9+3"学生近万人。实施十五年免费教育;在实施免费九年义务教育和中职教育的基础上,全年投入资金3.88亿元为民族自治地方免除学前教育保教费、普通高中学费。实施"民族地区教育发展十年行动计划",共投入5亿元专项资金用于民族地区学前教育到普通高中教育的发展。新建、改扩建校舍187个,建设面积32.55万平方米;为16所乡镇学校建设1.52万平方米教师周转宿舍,为122所学校配备教学仪器设备和信息技术装备,为218所中小学及幼儿园引进成都优质教育资源,为民族地区培训各类教师1.3万余人。实施"教育扶贫提升工程",投入省级专项补助资金2.1亿元,支持大小凉山13个县(区)幼儿园和义务教育学校校舍建设,新建、改扩建学校(含幼儿园)项目96个,建设面积14.4万平方米。实施"一村一幼"计划,省委、省政府将大小凉山彝区13个县(区)实行的"一村一幼"计划推广到民族自治地方51个县(市),省级财政给每名学前双语辅导员每月2000元劳务报酬补助。截至年底,民族自治地方共开办幼教点4803个,招收幼儿19万人,聘请双语辅导员13033名。[②]

2018年,四川省开展了幼儿园"小学化"专项治理,提高了幼儿园科学保教水平。优化整合民族地区村级幼教点,截至12月,52个县共开办幼教点4888个,开设班级6879个,招收幼儿20.8万人,选聘辅导员1.6万余名,8381个村的幼儿基

---

① 四川年鉴编辑委员会.四川年鉴[J].2017.成都:四川年鉴社,2017:241.
② 四川年鉴编辑委员会.四川年鉴[J].2018.成都:四川年鉴社,2018:247.

本能就近入园。投入专项资金3000万元,对45个深度贫困县4628名"一村一幼"辅导员进行为期一个月的培训。继续实施"三区三州"教育脱贫攻坚、民族地区教育发展十年行动计划、大小凉山"彝区扶贫提升工程"三大项目。中央支持四川"三区三州"教育脱贫攻坚资金6.4亿元,共安排校舍建设、设备购置项目179个。投入资金5亿元用于实施民族地区教育发展十年行动计划。投入资金2.1亿元用于实施大小凉山彝区"教育扶贫提升工程"。抓好民族地区十五年免费教育落地落实,在免费义务教育和中等职业教育基础上,投入资金5.43亿元用于民族自治地区51个县(市)幼儿园和普通高中免费教育。深入开展对口帮扶,选派1415名骨干教师到贫困地区支教,选派1066名干部教师支持深度贫困县脱贫攻坚,其中645名干部教师充实到凉山州驻村帮扶,培训贫困地区教师、校(园)长2.3万人次。实施深度贫困县人才振兴工程,为其免费定向培养大学生339人。实施"一村一幼"计划,坚持"学好普通话,养成好习惯"目标不动摇,按照"大村独立举办、小村联合举办、一村一幼、一村多幼、多村一幼"思路,优化整合村级幼教点,持续促进幼教点提档升级。该计划覆盖范围内的8381个村的幼儿大都可就近在本村或邻村接受学前教育。依托"一村一幼"计划,凉山州11个深度贫困县和安宁河6个县民族乡镇的2724个幼教点开展"学前学会普通话"行动,惠及11万余名幼儿。开展"一村一幼"辅导员能力提升培训,委托四川师范大学、西华师范大学、成都师范学院、成都学院、乐山师范学院、绵阳师范学院、内江师范学院、宜宾学院、西昌学院、四川民族学院、阿坝师范学院、四川幼儿师范高等专科学校、川北幼儿师范高等专科学校、川南幼儿师范高等专科学校等14所高校对45个深度贫困县5000名"一村一幼"在职辅导员进行培训。培训采取集中面授20天与跟岗实践10天相结合的方式,对辅导员的普通话、幼儿园保教实践能力、常规管理等进行了集中训练。实施十五年免费教育计划,在免费义务教育和免费中等职业教育基础上,投入2.6亿元省级资金用于民族自治地区51个县(市)幼儿园和普通高中免费教育,受益幼儿32万余人次、普通高中生10万余人次,减轻了民族自治地方贫困家庭的经济负担。[①]

---

① 四川年鉴编辑委员会.四川年鉴[J].2019.成都:四川年鉴社,2019:286.

2019年,四川省实施了民族地区"9+3"免费职业教育、十五年免费教育、"一村一幼"等重大教育民生工程,使特殊群体受教育权利得到保障。培训教师及"一村一幼"辅导员2万余人。实施"一村一幼"计划,按照"大村独立举办、小村联合举办、一村一幼、一村多幼、多村一幼"思路,甘孜、阿坝、凉山三州48个县及马边、峨边、金口河、北川等52个县(市、区)开办"一村一幼"幼教点4706个,招收幼儿20.9万人,计划覆盖范围内的8381个村的幼儿大都可就近在本村或邻村接受学前普通话训练;按每人每月2000元的标准,为16577名辅导员发放劳务补助4.02亿元,46个县(市)按不同标准为辅导员购买社保;组织省内19所普通高校对7661名"一村一幼"辅导员进行为期一个月的能力提升培训,提升辅导员普通话水平和保教保育水平;依托"一村一幼",在凉山州2724个幼教点开展"学前学会普通话"行动试点,11万余名幼儿普通话合格率达81.5%,"学前学会普通话"凉山试点项目获得2019年全国脱贫攻坚创新奖。[1]

2020年,四川省学前教育阶段有幼儿园13752所,比2019年(下同)增加184所,增长1.36%。其中,普惠性幼儿园10720所,增长21.85%,普惠性幼儿园占77.95%。全省在园幼儿265.23万人,增长0.31%。其中,普惠性幼儿园在园幼儿224.9万人,增长15.26%,占在园幼儿的84.8%。全省幼儿园专任教师13.21万人,增长2.6%,其中接受过学前教育专业训练的占90.09%。与此同时,各地继续实施第三期学前教育行动计划(2017—2020年)和学前教育"80·50"(即实现2020年普惠性幼儿园覆盖率达到80%、公办园在园幼儿占比达到50%的目标)攻坚,将"80·50"攻坚列为"厅长鼎兴工程",推进城乡公办园建设,四川省共投资63.89亿元,规划建设城乡公办园662所。全省学前三年毛入园率达到90.93%,普惠性幼儿园覆盖率达到84.8%;公办园在园幼儿占比52.22%。教育厅与相关部门联合执法,清理整治无证幼儿园,整改达标的颁发办学许可证,整改仍不达标的依法依规予以取缔,治理无证园176所。继续实施"三区三州"教育脱贫攻坚、四川省民族地区教育发展十年行动计划、大小凉山"彝区教育扶贫提升工程"等重大工程。年内安排下达项目资金10.3亿元,安排扶贫项目598个,完工433个。继续在民族地区实行十五年免费教育助力脱贫攻坚,全部免除民族地区51个县

---

[1] 四川年鉴编辑委员会.四川年鉴[J].2020.成都:四川年鉴社,2020:405.

(市、区)学前到高中阶段学生保教费、学费和教科书费,惠及学生172万人。实施"一村一幼"计划,按照"学好普通话、养成好习惯、融入新时代"目标,推进"一村一幼"学习普通话,开设"一村一幼"幼教点4535个,招聘辅导员16656人,37万名幼儿在园系统学习普通话。省财政按每个幼教点配备2名辅导员、每名辅导员每月2000元劳务报酬的标准给予定额补助。实施"校对校"对口帮扶,组织1152所学校结对帮扶45个深度贫困县1286所学校,选派2700余人次教师和管理人员支教,招收3100余名学生到支援学校就读;接收深度贫困县1000余名骨干教师和管理人员到支援学校跟岗学习、挂职锻炼。安排专项资金实施远程教育,通过"四川云教"等优质教育直播平台,采取学前教育观摩、小学植入、初中录播、高中直播4种方式,将优质教育资源传送到民族地区493所学校2468个班,7000名教师跟随省内最优秀教师同步研修学习,10万余名学生享受省内最优质教育资源。[1]

二、新时代重庆乡村幼师教育普及普惠发展

2018年,重庆市学前三年毛入园率达到87.05%,全市有幼儿园5607所(另有幼教点1892个),在园幼儿96.31万人,专任教师4.79万人。新招收学前教育公费师范生519人,新招聘"特岗教师"1130人。新建名师乡村工作室10个。发放乡村教师岗位生活补助3.3亿元,惠及9.8万人。[2]

2019年,重庆全市培养学前教育公费师范生592人、乡村学校"特岗教师"600人。建立首批名师乡村工作室10个、教育部"国培计划"名师领航工作室4个。投入经费1.41亿元,培训教师3.22万人次。向9万余名乡村教师发放岗位生活补助4.4亿元。[3]

2020年,重庆市通过新建、改扩建、回收回购城镇小区配套幼儿园等举措,大力发展公办幼儿园,支持普惠性民办幼儿园发展,不断扩大普惠性学前教育资源,城镇小区配套园治理率100%。市教委下发《关于下达2020年度学前教育目标任务的通知》《关于印发重庆市学前教育激励实施细则的通知》,强化目标管理、过程管理和考核激励,完成年度目标。会同市发展改革委出台《重庆市普惠

---

[1] 四川年鉴编辑委员会.四川年鉴[J].2021.成都:四川年鉴社,2021:372.
[2] 重庆市地方志办公室.重庆年鉴[J].2019(33).重庆:重庆市地方志办公室,2019:421.
[3] 重庆市地方志办公室.重庆年鉴[J].2020(34).重庆:重庆市地方志办公室,2020:419.

性民办幼儿园管理办法》,指导各区县制定本辖区内普惠性民办幼儿园认定、扶持与管理具体办法,推动普惠性民办幼儿园健康发展。召开规范幼儿园收费行为约谈会,专项治理规范幼儿园收费行为。[①]

2021年,重庆市有幼儿园5684所(另有幼教点1790个),在园幼儿99.52万人,专任教师6.2万人。[②]

三、新时代国家对乡村幼师教育发展政策的优化情况

2021年颁布的《中共中央、国务院关于全面推进乡村振兴加快农业农村现代化的意见》指出,要提高农村教育质量,多渠道增加农村普惠性学前教育资源供给,继续改善乡镇寄宿制学校办学条件,保留并办好必要的乡村小规模学校。完善农村特殊教育保障机制。加快发展面向乡村的网络教育。加大涉农高校、涉农职业院校、涉农学科专业建设力度。

2021年,教育部等九部门印发《中西部欠发达地区优秀教师定向培养计划》,将工作目标确立为:从2021年起,教育部直属师范大学与地方师范院校采取定向方式,每年为832个脱贫县(原集中连片特困地区县、国家扶贫开发工作重点县)和中西部陆地边境县中小学校培养1万名左右师范生,从源头上改善中西部欠发达地区中小学教师队伍质量,培养造就大批优秀教师,就招生录取和职前培养、职后发展、就业管理等方面做出了明确规定,并从组织管理、经费支持、政策保障、督导评价四个方面实施保障。

2022年,教育部等八部门印发《新时代基础教育强师计划》,在基本原则中指出:坚持突出重点,按照乡村振兴战略和振兴教师教育有关要求,立足重点区域和人才紧缺需求,适应区域、学段、学科等发展需要,加强东西部协作、对口支援等,加大中西部欠发达地区师范院校、教师发展机构建设和高素质教师培养培训力度,增加紧缺薄弱领域师资培养供给。目标任务为:完善部属师范大学示范、地方师范院校为主体的农村教师培养支持服务体系,为中西部欠发达地区定向培养一批优秀中小学教师。师范生生源质量稳步提高,欠发达地区中小学教师

[①] 重庆市地方志办公室.重庆年鉴[J].2021(35).重庆:重庆市地方志办公室,2021:452.
[②] 重庆市地方志办公室.重庆年鉴[J].2022(36).重庆:重庆市地方志办公室,2022:436.

紧缺情况逐渐缓解，教师培训实现专业化、标准化，教师发展保障有力，教师队伍管理服务水平显著提升。具体措施包括：

实施高素质教师人才培育计划。推进部属师范大学公费师范生攻读教育硕士工作，加强履约管理。继续实施农村学校教育硕士师资培养计划。

实施中西部欠发达地区优秀教师定向培养计划（以下简称"优师计划"）。支持部属师范大学和高水平地方师范院校根据各地需求，每年为中西部欠发达地区定向培养一批高素质教师，发挥示范带动作用，推进各地进一步加大县域普通高中和乡村学校教师补充力度。优师计划提前批次录取，学生在校学习期间免除学费，免缴住宿费，并补助生活费，毕业后到定向就业县中小学履约任教不少于6年，由定向就业县人民政府按定向培养计划统筹落实就业工作，确保岗位和待遇保障。鼓励支持履约任教的优师计划师范生职后专业发展，建立跟踪指导机制，持续提升教书育人本领。

深化精准培训改革。聚焦基础教育课程改革的理念、要求和教育教学方法变革，以中西部欠发达地区农村教师校长培训为重点，充分发挥名师名校长辐射带动作用，实施五年一周期的"国培计划"，示范引领各地开展教师全员培训。发挥国家教师发展协同创新实验基地建设的示范作用，通过建立标准、项目拉动、转型改制等举措，推动各地构建完善省域内教师发展机构体系，建强县级教师发展机构及培训者、教研员队伍。优化培训内容、打造高水平课程资源，建立完善自主选学机制和精准帮扶机制，创新线上线下混合式研修模式，提升中小学教师的信息技术应用能力和科学素养。

完善交流轮岗激励机制。将到农村学校或薄弱学校任教1年以上作为申报高级职称的必要条件，3年以上作为选任中小学校长的优先条件。城镇教师校长在乡村交流轮岗期间，按规定享受乡村教师相关补助政策。实施银龄讲学计划，鼓励支持乐于奉献、身体健康的退休优秀校长教师到乡村和基层学校支教讲学。加强乡村教师周转宿舍建设，支持地方完善住房保障体系，加大保障性住房供应力度，解决教师队伍住房困难问题。

深化教师职称改革，完善岗位管理制度。对长期在乡村学校工作的中小学教师，职称评聘可按规定"定向评价、定向使用"，中高级岗位实行总量控制、比例单列，不受各地岗位结构比例限制。

加强教师工资待遇保障。各地绩效工资核定要向乡村小规模学校、艰苦边远地区学校等倾斜,要完善中小学教师绩效考核办法,绩效工资分配向班主任、教育教学效果突出的一线教师、从事特殊教育随班就读工作的教师倾斜。各地要继续落实好乡村教师生活补助政策,着力提高乡村教师地位待遇,形成"学校越边远、条件越艰苦、从教时间越长、教师待遇越高"的格局。

四、川渝地区乡村幼师教育发展的建议与展望

随着教育技术的不断进步和教育理念的更新,乡村幼师教育面临新的挑战和机遇。乡村幼师需要不断学习和适应新的教育理念和方法,注重发展幼儿的创新思维和实践能力。政府和社会应提供更多的支持和更好的资源,推动乡村幼师教育朝创新和可持续的方向发展。

展望未来的发展,我们可以以成渝地区双城经济圈建设为契机,依托职业院校学前教育发展联盟,围绕"协同创新、优势互补、融合发展、协同发展"的原则,大胆进行乡村幼师人才培养模式改革。各学校充分发挥传统优势和办学特色,协同联盟各成员单位,加强沟通交流,优势互补,聚焦促进乡村幼师教育内涵式发展、提升人才培养质量核心目标,共同发挥推动乡村幼师教育发展的行业桥梁纽带作用、区域引领示范作用和地域辐射带动作用,共同推进川渝两地乡村幼师教育协同创新、提质培优,共同谱写川渝地区乡村幼师教育发展新篇章。

(一)培养川渝托幼一体乡村幼师

把握双城经济优势,打造托幼一体乡村幼师教育师资培养高地。整合成渝地区双城经济圈职业院校学前教育教师培训基地、四川省职业院校教师培养培训基地、川南幼师教育培训基地、内江市幼儿教师培训中心四个培训基地资源,打造托幼一体乡村幼师教育师资培养特色体系,推出菜单式、订单式培训,专业化、特色化、项目化、产业化做强做优职后教育培训,打造托幼一体乡村幼师教育师资培养高地。

消除川渝区域意识,实现两地协同发展。加强成渝地区双城经济圈职业院校学前教育发展联盟成员单位间的交流合作,举办联盟年会、高峰论坛、联盟师生大赛、申报重大课题等活动,推动成渝地区乡村学前教育创新、协同、一体发展。

(二)搭建川渝城乡、园校协同发展平台

依托成渝地区双城经济圈职业院校学前教育发展联盟、川南幼教集团和内江科创产业园幼教园区,发挥内江市学前教育研究中心的优势,全面深化城乡协同发展。一是进一步修订校地园命运共同体和联盟的章程,完善乡村幼师教育协同发展机制,每年围绕乡村幼师教育开展合作共研横向课题,举办乡村幼师教育专题系列活动,实施川渝乡村幼师换岗制,每年安排乡村幼师到城镇幼儿园实践锻炼,承担特色课程的教学或班级管理工作,城乡幼师互相学习、借鉴好的经验。二是利用高校的蒙台梭利实训室、奥尔夫音乐实训室、学前儿童游戏室、婴幼儿卫生保健室、婴幼儿护理实训室等实训功能室,和本区域乡村幼儿园合作,共建托幼一体人才培训基地,提供育婴师、保育员、国家幼儿教师资格考试、蒙台梭利教师、奥尔夫音乐教师和0—3岁婴幼儿照护方面的培训和认证服务,鼓励乡村幼师提升能力,借助平台获取更多职业证书,实现园校协同发展。

(三)打造川渝地区乡村幼师省市园级教学创新团队

引培并举,建设高层次的乡村幼师师资团队。鼓励川渝乡镇幼儿园依托"名师工程""本硕工程""教授工程"等,采用外引内培的方式,加强高层次人才引进。健全和完善名师、硕士、教授高层次人才的选拔、培养和管理制度,打造省市园级名师团队。

专兼结合,建设优秀乡村幼师教育教学团队。依托成渝地区双城经济圈职业院校学前教育发展联盟、川南幼教集团,打造各层次的专兼结合创新团队和优秀教学团队。按照"传帮带""青蓝计划"的发展思路,培育省、市、园级优秀创新团队;建立教授工作室、名师工作室、园长工作站等。

(四)构建川渝地区乡村幼师教育校地园命运共同体

促进职前、职后一体化专业发展,打造校地园命运共同体。依托成渝地区双城经济圈、川南幼教集团,联合地方政府、乡村幼儿园及成渝地区双城经济圈同类高校,开展区域产业人才需求调研,形成调研报告,明确乡村幼师人才培养定位,完善人才培养方案,协同学校、地方、幼儿园三方,建立"理论的学、技能的训、教育实践的教"三元整合的"校地园协同、学训教一体"乡村托幼一体人才培养理

论和实践模式,以"学"为中心,以"训"为关键,以"教"为提升,构建起突出产教融合、能力为重、五育并举、全面发展的乡村幼师人才培养模式,打造集人才培养、科学研究、社会服务于一体的校地园命运共同体。

关注川渝地区托幼一体乡村幼师人才培养,引领乡村幼师事业的内涵建设。鼓励川渝高校成立乡村托幼学院,承担乡村托幼一体人才培养方案制定、课程开发、婴幼儿保教研究等职责,开发乡村托幼一体特色课程,定期发布婴幼儿成长报告,指导乡村托幼一体教师进行科学保育和教育。高校应积极推进实习基地、科研基地、就业基地等平台的建设,制定"校地园"融合教师联合工作制度、课程建设制度和科研工作制度,为乡村托幼教育事业一体化发展提供制度保障。围绕高水平专业群建设、专兼职教师胜任资格、专业群产教融合评价、乡村幼师培训等方面,对接职业标准,联合成渝地区双城经济圈师范院校研制乡村托幼一体教师教育技能等级标准、婴幼儿教养护标准、"校地园协同,学训教一体"乡村托幼一体幼师培养方案、乡村托幼一体幼师培训课程标准,为新时代川渝地区乡村幼师事业发展提供实践的科学依据,引领新时代川渝地区乡村幼师事业的内涵建设与发展。[①]

[①] 段永清,夏蔚,雷云.校地园协同 学训教一体:成渝地区双城经济圈建设背景下幼儿教师人才培养模式研究与实践[M].成都:四川大学出版社,2021:10.

第二章　川渝地区乡村幼师发展支持政策研究[①]

随着学前教育事业的发展,城市幼儿园和乡村幼儿园都得到了很大程度的发展。但乡村幼儿园发展水平远低于城市幼儿园发展水平,这与乡村幼儿园教师质量有密切联系。本章结合《中共中央、国务院关于全面推进乡村振兴加快农业农村现代化的意见》《教育部等九部门关于印发〈中西部欠发达地区优秀教师定向培养计划〉的通知》《教育部等八部门关于印发〈新时代基础教育强师计划〉的通知》以及《教育部等六部门关于加强新时代乡村教师队伍建设的意见》等文件精神,在检索梳理各类政策文本的基础上,研究党的十八大以来川渝地区乡村幼师发展的支持政策,深入分析并提出合理建议,以期推动川渝地区乡村幼教事业发展。

第一节　四川省乡村幼师发展的支持政策

近年来,随着《国家中长期教育改革和发展规划纲要(2010—2020年)》《国务院关于当前发展学前教育的若干意见》以及《国家贫困地区儿童发展规划(2014—2020年)》的颁布和实施,农村地区、集中连片特殊困难地区的学前教育资源迅速增加。各地政府部门、民间公益组织通过多种方式,为农村地区儿童提供早期教育机会。四川省根据上述文件要求,采取了一系列措施。

一、四川省乡村幼师发展的基础支持政策

2015年,四川省人民政府办公厅印发《乡村教师支持计划实施办法(2015—2020年)》,要求到2020年造就一支师德高尚、素质优良、结构合理、甘于奉献的乡村教师队伍,并提出了大力加强师德师风建设、拓展乡村教师补充渠道、提高

[①] 本章由川南幼儿师范高等专科学校完成。负责人:牟洪贵;撰写人:庾晶名、谢梦怡、黄俊超。本章系2023年四川省教育政务调研课题"服务成渝地区双城经济圈建设的乡村幼师发展政策与支持研究"的阶段性研究成果。

乡村教师生活待遇、加强乡村学校教师编制管理、完善乡村教师职务(职称)评聘办法、促进城镇教师向乡村学校流动、提升乡村教师专业水平、增强乡村教师职业荣誉感、落实各级政府主体责任等九条实施办法。[①]这一政策要求各市、县、乡级人民政府制定具体实施细则,根据本地乡村教育实际提出支持政策和有效措施,进一步明确化和具体化政策要求。这一举措对该时期全省乡村教师队伍建设起到了支撑作用。

2021年1月发布的《中共中央 国务院关于全面推进乡村振兴加快农业农村现代化的意见》第十七条提出,要提升农村基本公共服务水平,提高农村教育质量,多渠道增加农村普惠性学前教育资源供给。[②]2022年1月发布的《中共中央 国务院关于做好2022年全面推进乡村振兴重点工作的意见》第三十一条提出,加强乡村振兴人才队伍建设,鼓励地方出台城市人才下乡服务乡村振兴的激励政策。[③]这些文件都反映了国家对乡村教育事业的重视。

2023年3月发布的《中共四川省委 四川省人民政府关于做好2023年乡村振兴重点工作 加快推进农业强省建设的意见》第三十二条提出,加强乡村人才队伍建设,持续实施乡村人才振兴五年行动;单位人事管理倾斜政策,深入实施县以下事业单位管理岗位职员等级晋升制度。继续实施急需紧缺专业大学生定向培养、千名紧缺专业人才顶岗培养、"三支一扶"和大学生西部计划。[④]

为落实教育部等九部门发布的《"十四五"学前教育发展提升行动计划》,2022年11月,四川省出台了《四川省"十四五"学前教育发展提升行动计划实施方案》,提出着力构建幼儿教师队伍支持体系,要求各有关高校深化学前教育专业改革,完善人才培养方案,增加特殊教育专业课程,提高师范生融合教育能力,

---

① 四川省人民政府办公厅关于印发乡村教师支持计划实施办法(2015—2020年)的通知[EB/OL].(2016-01-12)[2023-10-25]. https://www.sc.gov.cn/10462/10464/10684/13601/2016/1/12/10364854.shtml? isappinstalled=0.
② 中共中央 国务院关于全面推进乡村振兴加快农业农村现代化的意见[EB/OL].(2021-02-21)[2023-10-25].http://www.moa.gov.cn/xw/zwdt/202202/t20220222_6389268.htm.
③ 中共中央 国务院关于做好2022年全面推进乡村振兴重点工作的意见[EB/OL].(2022-02-22)[2023-10-25].http://www.moa.gov.cn/xw/zwdt/202202/t20220222_6389268.htm.
④ 中共四川省委 四川省人民政府关于做好2023年乡村振兴重点工作 加快推进农业强省建设的意见[EB/OL].(2023-03-16)[2023-10-25]. https://www.sc.gov.cn/10462/10464/10797/2023/3/16/f03b97fb73974746a3e26434932bda0a.shtml? eqid=fa8103ba0001b5b000000006645aec05.

鼓励有关高校、教科研机构和优质幼儿园结对帮扶基层、边远和欠发达地区幼儿园。

总体而言,四川省在支持乡村幼师发展方面采取了一系列积极措施。2015年发布的《乡村教师支持计划实施办法》,为全省乡村教师队伍建设确立了目标和方向,强调师德师风建设、乡村教师生活待遇提升、人才流动机制的构建等关键要素。2022年11月发布的《四川省"十四五"学前教育发展提升行动计划实施方案》为构建幼儿教师队伍支持体系提供了指导性方案,要求有关高校深化学前教育专业改革,与优质幼儿园结对帮扶基层,为幼师的专业培养和发展创造了有利条件。《中共四川省委、四川省人民政府关于做好2023年乡村振兴重点工作 加快推进农业强省建设的意见》中明确了支持乡村人才队伍建设的政策,包括单位人事管理倾斜政策、大学生定向培养、千名紧缺专业人才顶岗培养等举措。这些政策的出台,为乡村幼师提供了更有力的支持,构建了有利于乡村幼师发展的政策环境。

二、四川省乡村幼师发展人才引流政策

(一)公费师范生政策吸引大学生到乡村幼师紧缺岗位

2007年,国务院颁布了《教育部直属师范大学师范生免费教育实施办法(试行)》。文件决定,从2007年秋季起,教育部在六所部属师范大学试行师范生免费教育,通过部属师范大学试点,积累经验,建立制度。随后,各省在吸收部属师范大学试点经验的基础上,结合各地情况纷纷实行了免费师范生教育。在部属师范大学及地方师范院校的不断探索和努力下,免费师范生的招生及培养质量都得到了保证,各项配套政策也日趋完善。与非免费师范生相比,作为"准教师"的免费师范生享有免除学费、免缴住宿费、补助生活费,毕业后有编有岗,工作满1年可免试申请教育硕士专业学位研究生等权利。同时,免费师范生毕业后也需履行一定的义务,即回生源地从事中小学教育工作10年以上;到城镇工作的免费师范生,应先到农村义务教育学校任教服务2年。

2013年至今,四川省从本省民族地区、集中连片特殊困难地区和革命老区、艰苦边远地区生源中选拔乐教适教的优秀学生免费攻读师范类专业,为四川省

艰苦地区农村公办义务教育学校、幼儿园和特殊教育学校定向培养了一批师德高尚、专业水平较高、下得去、留得住、干得好的教师,着力解决农村学校师资紧缺矛盾,提升教育教学水平,促进基础教育均衡发展。[①]

(二)"三区"人才支持计划缓解人才匮乏困境

为深入贯彻落实《国家中长期人才发展规划纲要(2010—2020年)》,四川省科技厅、省委组织部、省财政厅、省人社厅、省扶贫移民局联合成立了"三区"人才支持计划科技人员专项计划协调指导小组,协调小组办公室设在四川省科技厅。协调小组制定了《四川省贫困地区、民族地区和革命老区人才支持计划科技人员专项计划实施方案》,目标任务是自2014年至2020年,从全国范围内选派科技人员,分别派往四川省的12个市州、86个县市区,提供科技服务、成果转化、开展农村科技创新创业等支持。

"三区"科技人员专项计划是实施创新驱动发展战略、实现全面深化科技体制改革、加快农业现代化发展、推进四川省全面小康的重要途径,对于发展"三区"特色产业、调整地方经济结构转变、实现一二三产业互动融合、带动科技人员创新创业、推进"三区"加快脱贫致富具有重大意义。四川省科技厅提出了"精准发力"的工作要求,确定了三条原则:一是需求为本,注重实效;二是统筹实施,分级管理;三因地制宜,省市联动。对于西部地区"三区"科技人才专项计划,中央财政提供资金保障,按选派人员每人每年2万元、培养人员每人每天120元进行补助,加快推进"三区"脱贫致富。

三、四川省乡村幼师职业发展政策

(一)"中西部农村骨干教师培训"提升乡村教师整体素质

"国培计划"是《国家中长期教育改革和发展规划纲要(2010—2020年)》确定的重大项目,中西部农村骨干教师培训是"国培计划"中的一个项目,目的是使受训教师在道德素养、理论水平、专业知识、教学能力以及现代信息技术应用能力

[①] 张浩.四川省省属免费师范生培养的现状与思考——以西华师范大学为例[J].求知导刊,2016(11):72-74.

等方面得到提高,从而带动农村教师整体素质的全面提升。中西部农村骨干教师培训项目主要分两种类型:一是短期集中培训,为期十天左右;二是置换研修,即被选拔出来的农村骨干教师到承办培训的大学脱产学习,承办单位从本科生中抽调同样数量的优秀学生到受训教师单位填补岗位,进行教学实习。

为落实并顺利达到《国家中长期教育改革和发展规划纲要(2010—2020年)》的基本要求,四川省教育厅发布《四川省教育厅、四川省财政厅关于做好中小学教师"国培计划"实施工作的通知》,并根据文件精神下达了四川省中西部农村骨干教师培训任务。

(二)各地市人才新政培育本土人才高质量发展

在四川省一些地级市,人才总量偏少、层次不高、结构不优等问题较为突出。因此,各地将人才作为推动高质量发展的第一资源。

遂宁市2019年制定支持本土高层次人才等专项计划,计划用10年左右时间,围绕遂宁产业发展,有计划、有重点地遴选支持330名领军人才,示范带动各县(区)培养1000名左右各类高层次人才,设置了包含"遂州教育名师"在内的9个项目类别,引领本土教育高质量发展。

宜宾市委办公室、市政府办公室2021年印发了《宜宾市加快推进乡村人才振兴的若干措施》,主要措施有健全乡村人才振兴工作体系、加强人才队伍建设、促进各类人才投身乡村振兴事业等,利用完善乡村人才培育体系、实施"宜宾人才计划"、推进柔性引才等方式加强乡村人才振兴。

2023年8月,内江东兴区开展教育部2023年"童语同音"计划师资培训项目,东兴区100名幼儿教师参加培训。"童语同音"计划是教育部在"十四五"时期实施学前儿童普通话教育的重要举措。根据教育部计划,"十四五"期间,内江市将分期分批开展民族地区、农村地区幼儿园教师国家通用语言文字应用能力培训,基本解决幼儿园教师国家通用语言文字教育教学能力不足的问题,推进学前儿童普通话教育质量的提高。

无论是中长期的政策支持,还是短期的措施和计划,各地市都通过诸多手段引领本土乡村教师专业人才高质量发展。

综上所述,四川省积极响应国家关于乡村学前教育发展的相应政策,结合本省实际,陆续出台了支持乡村学前教育发展的文件和各种激励措施,并多方统筹跟进落实,在学前教育行动计划、农村幼儿园教师培养培训、民族地区学前教育发展、教育扶贫等方面都取得了显著成效。

四、四川省乡村幼师发展资源配置保障政策

(一)"学前教育三年行动计划"关注乡村幼师资源配置

截至2023年,四川省为深入推进学前教育改革发展,制定了三期学前教育三年行动计划,其中多次提到乡村学前教育发展。第一期(2011—2013年)提出,中央和省重点支持民族地区、贫困地区、边远山区和革命老区发展学前教育。第二期(2014—2016年)在"加强幼儿教师队伍建设"中指出,要切实保障农村幼儿园教职工合法权益,完善幼儿园教职工工资待遇保障机制,研究制定通过生均财政拨款、专项补助等方式,解决好公办园非在编教师、农村集体办幼儿园教师工资待遇问题,努力实现同工同酬,增强幼儿园教师职业吸引力。第三期(2017—2020年)提出加大农村幼儿园教师培养培训力度,对接各地需要,大力开展省属免费师范生学前教育教师定向培养,支持各地通过多种方式为农村和边远贫困地区培养补充合格的幼儿教师。要采用各种手段保障乡村幼师合法权益,如对长期在农村基层和艰苦边远地区工作的幼儿教师实行倾斜政策;鼓励地方政府将符合条件的农村幼儿教师住房纳入保障性安居工程统筹予以解决,改善农村幼儿教师工作和生活条件等。

在以县为单位实施了三期行动计划后,四川省各地的学前教育被纳入民生工程予以保障,资源快速扩大,投入大幅增加,师资队伍不断壮大,管理制度日益完善,幼儿园保教质量逐步提高,学前教育事业取得了快速发展。

(二)"一村一幼"政策推动民族地区教育扶贫

四川省是我国最大的彝族聚居区、第二大藏族聚居地,在学前教育发展、精准扶贫、教育扶贫中特别重视民族地区乡村儿童学前教育权利的保障。

《国家中长期教育改革和发展规划纲要(2010—2020年)》实施以来,四川在国家的支持下克服诸多困难,出台了《四川省民族地区教育发展十年行动计划(2011—2020年)》,坚持政府主导,形成县城幼儿园、乡镇幼儿园、小学学前班、双语教育为特色的县、乡、村三级学前教育办学体系。"一村一幼"政策源于2015年

7月四川省委十届六次全会作出的在民族地区实施十五年免费教育的重大决策。2015年,四川省政府在《关于支持大小凉山彝区深入推进扶贫攻坚加快建设全面小康社会进程的意见》中明确提出,在大小凉山彝区建设"一村一幼"。8月,大小凉山彝区启动实施"一村一幼"计划,以建制村为单位,一个村设立一个幼儿教学点,根据实际情况也可"多村一幼"或"一村多幼",组织开展以双语教育为主要内容的学前教育。

2015年10月,四川省凉山州正式启动"一村一幼"计划,将其作为突破民族地区学前教育发展瓶颈和阻止贫困现象代际传递的重要抓手,解决农村幼儿想上学而没学上的问题。凉山州教育局出台了《凉山州学前教育村级幼儿教学点管理办法(试行)》《凉山州村级幼教点辅导员聘用条件和程序》《凉山州村级幼教点辅导员岗位职责(试行)》等10个规范性文件。幼教点的设立基础与场所安排,是在尚未覆盖学前教育资源的建制村或人口较多、居住集中的自然村设立幼教点,每个点开设1个或多个混龄班,每个班容纳30名左右适龄幼儿,配备2名辅导员;场所通过改造村支部活动室、闲置村小、彝家新寨等公共资源或租用民房、新建园区来落实。幼教点的人员招聘与职业培训,是将"一村一幼"辅导员作为临聘人员,其招聘由县市教育部门负责,辅导员同幼教点所在地村委会签订临时聘用合同,实行一学年一签制度;培训方式为州级培训骨干、县级全员培训和集中面训、幼儿园实训相结合。幼教点的资金保障与资产管理,由省、州、县三级财政共同分担,每名辅导员每月2000元和年终绩效考核2000元的劳务补助由省级财政补贴,其余办班经费由州、县(市)共同负责。从2016年春季学期起,减免包括"一村一幼"幼儿在内的在园幼儿学前3年保教费,每生每年补助700元。幼教点的资产由村委会负责管理,村委会为幼教点建立专账,独立核算,专款专用。幼教点的教学目标与工作制度,是让幼儿在学前教育阶段"学会普通话、养成好习惯、懂得感恩情",使用具有民族特色的幼儿双语本土教材。幼儿每天在幼教点时间不少于6小时,由幼教点提供午餐。

凉山州制定了《"一村一幼"学前教育辅导员培训方案》,坚持先培训、后上岗,按照分类培训、分级实施的原则,采取州级培训骨干、县级全员培训和集中面训、幼儿园实训相结合,大力开展辅导员培训,使辅导员基本掌握幼儿教育教学基本规范、幼儿一日活动流程和常规管理策略。

截至2022年12月底,四川省在民族自治地区的51个县(市),对34.98万名在园幼儿全面免除学前3年公办幼儿园保教费。在民族地区的52个县(市、区),全覆盖实施"一村一幼"计划,为村级幼教点辅导员发放劳务报酬省级补助。[①]

藏区的学前教育发展状况也备受关注。全省教育战线把推动教育民生工程作为藏区精准脱贫的重要抓手,集中力量抓落实。2017年上半年,四川省教育厅全面启动藏区32县(市)"一村一幼"工作,藏区教育民生工程各项工作顺利实施,上半年拨付6.32亿元,32县(市)春季学期学前教育保教费和普通高中学费、教科书费全部免除,十五年免费教育政策全面落实。同时,四川省按国家标准全面落实了各项学生资助政策,从制度上保证了"不让一个藏区学生因家庭经济困难而失学"。[②]

"一村一幼"政策既补助了辅导员劳务报酬经费,又保证了藏区32县(市)园舍规划建设、辅导员选聘及培训等工作顺利进行。藏区农牧区3—5周岁幼儿也获得就近接受学前教育的机会。

"一村一幼"计划是四川省创新实施的重大教育扶贫工程,是民族地区少年儿童学习国家通用语言、化解基础教育阶段教学语言障碍、培养良好行为习惯的奠基工程。"一村一幼"计划的实施,从源头上打破了贫困积累循环效应。

以上对四川省近几年支持乡村幼师发展的政策环境、乡村幼师发展人才引流政策、乡村幼师职前职后发展政策、乡村幼师发展资源配置保障政策等方面进行了分析,为提出川渝地区乡村幼师发展支持政策的优化建议奠定了基础。

第二节　重庆市乡村幼师发展的支持政策

重庆市各区县也以国家政策为导向,积极制定并实施有关乡村幼师发展的支持政策,取得了显著成效。

---

① 四川省人民政府办公厅关于2022年全省30件民生实事落实情况的通报[EB/OL].(2023-02-28)[2023-10-25].https://www.pengxi.gov.cn/gwywj/-/articles/46061315.shtml.
② 四川藏区全面启动"一村一幼"工作,9月起牧民娃娃就近入学[EB/OL].(2017-08-22)[2023-10-25].https://www.sc.gov.cn/10462/12771/2017/8/22/10431333.shtml.

一、重庆市乡村幼师发展的基础支持政策

为响应乡村振兴战略,落实《重庆市教育事业发展"十四五"规划》《重庆教育现代化2035》,保证重庆市学前教育事业高质量发展,进一步解决乡村幼师"下得去、留得住、教得好"问题,依据《"十四五"学前教育发展提升行动计划》《教育部等六部门关于加强新时代乡村教师队伍建设的意见》,重庆各高校纷纷助力乡村幼师队伍建设。重庆幼儿师范高等专科学校打造"卓越乡村幼师品牌",立足"卓越"价值取向,把握乡村幼师培养方向,创新教育教学方法,建立乡村幼师培训机制,促进乡村学前教育事业优质均衡发展。

国家层面关于幼儿教师发展的专项政策较少,因此,乡村幼师的发展主要还是依靠地方政策的施行。2018年,《中共中央 国务院关于全面深化新时代教师队伍建设改革的意见》颁布后,重庆市对文件进行全面解读。根据文件精神,各区县纷纷出台相应措施,深化新时代教师队伍建设改革,取得丰硕成果:武隆区委人才办印发《武隆区重点学校名优校长和优秀教师引进暂行办法》,每年预算100万元用于教育人才的引进和培养,实施小学全科教师和学前教育免费师范生定向培养计划;北碚区健全《关于进一步加强教职工师德师风建设的通知》等制度文件,出台《北碚区教师培训管理办法》;城口县教委印发《加强和改进全县新时代师德师风建设行动计划》;荣昌区搭建教师成长体系,印发《关于推荐荣昌区"骨干教师培养对象"的通知》《重庆市荣昌区骨干教师管理办法(修订)》《重庆市荣昌区名师评选管理办法》等文件;璧山区引进COP项目和中国教育学会"教师递进式系统化专业提升"项目,持续实施农村小学全科教师和公费幼师培养计划,委托重庆幼儿师范高等专科学校培养公费幼师10名,为乡村学前教育储备优秀人才。

此外,教育部还颁布了《教师教育振兴行动计划(2018—2022年)》。重庆同期出台《重庆市智慧教育五年工作方案(2018—2022年)》,提升全市教师信息化素养,加快乡村教育发展,助推乡村振兴。

总体而言,重庆市在支持乡村幼师发展的基础政策环境方面积极响应国家政策,并通过一系列具体措施强化了对乡村教师队伍建设的关注。从2012年开始,重庆相继制定了一系列重要政策文件,为乡村教育环境的改善奠定了基础。

重庆市在落实乡村振兴战略中,充分借力国家文件的引导,推动《重庆市教育事业发展"十四五"规划》和《重庆教育现代化2035》的实施,实现乡村幼师"下得去、留得住、教得好"。各高校积极参与乡村幼师队伍建设,通过明确培养方向、创新教育方法、建立培训机制等手段,为乡村学前教育事业的优质均衡发展做出了积极贡献。值得注意的是,重庆市对国家政策进行深入解读和细化,各区县都出台了相应措施,加强新时代教师队伍建设改革,取得了一系列成果。这种因地制宜的政策实施,使乡村幼师在地方层面能够更好地享受到政策的红利,为乡村教师的全面发展提供了坚实支持。

二、重庆市乡村幼师发展人才引流政策

首先是鼓励支教。除了乡村教师公费培养外,重庆市近年响应国家"银龄讲学计划",通过特岗计划,招募退休教师到乡村支教。开州区采取考核、考试及免费师范生定向签约等方式招聘新教师,90%以上分配至偏远山区和农村薄弱学校任教,并对支教教师给予每年最高3万元的生活和交通补贴,激发教师支教热;实施山区人才支教计划,采取城乡互通、优势互补、以强扶弱的办法,加快推进教师队伍合理流动[1]。近3年,共吸引300余名优秀教师到边远农村学校支教,通过片区调动、乡镇交流、校际调剂等方式,优化城乡人才资源配置。

其次是加强与各单位的合作,促进人才流动。酉阳县2019年8月下旬与中国发展研究基金会签订项目合作协议,实施"一村一园",由基金会出资在当地招聘幼师,经考试合格后上岗,在贫困偏远农村设立村级幼儿园,专门接收3—6岁的儿童,为其就近提供学前教育服务[2]。璧山区教委与成都市锦江区教育局签订成渝地区双城经济圈教师教育协同创新合作协议,形成区域合作联席会议、定期交流、信息共享等机制[3]。

---

[1] 开州区全面加强教师队伍建设努力培育新时代筑梦人[EB/OL].(2019-12-07)[2023-10-27]. http://jw.cq.gov.cn/zwxx_209/bmdt/qxxx/201912/t20191220_1863436.html,
[2] 重庆市酉阳县"慧育中国"、"一村一园"项目启动[EB/OL].(2020-01-20)[2023-10-27]https://www.cdrf.org.cn/mtgz/5174.htm.
[3] 璧山区"内培外引横联"深化新时代教师队伍建设[EB/OL].(2020-12-21)[2023-10-27].http://jw.cq.gov.cn/zwxx_209/bmdt/qxxx/202012/t20201221_8675320.html.

再次,积极进行人才引进,职称评定向偏远地区倾斜,积极落实政策。綦江区2018年先后招录学前免费师范生5人,组织6个名师工作室的学科带头人、教学能手组团进校,对35所农村小规模学校开展"菜单式"送教送培活动,提升教育质量[①]。2019—2022年间,垫江县培养和招聘学前教育公费师范生,引进异地优秀人才,不断优化乡村教师队伍结构,近3年招聘学前教育公费师范生33人;坚持职称评定向乡村学校特别是偏远薄弱学校倾斜,把"有任现职以来1年以上在薄弱学校、农村学校支教(从教)经历"作为城镇中小学校教师评聘一级教师以上职务的必要条件,鼓励城镇学校优秀行政人员到乡村学校任职、优秀教师到乡村学校交流轮岗[②]。

最后,重庆市制定了2021—2025年"一县一策"帮扶方案,激发人才创新活力;将帮扶政策和项目清单化,分解落实年度目标任务,序时推进;给予各县帮扶资金,用于优秀教师支教补助和提升乡村教师能力薄弱项。同时,利用山东省优质教育资源,全覆盖网络培训14个协作区县教师[③]。

乡村幼师大多没有编制,学历较低,综合素养也不利于乡村教育发展。重庆市政府就人才引流方面做了大量工作,成效也有目共睹,增加了教师学习、交流的机会,提升了乡村幼师的职业认同感和荣誉感;通过支教、轮岗等帮扶方式,推动城区教师到乡村任教,增加乡村教育人员数量,提高乡村教育质量,城区教师通过探索实践获得成果产出,实现了双赢。这些政策有效调节了人才资源配置,促进了城区优质园经验分享,让乡村幼师不用走出去也能学习优秀理念。重庆市还通过派驻教师、加强专业引导、培训青年教师等形式,提升乡村幼师专业素养,使乡村教育更加全面有序地发展。

---

① 綦江区加强乡村教师队伍建设助力乡村振兴[EB/OL].(2019-01-31)[2023-10-27.]http://jw.cq.gov.cn/zwxx_209/bmdt/qxxx/201912/t20191220_1856721.html.
② 垫江县加强乡村教师队伍建设助推乡村教育振兴[EB/OL].(2021-08-20)[2023-10-27].http://jw.cq.gov.cn/zwxx_209/bmdt/qxxx/202108/t20210820_9605691_wap.html.
③ 重庆市教育系统"八项举措"助力推动乡村教育全面振兴[EB/OL].(2022-11-24)[2023-10-27]. http://www.moe.gov.cn/jyb_xwfb/xw_zt/moe_357/jjyzt_2022/2022_zt04/dongtai/difang/202211/t20221124_1002241.html? eqid=bfbebe49001d02270000000364376718.

三、重庆市乡村幼师职业发展政策

(一)乡村幼师师德师风建设情况

师德师风建设在多项政策中都处于重要位置。要促进教师忠诚于教育事业,就必须加强师德师风建设。近年来,国家加大师德师风建设力度,不仅政府相关部门强调,各个单位也积极推进师德师风建设。教师的评优及选拔,师德有亏将一票否决。教师每年都会就行为规范、以身作则、严于律己等方面做出承诺。乡村幼师的一言一行,都会对幼儿的身心造成深远影响。唯有加强自身修养,做到身正心正,才能以身作则,给幼儿以正确示范,浸润幼儿心灵。

2018年,南川区先后出台了《南川区师德师风六条禁令》《南川区师德师风十不准》《南川区师德师风群众评方案》《南川区教师师德档案管理办法》等文件。[1] 2019年,丰都县出台《丰都县教职工职业道德规范负面清单》。依据《乡村教师支持计划(2015—2020年)》,重庆市各区县开展多项评比活动,首先考查的便是师德师风问题。2018年,开州区开展"最美教师"评选、教师先进事迹巡回报告、"重庆好教师"演讲等活动,并利用区教育城域网、开州日报、开州电视台等媒体,宣传师德师风先进典范;组织教师参加"万名教师大家访"和教育精准扶贫、免费为留守儿童辅导功课、上门送教等活动。教师在参与、体验中增强岗位意识、厚养师者美德[2]。2019年,云阳县强化师德师风建设,为落实《新时代幼儿园教师职业行为十项准则》,全县幼儿园开展师德师风宣讲活动,同时全面开展以"我是幼儿教师"等为主题的学前教育宣传月活动,进一步深化幼儿园师德师风建设。[3]

重庆市多个区县开展教师各项评选活动,不仅提升了教师的职业荣誉感和责任感,也对加强师德师风建设起到巨大作用。区县有关部门也可以组织针对乡村教师的专项评选活动,覆盖乡村幼师,鼓励乡村幼师参与,这将促进乡村幼师师德师风建设。同时,也要思考乡村幼师师德师风建设的长效机制。

---

[1] 南川区"五着力"全力推进新时代教师队伍建设[EB/OL].(2018-10-23)[2023-10-27].http://jw.cq.gov.cn/zwxx_209/bmdt/qxxx/201912/t20191220_1851611.html.
[2] 开州区狠抓师德师风建设[EB/OL].(2018-10-17)[2023-10-27].http://jw.cq.gov.cn/zwxx_209/bmdt/qxxx/202010/t20201021_8079185.html.
[3] 云阳县四举措强化师德师风建设[EB/OL].(2019-04-11)[2023-10-27].http://jw.cq.gov.cn/zwxx_209/bmdt/qxxx/201912/t20191220_1858127.html.

(二)加强乡村幼师职业培训

重庆市定期组织的帮扶培训,如"国培计划""幼儿园骨干教师普通话培训""助力西部少数民族地区教师成长培训""重庆市贫困地区幼儿园教师普通话线上培训""幼儿园教师语言应用能力培训"等,使乡村幼师发展有了充分保障。

綦江区健全"国家、市、区、督导责任区、学校"五级培训体系,把全面加强教师队伍建设作为一项重大政治任务和根本性民生工程。2018年国培项目送培1588人,区级层面培训教师约1.2万人次,合格率100%;共开展5个国培送教下乡项目,培训教师350人,培训本土培训师213名。[①]2019年,酉阳县大力实施"一村一园:山村幼儿园计划"项目,落实教育惠民工作。各乡镇将山村幼儿园纳入学前教师培训体系,制定山村幼儿园志愿者培训指导方案,每月到山村幼儿园指导业务工作一次以上。县教委组织幼教专家和骨干教师深入乡村幼儿园,开展巡回指导、现场听评课,促进乡村幼儿园提高管理水平。2021年,垫江县强化乡村教师的常态、高效培训,构建以校本研修为基础的"国培、市培、县培、校培"四级乡村教师研修培养体系,采取订单式、菜单式、定向式培训方式,切实解决乡村教师职业倦怠、班级管理困惑、信息技术能力低、对外界信息资源排斥等问题,开展各级各类培训近1.6万人次,努力让乡村教师"学得好""用得上"。

乡村幼师的职前职后培训十分重要,他们的理论基础、专业技能水平都能通过培训得到提升。因此,政府务必开辟培训通道,创新培训方式,继续坚持已有政策,并征询乡村幼师意见,给予他们更多走出去学习的机会。比如,不仅要让乡村幼师能够去优质幼儿园参观学习,还要创造机会,让他们加入到优质幼儿园的实际工作中,进行沉浸式工作体验。只有给予乡村幼师更多交换学习的机会,才能使他们学到真正有用的经验,并运用于实践。

(三)拓宽乡村幼师职业成长通道

2018年,开州区鼓励教师在职提升学历,对经批准参加学历晋升者最高奖补所需学费的60%;组织教师到浙江、北京、上海等教育强省强市学习研修,并达成支教或合作协议,共同培育拔尖教师。九龙坡区由教研员深入一线学校特别是

[①] 綦江区加强乡村教师队伍建设助力乡村振兴[EB/OL].(2019-01-31)[2023-10-27].http://jw.cq.gov.cn/zwxx_209/bmdt/qxxx/201912/t20191220_1856721.html.

乡村薄弱学校,"点对点""面对面"给予教师专业指导,全区确定教研员定点联系中小学及幼儿园80余所。[1]2019年,丰都县制定农村教师"信息化培训菜单",通过信息技术能力提升、电子白板使用技巧等培训,提高农村教师信息化水平。[2] 2021年,垫江县坚持"城乡联动,一体发展"战略,建立城镇与乡村学校间结对帮扶机制,成立教育集团6个、共同体3个,开展乡镇中心学校教师走教近2000人次,有效促进了城乡教育一体均衡发展。合川区等深入实施"领雁工程"、积极实施"青蓝工程",成立乡村名师工作室若干,着力打造一支具有辐射引领作用的优质"头雁"队伍。

目前,重庆可以继续投入物力,依托数字化技术,帮助乡村幼师运用现代科技提升自我。同时,仍然要创造乡村幼师外出学习的机会,在所属市区进行学习,确保每位乡村幼师每年都有多次出去学习的机会,保持他们学习的活力和积极性,把学到的有用经验及时转化运用,从中发现问题,再带着新的困惑继续求知学习,形成良性循环。

四、重庆市乡村幼师发展资源配置保障政策

(一)乡村幼师编制使用效益情况

2018年,开州区为落实《关于全面深化新时代教师队伍建设改革的实施意见》,放宽乡村教师职称晋升的外语、论文等要求,以及乡村学校中、高级岗位聘用条件,坚持有岗即进。同时,改善优秀教师引进、招聘工作机制,近三年先后公招新教师1069人到农村学校任教,有效保障了教育均衡。武隆区统一城乡编制标准,优先保证乡村学校编制和教师补充,农村教师晋升比城区更容易。没有编制的乡村幼师生活幸福感较低,不愿意扎根乡村,也不容易产生职业认同。因此,不论是编制还是职称评定或生活补助,都应更多地向乡村幼师倾斜,优化获得名额的条件。

---

[1] 九龙坡区扎实推进新时代教师队伍建设[EB/OL].(2018-10-22)[2023-10-27].http://jw.cq.gov.cn/zwxx_209/bmdt/qxxx/201912/t20191220_1851580.html.
[2] 丰都县增添措施推进新时代教师队伍建设[EB/OL].(2019-04-23)[2023-10-27].http://jw.cq.gov.cn/zwxx_209/bmdt/qxxx/201912/t20191220_1858373.html.

(二)提升乡村幼师地位待遇

2018年,开州区组建教师心理辅导工作室,实施教师免费体检、优秀教师健康疗养、大病教师特殊救助、城乡教师住房保障、农村教师专项津贴等五大行动,并为乡村教师发放岗位生活补贴,使得乡村教师扎根学校、奉献教育的热情更加高涨。2019年,綦江区加强乡村教师队伍建设,助力乡村振兴。连续4年开展"綦江好老师"评选活动,表彰4个教师团队和62名教师,其中乡村教师占65%。2018年区教委与区委宣传部、区精神文明建设办公室和綦江日报社联合开展"市民心中的綦江好老师"评选活动,充分发挥先进典型的示范引领作用。2021年,垫江县完善乡村教师激励政策,实施乡村教师荣誉制度,肯定乡村教师辛勤劳动,增强其职业认同感,获得乡村任教30年荣誉证书的2788人、乡村任教20年荣誉证书的1684人。涪陵区、永川区、黔江区、丰都县等每年也会聚焦乡村教师力量弱、流动大、待遇低等问题,开展相关评选和奖励,留住乡村教师。

2020年颁布的《重庆市教育委员会、重庆市财政局关于印发〈重庆市普惠性民办幼儿园管理办法〉的通知》提出,建立教师工资待遇指导机制,依法依规落实教师工资待遇。支持普惠性民办幼儿园综合考虑从业资格、工作年限、业绩等个人条件,在人员经费支出方面向一线在岗保教人员倾斜,逐步提高教师工资待遇。提高教师职称评审通过率。国培、市培、区县培三级培训向普惠性民办幼儿园倾斜,鼓励向普惠性民办幼儿园派驻公办园长和教师,切实提高教师专业水平和科学保教能力。

上述政策的实施,大大提升了乡村幼师的工作幸福感。一方面,应大力改善乡村幼儿园的教学条件、教学设备,为乡村幼师"减负",提高工作效率,让乡村幼师愿意工作、乐于工作。另一方面,还要改善乡村幼师的生活条件,为他们提供生活便利,如居住条件、运动休闲场所等。许多不是本地人的乡村幼师,常常因为居住问题很难留下。开州区常年投入资金500余万元,实施住房保障、互助帮扶等"暖心工程",全面落实教师全员健康体检、青年教师结对联谊、乡村教师常态慰问等制度,真正让教师成为别人羡慕的职业。

(三)投入更多经费支持

以武隆区为例,区财政2016—2018年间共投入1059万元继续教育经费,保障教师教育工作的顺利实施,每年预算100万元用于教育人才的引进和培养。对通过在职进修取得本科或研究生学历的教师实行学费补助奖励。每年投入1600余万元用于实施乡村教师支持计划,乡村教师人人享受岗位生活补助和乡镇补贴。大足区按比例足额拨付专项经费,开展乡村教师专项培训,全面提升乡村教师能力素质。[1]南川区足额发放农村教师津贴、乡村教师岗位生活补助和乡镇工作补贴,实现乡村教师待遇高于同等城区教师。推行乡村教师体检制度,将乡村教师体检经费纳入财政预算,设立乡村教师重大疾病救助基金,发放17.5万元,资助重病乡村教师63名,极力解决乡村教师后顾之忧。2019年,开州区实施住房保障工程,新建、改扩建周转房、公租房4100余套,安装淋浴、空调等设备,实现教师"拎包入住"。落实资金400余万元,实施教职工互助保障计划,开展教职工健康体检、救助慰问等互助互济活动,常年惠及教师4000余人。2021年,垫江县统筹提高乡村教师生活待遇,全面落实乡村教师每月每人600～1000元不等的生活补助和乡镇工作补贴,以每人每年不低于800元的标准保障乡村教师享受一次免费常规体检。加大教师周转房建设力度,全县共建成教师周转房1006套,有效解决了外地教师住房问题。积极开展职工互助保障活动,实现5000余名乡村教师职工互助保障全覆盖,最大限度地保障乡村教师合法权益。

2023年6月,重庆市教育委员会、重庆市财政局发布《关于调整乡村教师岗位生活补助标准的通知》,纳入补助范围的贫困区县乡镇学校每人每月提高到不低于300元,其中,村小和教学点每人每月提高到不低于500元,特别艰苦、边远、高寒地区的村小和教学点每人每月提高到不低于700元。纳入补助范围的其他区县村小和教学点每人每月提高到不低于300元,其中,特别艰苦、边远、高寒地区的村小和教学点每人每月提高到不低于500元。

总之,重庆市政府对乡村教师包括乡村幼师的补贴力度是比较大的,但主要对象是在编在岗教师,对大量没有编制又想长期扎根乡村的幼师有所忽略,可以

---

[1] 大足区"三项工程"强化乡村教师队伍建设[EB/OL].(2018-08-14)[2023-10-27].http://jw.cq.gov.cn/zwxx_209/bmdt/qxxx/201912/t20191220_1848923.html.

通过评选等形式,分配一些生活补助名额给没有编制的乡村幼师。

从以上对重庆市乡村幼师发展支持政策实施情况的整理和分析来看,学前教育师资城乡分布不均、乡村学前教育师资力量相对薄弱等现实问题依旧存在。地方在落实支持政策时,主要还是遵循国家政策文件,地方乡村幼师发展支持政策文件缺乏,这使得乡村幼师发展的细节被忽略,如乡村幼师个人生活保障问题,这在一定程度上决定了其去留。另外,对解决乡村幼师编制相关问题提及不多,就实施情况来看,还需要进一步完善。当然,重庆市教育部门组织的有关乡村幼师的培训比较丰富,密切关注着乡村幼师发展。2023年,重庆市教育委员会等九部门发布了《关于印发重庆市欠发达地区优秀教师定向培养计划的通知》,相信接下来会有更多更有针对性的,能够切实解决乡村幼师发展现实问题的相应措施出台,支持重庆市乡村地区留住优秀的幼师人才。

第三节 川渝地区乡村幼师发展支持政策的比较与优化建议

综合来看,川渝地区乡村幼师队伍整体上呈现出流动性大、编制配比不科学、综合素质有待提高以及发展机会和情感关怀不足等问题。具体而言,城镇教师下乡任教时间短、流动频繁,乡村留存率偏低;部分地区存在教师编制与实际需求错配的情况,即超编和缺编问题,部分地区教师编制超过实际需要,而部分地区又缺乏足够的教师,导致资源分配不均衡的情况出现;专业技能、家校沟通、师德师风建设等方面需要持续加强;薪酬福利偏低,职业发展机会单一,心理辅导不足,使乡村幼师的发展动力和内在驱动力不足。

这些问题制约了乡村幼师队伍的高质量发展,亟须通过系统性支持与改革来解决,促进乡村幼儿教育和乡村幼师队伍建设的可持续发展。从政策支持的现状来看,国家政策虽然已做出了宏观性规划,但地方在执行与落实上还存在诸多不足。鉴于此,我们认为,有必要从地方政策支持的角度,对比分析川渝地区的幼师发展支持政策,在此基础上提出合理的建议。

一、立足科学循证制定地方性幼师支持政策

(一)四川与重庆地方性支持政策的对比

四川和重庆虽然地域相近,但就政策环境而言,因经济发展水平、教育资源分配、民族分布等方面存在差异,在落实国家政策上表现出较大的不同。

例如,在民族地区幼师发展上,四川出台了"一村一幼"等政策,重点支持民族地区幼师发展。而重庆无较大的民族地区,这方面的政策相对较少。在差异化支持上,四川各地根据本地实际制定了差异化支持政策,如凉山州、阿坝州等民族地区的差异化举措。重庆各区县的地方性政策区别不明显。在师资培养上,重庆通过高校进行乡村教师定向培养,四川在这方面尚需加大力度。

在国家支持政策较为完善的前提下,地方应通过调研本地区乡村幼师的实际需求,制定符合本地区发展特点的支持政策。充分的调研数据有助于确定政策重点,使政策在财政扶持、师资培训、激励机制等方面更具针对性,从而真正解决乡村幼师在发展中遇到的实际困难。

从政策的角度来看,目前,中央出台了相关的法律法规和文件,对学前教育的公共性进行了明确。但就地方政府这一层面而言,无论四川还是重庆,都尚未制定地方性法规以保障学前教育公共资源的充分投入和责任监管,存在较大政策空缺。部分地区和学校存在挪用学前教育资源(资金、师资等)填补义务教育的情况。

(二)乡村幼师发展地方性支持政策环境的优化建议

我们认为,川渝地区应尽快从两个方面出台地方性法规,以保障学前教育公共资源的公平合理分配。

一方面,川渝地区应尽早出台学前教育地方性财政法规,对学前教育财政投入进行刚性约束,以制度形式将学前教育资金来源和学前教育财政经费增长机制固定下来,将普惠性学前教育公共服务财政性经费的投入比重以及各级政府投入的职责予以明确,使学前教育财政经费投入具有稳定性和持续性[①]。只有这样,才能确保学前教育的公共性,避免出现资金不足、资源分配不公等问题。

---

① 周艳鹏.促进江西省学前教育发展的财政支持政策研究[D].南昌:江西财经大学,2022:46.

另一方面,川渝地区须出台学前教育地方性监管法规,对学前教育的管理和监督进行规范,明确学前教育的管理主体和监管责任,明确学前教育的质量标准和考核机制,加强学前教育的监督和评估,确保学前教育公共资源的有效利用和公平分配。重点针对教学管理、师资质量、办园秩序、办园条件、教师待遇、奖惩机制等进行切实有效的监管。

二、坚持队伍调研引导幼师合理有序流动

《乡村教师支持计划(2015—2020年)》的政策目标是使优质教师补充渠道得以扩充,教师资源配置得以改善[①]。2020年颁布的《教育部等六部门关于加强新时代乡村教师队伍建设的意见》也提出要加强城乡一体流动,重点引导城镇优秀校长和骨干教师向乡村学校流动。

(一)四川与重庆乡村幼师引流政策的对比

根据调研,川渝地区乡村幼儿园的现状是城镇教师确实下到了乡村学校,大多数乡村幼儿园近三年年轻教师逐渐增多。除了年轻教师进入乡村园所,城镇幼师到乡村教学也变得较为普遍。但是,川渝地区乡村园所普遍反映,现有城乡教师流动制度下,城镇幼师大多存在不适应乡村教学、待不长久等问题。

从政策的角度来看,四川和重庆都鼓励城镇教师到乡村任教,支持乡村教育发展,都建立了城乡学校结对帮扶机制,并在一定程度上对乡村幼师给予生活补贴、交通补贴等政策倾斜。

四川更注重选派干部下乡,重庆则侧重骨干教师下乡。重庆建立了更系统的培训机制,对支教教师进行专门培训,而四川这方面不够完善。重庆还实施了"一县一策"重点帮扶计划,四川没有类似计划。重庆与高校合作进行定向培养,四川的师资培养机制有待加强。

---

① 姜金秋,田明泽,杨雨甜.政策工具视角下《乡村教师支持计划》的实施路径与改进策略——基于31个省级政策文本的量化分析[J].教师教育学报,2020,7(6):92-102.

(二)乡村幼师引流政策的优化建议

我们认为,城乡幼师要"加强一体化流动",不能只是去了、待了、干了,还应科学有序地推动教师流动,合理制定流动制度、奖惩办法、监督保障机制等,让城乡幼师流动更合理、更科学、更有效。对此,我们提出三条建议。

建议一:掌握必要的教师流动数据。政府应制定相关政策,明确城乡教师流动的条件、流动的范围、流动的方式和流动的奖惩办法等,以确保城乡教师流动的有序性和合理性。

建议二:完善城乡教师的流动机制,包括流动信息的收集和发布、流动申请的审核和审批、流动过程的监督和评估等,以确保流动的公平、公正和公开。

建议三:加强流动教师的岗位适应培训。为城镇流向乡村的幼师提供乡村教育特色及需求的培训,帮助他们更好地适应乡村教学环境。同时,为乡村流向城镇的幼师提供专业发展机会,让他们有机会参与城市教育交流和进修,提高教育教学水平。

除此之外,目前川渝地区乡村幼儿园面临的师资短缺问题日益严峻。乡村幼儿园存在不同程度的师资短缺问题,具体表现在:乡村幼儿园园长和中高级教师的离职率较高,教龄8年及以上老教师的比例偏低,且专任教师的增长率也低。此种情况表明,乡村幼儿园面临较为严峻的师资补充问题。我们认为,乡村幼儿园师资补充应立足科学的调研与论证,对于教师离职率高、补充不足的问题,应实施定期跟踪调查,摸清问题的实际状况。在此基础上,结合政策导向和改革趋势等因素,提出具有可操作性和指导性的师资补充方案。

具体来说,应建立乡村幼师队伍调研机制,对乡村幼师的数量、素质、专业技能、工作状况等进行全面调研,了解其实际需求和问题所在。根据调研结果,制定乡村幼师队伍补充政策,包括招聘政策、培养政策、激励政策等。

乡村幼师引流政策的实施,在川渝地区取得了一定的成效,但也面临一些挑战和问题。政策的制定和实施要更加科学、有序,不能仅仅关注流动的发生,更要关注流动的质量和效果。各地要从掌握教师流动数据、完善流动机制、加强流动教师培训等方面入手,促进城乡幼师流动更加有序、科学、有效。

三、借力政策引导促进乡村幼师高质量发展

(一)四川与重庆乡村幼师职前职后发展政策的对比

总体来看,四川和重庆在乡村幼师职前职后培训发展政策上都形成了较为系统和规范的体系,但在培训内容设置、监管考核、高校合作等方面又存在一定的差异。

从相同点来看,两地都高度重视乡村幼师培训,将其作为提升乡村教育质量的重要举措。具体来说,两地都高度重视乡村幼师的师德师风建设工作,将其作为教师队伍建设的重要内容。两地都制定了多种与师德师风建设相关的文件和规定,要求乡村幼师坚守师德。两地都制定了多期"乡村教师培训计划",通过国培、市培、县培等多级培训体系,让乡村幼师接受系统培训。这充分体现了两地都重视乡村教育,并采取了实际行动提升乡村幼师素质。两地培训形式多样,既有集中培训,也有巡回指导。如四川的培训师到乡村幼儿园开展巡回指导,重庆也组织专家进驻乡村园所指导。

从差异点来看:第一,四川更注重民族地区乡村幼师培训,开展了藏区、彝族自治州等地的专项培训,重庆在这方面没有明确的地方性政策;第二,四川侧重选派培训骨干教师,培养乡村教育的后备力量,而重庆政策中没有类似要求;第三,重庆建立了较完善的督导评估体系,以第三方监管的形式对培训质量进行考核,四川在监管方面机制不足;第四,重庆与高校合作开展定向培养,四川在这方面有待健全。

两地也存在较为明显的不足,如乡村幼师师德评价机制均不够完善,缺乏具体的评价指标和程序;师德培训形式单一,多为理论培训,实效性不强;培训主要依靠集中培训,缺乏系列化和持续化培训机制;培训内容更新不够及时,存在课程设置与实际需求脱节的问题;培训资源共享机制不完善,各地区重复建设培训基地;培训过程中对乡村幼师个性化需求关注不够;缺乏有效激励机制,乡村幼师参与培训的内驱力不足;缺乏乡村幼师全生涯发展规划和持续培养路径。

综上所述,四川和重庆的乡村幼师职前职后培训在培训体系、质量监管、资源整合等方面还有提升空间,需要进一步完善培训内容和保障机制。

(二)乡村幼师职前职后发展政策的优化建议

1.系统化师德师风建设政策支持体系

师德师风建设是教师队伍建设的首要之举。要促进乡村幼师高质量发展,必然要先抓好师德师风建设。从川渝地区的情况来看,各地在落实师德师风建设时集中表现出四个方面的问题:其一,理想化,很多师德要求仍处于口号化阶段,离教师的实际工作状况和心理需求有距离;其二,缺乏个性,泛泛强调"高尚品质",忽略教师个体的不同情况和需求,不重视个性发展;其三,缺乏有效的激励机制,无法真正激发教师的内在动力;其四,评价机制不完善,师德评价仍主要依靠主观感受,评价标准和方法有待完善。

对此,我们认为在继续深化落实师德师风建设的道路上,应做好三点系统性改革:

第一,明确师德师风建设的政策目标。地方支持政策应该明确提出师德师风建设的目标和任务,明确乡村幼师在职业道德和行为方面应该达到的标准和要求,以及各级政府应承担的责任和义务。充分考虑教师的实际工作情况和个人需求,把师德理论与实践联系起来,为教师提供明确的指导和奋斗目标。

第二,注重情感关怀和心理健康。乡村幼师在面对困境和挑战时,常常感受到孤立和压力。因此,政策应关注乡村幼师的情感健康和心理状态,建立健全的心理咨询和辅导机制,为乡村幼师提供心理健康服务和专业支持。同时,师德师风培训内容中应包括情感管理、压力释放和自我调适等方面,帮助乡村幼师建立积极的情感态度和健康的心理状态。

第三,完善师德师风建设的政策保障。通过加强师德评价机制,及时发现和纠正教师的不良行为,同时也要加强对教师的激励和奖励,建立健全激励机制和奖励制度,鼓励乡村幼师在师德师风建设中取得优异成绩。可以设立师德奖励,定期评选和表彰师德表现突出的教师,激励他们的积极性和创造性。还可以设立师德师风建设专项资金,用于支持乡村幼师开展师德师风建设活动、参加培训和学术交流等。

2.加强乡村幼师素质能力建设

可以说,川渝地区在促进乡村幼师素质能力提升上花了大功夫、下了大力气。四川通过中小学幼儿园教师培训项目,大力支持农村地区教师培训,提高乡村教师队伍素质;重庆则出台了一系列政策,加大乡村教师培训力度,如积极开展乡村教师培训,国培、市培实现乡村教师全覆盖,加大对乡村教师补助资助力度等。但是,川渝地区乡村幼师目前依然存在专业能力和适应能力有待提高的问题。我们认为,在加强乡村幼师素质能力建设方面,应当在以下四个方面着重发力:

第一,强调跨学科知识和能力培养。除了专业的保教知识和保教技能,乡村幼师还应具备跨学科的知识和能力,如农业、生态环境、社区发展等。他们可以充当多重角色,不仅是教育者,还可以是社区发展的推动者和环境保护的倡导者。因此,培养乡村幼师的综合素质和跨学科能力应成为重要方向。

第二,推动社会参与和家长教育。乡村幼师应与家长密切合作,形成家校共育的良好合作机制。政府可以鼓励社会资源参与,组织社区志愿者和家长参与教育活动,提供亲子教育培训课程,帮助家长提高育儿技能和家庭教育水平。这种家庭与学校的合作将为乡村幼儿的综合发展提供更广阔的空间。

第三,强化实践教学和体验式学习。乡村幼师培养应更加注重实践教学和体验式学习,让教师亲身体验农村生活和农业生产,了解乡村幼儿的成长环境和特点。通过参与社区实践和农田劳动,乡村幼师可以获得更深入的教育理解和情感认同,提高教学能力和教育质量。

第四,鼓励创新和教育资源共享。各地政府可以设立奖励机制,鼓励乡村幼师在教育教学方面的创新实践和研究。此外,推动教育资源共享也是重要举措。建立乡村幼师资源库,整合和共享教学案例、教材和教学资源,能够提高乡村幼师的教学效果和创新能力。

四、秉持人本思想着力研究幼师发展资源保障

(一)四川和重庆乡村幼师发展资源配置保障政策的对比

四川和重庆都高度重视乡村幼师发展,出台了多项政策保障乡村幼师发展所需的资源配置。

两地都提出了教育资源向农村、边远地区倾斜的方针,建立了乡村教师生活补助和交通补助制度,采取差额补助、设立专项资金等方式提高乡村教育经费,重视对乡村教师提供培训资源。

两地的差异点在于,四川设立了民族地区教育发展专项资金,而重庆无此专项。重庆建立了督导评估体系,而四川监管机制还不够完善。重庆与高校合作培养乡村教师,四川在这方面还存在不足。

两地均表现出教育投入占财政支出的比例偏低,资源分配效率有待提高,资金使用监管机制不够完善,资源共享平台建设滞后,教育投入的持续性和稳定性有待加强等问题。

(二)乡村幼师发展资源配置保障政策的优化建议

1.形成乡村幼师支持长效机制

乡村幼师是推动乡村幼儿教育发展的重要力量。乡村幼儿教育的发展离不开乡村幼师的辛勤耕耘和付出,他们是乡村幼儿教育发展的中坚力量,对于提高乡村儿童的教育水平和促进农村经济社会发展具有重要作用。但乡村幼师工作环境相对较差,教育设施和资源相对匮乏,工作压力较大,因此需要政府和社会的关注和支持,形成长效的支持机制,为他们提供更多的支持和帮助。

建立乡村幼师支持长效机制,一方面有利于提高教育教学质量,另一方面有利于促进教育公平,缩小城乡幼儿教育差距。

我们认为,可以从以下三点入手,着力形成乡村幼师支持长效机制。

其一,实行分类指导和差异化政策。川渝地区应针对辖区内不同地区、不同情况,实行分类指导和差异化政策,根据当地乡村幼师的实际情况,提供有针对性的政策支持和帮助。在教育资源匮乏的乡村地区,提供更多的教育补贴和扶持,以改善当地幼儿园的办园条件;在贫困地区和少数民族地区,提供更多的政策支持和补贴,以保障这些地区儿童的教育权益。

其二,拓宽乡村幼师晋升渠道。当地政府可以建立多元化的晋升渠道,鼓励乡村幼师不断提高自己的教学水平和专业能力,为其提供更多的职业发展机会。除了职务晋升,还可以通过开设专业技术岗位、鼓励乡村幼师参与科研项目等,让乡村幼师在不同领域、不同方面有更多的发展机会。

其三,创新人才培养与引进机制,配齐补足乡村幼师数量。乡村幼师的编制短缺问题几乎在全国各地均有不同程度的体现。对此,除了按照传统思路进行编制制度改革,推进"县管校聘",活用编制分配,盘活编制存量外,还应创新人才培养与引进机制。地方政府可以通过与高等师范院校合作,推行"订单培养",为乡村幼师队伍的持续稳定"供血"建立完善的保障机制。

2.建立政策推进落实绩效评估体系

建立政策推进落实绩效评估体系,是形成长效机制的重要举措。政策落地才能发挥作用,政策的落实情况直接决定了政策效果的大小。因此,需要建立健全政策推进和落实的监测机制,定期进行评估,找出政策落实中的短板和不足,及时进行修订和完善,确保政策意图能够落到实处。

在推进乡村幼师支持长效机制的过程中,各级政府应建立政策落实的监测机制和绩效评估体系,定期对已出台的政策措施的落实情况进行督查考核,及时掌握政策落实的成效和存在的问题。可以考虑从政策公布力度、资金投入、项目实施质量、政策受益人覆盖面等方面设立具体的评价指标,对不同地区政策落实情况进行测度和比较,找出政策落地的薄弱环节。

我们认为,在绩效评估体系建设中要注意三点:

第一点,主动加大政策宣传力度,扩大政策影响,让更多的人受益于乡村幼师支持政策。一方面,可利用多种渠道广泛宣传,通过电视、广播、报刊、网络等媒体平台大力宣传相关政策,使更多人了解政策内容和政策利好;各地教育主管部门也应组织政策宣讲,通过召开新闻发布会、举办政策宣传培训、在基层进行宣讲等方式,加大政策宣传力度。另一方面,要明确政策宣传主体和责任,明确各级教育行政部门、各级教育机构以及相关社会组织在政策宣传中的主体作用和责任,通过他们的配合,形成宣传合力,使政策信息的传播范围更广、覆盖面更大。

第二点,适当引入社会监督机制。可以在教育主管部门的官网设立政策监督专栏,开设政策意见征集渠道,鼓励社会各界提出监督意见和建议。同时,民间教育组织、儿童权益组织等社会组织都很关注教育政策落实情况,政府部门可以与这些组织建立信息沟通机制,听取第三方监督意见,及时了解政策实施中的问题,采取措施加以改进。更重要的是,各级政府部门应主动公开政策资金的使用情况、项目实施的中标信息和监测报告等,接受社会公众和媒体的监督,促进乡村幼师支持政策真正落地。

第三点，重点建立财政投入绩效评估体系。在追求财政投入规模扩大、财政充足的同时，投入带来的产出和效果同样需要关注[①]。学前教育领域需要财政资金的补充支持，才能更好地发展。各级教育行政部门应及时清理财政资金使用情况，严格控制专项资金的使用，加强资金管理，确保资金真正为着力解决乡村幼师发展问题服务。

3.提升薪资待遇，满足乡村幼师生存需要

乡村幼师需要高度的人文精神，他们承担着培养儿童成长的重任。支持政策应该充分体现对他们工作的认可和尊重。根据奥尔德弗的理论，人有三种核心需要，即生存需要、关系需要和成长需要[②]。因此，在制定乡村幼师支持政策时，不能仅从学前教育宏观发展的角度去考虑，还应重视其中的人——乡村幼师自身的发展，满足他们的生存需要、关系需要和成长需要。目前，川渝地区大多数乡村幼师薪资过低，难以支撑基本生活，提高基本工资水平并提供相应养老和医疗保险补贴等是首要需求。

提升薪资待遇，体现了对乡村幼师工作价值和工作意义的认同。过低的薪资待遇会影响乡村幼师的工作投入和表现，提高薪资待遇可以激发他们的工作积极性，也能增强乡村幼师岗位的社会竞争力。我们可以通过合理的薪资对乡村幼师进行激励，从而吸引和留住更多优秀人才。

合理提高乡村幼师的起步薪资，能更好地满足他们的基本生活需求。适度提高各个薪级阶段的薪资，尤其是乡村幼师从业生涯中后期的薪资，能提升他们的内部驱动力。工作环境和条件相对较差的偏远或贫困县区的乡村幼师，可以用较高的薪资作为鼓励。考虑到财政压力，可以采取分阶段或年度逐步调整的方式，合理平衡政府支出和劳动报酬。

建议设立专项绩效奖金。从提高儿童参与度和教育质量等方面设置绩效指标，根据乡村幼师岗位、工作经验等设定不同层次的绩效奖。每学期或每年定期对乡村幼师绩效进行客观评估，根据结果以等级或倍数形式给予奖金。除金钱

[①] 周艳鹏.促进江西省学前教育发展的财政支持政策研究[D].南昌：江西财经大学，2022：17.
[②] 沈淑芬.新时代乡村教师队伍建设的政策支持研究——基于ERG理论的分析[J].文教资料，2021（19）：173-175.

激励外,也可采取其他形式,如延长假期、给予发展机会等。完善的绩效奖金体系可以给予乡村幼师充分的激励。

建议追加其他福利。如追加全部或部分医疗补贴,改善乡村幼师的医疗保险情况。根据乡村幼师的工作特点和生活需要设计适当的生活补助,为乡村幼师提供住房借贷、购房补贴等。考虑到乡村幼师往返城乡会产生一定的交通费用,可以提供交通补贴。在保障工作量的前提下,适度延长乡村幼师的年假和病假。除此之外,为乡村幼师晋升提供一定的加点、减少考察年限等,都能改善乡村幼师的生活现状,提高生活质量。

4.完善荣誉制度,满足乡村幼师关系需要

支持政策应当满足乡村幼师的关系需要。人的关系需要主要包含认同感、归属感、互动感、尊重感的获得与建立。我们可以通过荣誉制度给予乡村幼师社会肯定,增强他们的自信,让乡村幼师看到自己的付出有回报,从而提升工作积极性和投入度,在同事中产生榜样效应。为此,我们提出如下建议:

建议专设乡村幼师荣誉制度,设置专门针对乡村幼师的荣誉称号,比如"优秀乡村幼师""模范乡村幼师"等,体现社会对乡村幼师工作的认同。还可以按工作年限和成就设计多层次的荣誉,如优秀初级幼师奖、杰出高级幼师奖等。主管部门定期举办颁奖典礼,表彰那些在工作中表现出色的乡村幼师,鼓励乡村幼师继续为幼儿教育事业做出贡献。

建议依托园所传承优秀乡村文化。部分乡村幼师以"扶贫助教"为跳板,对乡村教育工作没有归属感,待不长久、留不踏实。我们可以把乡村园所作为传承和弘扬乡村文化的重要载体,既培训村民,也培训教师。乡村幼师应该深入了解当地的历史文化和人文风俗,包括节日、传统手工艺、民间故事等,以便在幼儿教育中传承和弘扬这些乡村文化。园所可以邀请当地文化专家、老教师或者有经验的乡村幼师来讲解当地的文化知识,让年轻的乡村幼师有更多机会了解和学习乡村文化。园所还可以组织一些有乡村特色的文化活动,例如举办乡村文化节、民俗展览、传统手工制作等,让乡村幼师和幼儿、村民一起参与其中,感受乡村文化的魅力和价值。

5.开展多元培训,满足乡村幼师成长需要

支持政策还应当满足乡村幼师的成长需要。简单地说,就是要开展多元化、多样化的培训,让乡村幼师能在乡村中待得舒心、待得安心,能在乡村中自由成长。此处所提的"培训",并非前述"职业能力培训",而是针对个人兴趣爱好的培训。

可依据兴趣爱好,为乡村幼师提供兴趣小组或社团参与机会,组织摄影、绘画、手工等不同兴趣类型的小组,让乡村幼师有机会交流、分享并学到新知识;开设针对个人成长的非专业课程,比如写作、公开演讲、乐器弹奏等,帮助乡村幼师拓展视野,提高社交能力;提供语言学习机会,许多乡村幼师进入贫困山区后才接触非母语,提供当地方言等语言的学习培训,有助于他们更好地融入社区;鼓励乡村幼师做自己的事,不强求参加培训。

综上所述,促进乡村幼师高质量发展,是推动乡村幼儿教育进步的重要一环。地方政府应该从完善政策制定、加强资源投入、改善工作环境、提高专业素质、关注人文需求等方面着手,形成系统的政策支持体系。

一方面,地方政府在政策制定上需要进行科学论证,根据实际调研数据,制定适合本地区发展的政策措施,如合理配置公共教育资源、引导城乡师资交流、补充乡村师资等。在财政资源上,要持续加大投入,通过差异化资助让教育资源惠及各类地区的学校。要建立政策监督机制,对执行情况进行评估,及时发现问题并改进。另一方面,在工作环境建设上,要为乡村幼师提供良好的职业发展空间,如开设多样化的晋级通道、设置专业技术岗位等,充分激发他们的工作积极性。要加强职业培训,注重跨学科知识和实践能力的培养,帮助乡村幼师提高教学质量与服务能力。还要关注乡村幼师的情感需求,如设立师德奖励、开展心理辅导、组织文化交流等活动,让乡村幼师获得人文关怀。

总之,地方政府要从战略高度谋划乡村教育发展道路,以人为本制定系统支持政策,持续为乡村教育注入动力。只有这样,乡村幼师队伍才能稳定并实现专业化发展,为促进乡村幼儿教育发展提供有力的人才保障。

第三章　川渝地区乡村幼师发展的当代考察与应对[①]

随着乡村振兴战略的推进和成渝地区双城经济圈的建立,川渝地区的乡村教育越来越受到关注。然而,当前川渝地区乡村教育还面临很多困境,尤其是乡村幼师的发展问题。乡村幼师作为乡村学前教育的主要实施者,其发展状况直接关系到乡村学前教育的质量和水平。本章分析了川渝地区乡村幼师发展面临的时代机遇与挑战,探讨了发展策略,期望能够为促进川渝地区乡村幼师的专业成长,提升川渝地区学前教育发展质量提供借鉴。

第一节　川渝地区乡村幼师发展的机遇分析

随着社会的发展,国家对学前教育愈加重视,政策法规不断完善,川渝地区学前教育的发展迈入新时代。川渝地区乡村幼师的发展离不开时代的进步,必然受到外部环境的影响。政治、经济、社会和技术的发展,都为川渝地区乡村幼师的发展带来了新的机遇。我们运用PEST分析法(即宏观环境分析法),从政治、经济、社会和技术四个层面,探索川渝地区乡村幼师的发展机遇。

一、政治环境

党的十八大以来,国家连续实施了三期学前教育行动计划,推动学前教育快速发展,有效缓解了"入园难、入园贵"等问题。2023年是全面贯彻落实党的二十大精神的开局之年。国家对教师工作的总体要求是:以习近平新时代中国特色社会主义思想为指导,紧紧围绕深入学习贯彻党的二十大精神这条主线,认真贯彻落实习近平总书记关于教育的重要论述,特别是关于教师队伍建设的重要指示批示精神,深刻领悟"两个确立"的决定性意义,增强"四个意识",坚定"四个自信",做到"两个维护",全面贯彻党的教育方针,落实立德树人根本任务,深刻学习领会教育、科技、人才一体化部署要求,将教师作为教育发展的第一资源,加强

[①] 本章由川南幼儿师范高等专科学校完成。负责人:唐廷秀;撰写人:邓亚玲、郑骞、沈欣、杨雪。

师德师风建设,培养高素质教师队伍,弘扬尊师重教社会风尚,全面深化新时代教师队伍建设改革,以高质量教师队伍支撑高质量教育体系建设,为推进教育现代化,建设教育强国,办好人民满意的教育提供有力的人力资源保障。

(一)国家政策关注乡村幼师培养与发展

新时代必然带来新机遇。随着教育观的现代化,国家对乡村幼师的发展有了新要求,大力培养公费师范生。川渝地区高等师范院校也通过多种方式,支持乡村幼师发展。

在乡村幼师培养上,川渝地区采用公费师范生、高等师范院校定向培养等方式,为乡村地区培养幼儿教师。2020年,四川省教育厅等四部门对师范生公费定向培养工作颁布了实施意见,提出要认真做好公费师范毕业生的就业工作,及时落实公费师范毕业生的工作岗位和编制,加强公费师范毕业生的履约管理,支持公费师范毕业生专业发展,以保障乡村地区师资。

四川省人力资源和社会保障厅也提出,要由基础条件较好、培养能力较强的省属高等师范院校实施公费师范生培养工作,选拔乐教适教的优秀学生免费攻读师范类专业,为艰苦地区农村公办义务教育学校、幼儿园和特殊教育学校定向培养教师。2009年,四川省投入2亿多元专项资金,开始了藏区"9+3"免费教育计划,各大高等师范院校也相继培养藏区学前教育专业学生服务乡村。

重庆市采用公费师范生、高等师范院校定向培养等方式,为乡村幼师发展做出贡献。重庆幼儿师范高等专科学校从2014年开始招收公费师范生,迄今已有9年。2023年4月,重庆市教育委员会明确了2023年学前教育公费师范生由重庆幼儿师范高等专科学校、重庆文化艺术职业学院招收。

在乡村幼师的招聘与发展上,人力资源社会保障部办公厅、教育部办公厅印发了《关于做好2023年中小学幼儿园教师公开招聘工作的通知》,要求各地把好教师招聘入口关,严格师德考察和招聘条件,办理聘用手续前须取得中小学、幼儿园教师资格证书;创新基层招聘办法,适当放宽国家乡村振兴重点帮扶县乡村中小学幼儿园招聘条件,拓展乡村振兴人才来源;深入推进"特岗计划",优化招聘实施工作。《教育部 财政部关于实施中小学幼儿园教师国家级培训计划(2021—2025年)的通知》提出,要强化能力建设,健全教师发展支持服务体系,强化经费保障。中小学、幼儿园按照年度公用经费预算总额的5%安排教师培训经费,保障"国培计划"的实施。四川省与重庆市每年按照相应要求进行中小学幼儿园"国培计划"项目,加强项目实施的组织领导,认真做好项目规划、方案研制、招投标、培训资源整合、经费管理和项目监管等各项工作,确保项目实施的高质量和高水平,保障乡村幼师的能力提升,如乡村幼师短期集中培训、"转岗教师"培训、骨干教师置换脱产研修等。

为适应新时代对教育的要求,政府加强引导和支持,加大了对乡村幼师培养的投入,包括资金、政策和人力等方面。在各项政策的支持下,乡村幼师必然朝着更加专业化、现代化的方向发展。

(二)国家政策关注乡村幼师生活质量保障

良好的生活质量是提升工作质量的有效保障。新时代乡村幼师关注的不仅仅是生活的温饱,更关注生活质量的提升、职业认同感的建立。但在农村地区,政府给予乡村幼师的编制名额有限,工资福利低。落实好乡村幼师生活补助政策,加强乡村幼师住房保障,有利于提升乡村幼师的生活质量,进一步提升乡村幼师的职业认同感。近几年,国家出台了多项政策以提升乡村幼师的待遇,如提高乡村幼师的生活补助、完善乡村幼师的编制体系、实施国家乡村振兴重点帮扶县教育人才"组团式"帮扶、乡村振兴人才支持计划教师专项等人才计划,带动了欠发达地区教师队伍整体素质的提升。

随着国家对乡村幼师的生存和发展愈加关注,多项支持与保障政策也相继出台。乡村幼师的生活质量正在逐年提升,这为他们的职业发展带来了新的机遇。

(三)国家政策注重乡村幼师队伍结构优化

目前,乡村教师数量仍然不能满足国家对师生比的要求。基于此,国家和川渝地区都出台了相关政策,以增强学前教育师资力量。《"十四五"学前教育发展提升行动计划》提出要加强乡村教师队伍建设、支持乡村教育振兴,强化乡村教师发展与保障;深入实施"特岗计划";改革乡村优秀青年教师培养奖励计划;推进中西部乡村首席教师岗位计划,培养一批教育家型乡村教师和校(园)长。《中共中央 国务院关于实施乡村振兴战略的意见》中也明确提出,优先发展农村教育事业,发展农村学前教育,以市县为单位,推动优质学校辐射农村薄弱学校常态化,统筹配置城乡师资,并向乡村倾斜,建好建强乡村教师队伍。针对民族地区,四川省印发了《四川省推广国家通用语言文字助力脱贫攻坚实施方案(2018—2020年)》,因地制宜实施"一村一幼"计划,努力破除语言障碍,通语通智,扶贫攻坚。重庆市先后发布《重庆市人民政府关于加快学前教育发展的意见》《重庆市学前教育三年行动计划》等文件,提出了以区县(自治县)政府投入为主扩大农村学前教育资源、落实民办学前教育发展扶持政策、加强学前教育师资队伍建设等措施。

上述政策促进了川渝地区乡村学前教育的发展,推动了乡村幼师结构的优化,也为川渝地区乡村幼师的发展带来了新机遇。

二、经济环境

第十四届全国人民代表大会第一次会议提出,要促进教育公平和质量提升。我国财政性教育经费占国内生产总值比例每年都保持在4%以上,学生人均经费投入大幅增加。

(一)学前教育财政投入保障乡村幼师发展

改革开放以来,我国综合国力日益增强,国内生产总值逐年提升,人民生活水平显著提高。基于学前教育在教育系统中的基础性作用,大力发展学前教育的必要性和可行性日益凸显,国家对学前教育的财政投入也逐年提升,学前教育毛入园率、学前教育专任教师数量、学前教育专任教师学历、幼儿园数量等都有了显著提升。2021年,学前教育毛入园率为88.1%,比上年提高2.9个百分点,学前教育专任教师319.10万人,专任教师中专科以上学历比例为87.60%。全国共有幼儿园29.48万所,比上年增加3117所,增长1.07%。其中,普惠性幼儿园24.47万所,比上年增加1.06万所,增长4.55%,占全国幼儿园的比例为83.00%。学前教育在园幼儿4805.21万人,比上年减少13.06万人,下降0.27%。其中,普惠性幼儿园在园幼儿4218.20万人,比上年增加135.37万人,增长3.32%,占全国在园幼儿的比例为87.78%,比上年提高3.05个百分点。

国家对于学前教育的高度重视,让学前教育有了飞速发展。川渝地区的教育投入也逐年增长,为学前教育发展提供了经济上的支持与保障。

(二)"成渝地区双城经济圈"推动乡村幼师持续发展

推动成渝地区双城经济圈建设,有利于在西部形成高质量发展的重要增长极,打造内陆开放战略高地,对于推动高质量发展具有重要意义。2021年10月,中共中央、国务院印发的《成渝地区双城经济圈建设规划纲要》指出,"十三五"以来,成渝地区发展驶入"快车道",呈现出重庆和成都双核相向发展、联动引领区域高质量发展的良好态势,已经成为西部地区经济社会发展、生态文明建设、改革创新和对外开放的重要引擎。发挥成都、重庆"双核一体"地位,辐射带动川渝地区整体发展势在必行。党中央作出的推动成渝地区双城经济圈建设重大决策部署,为新时代川渝地区经济社会发展提供了根本遵循和重要指引,是国家赋予重庆、四川两地教育发展的重大机遇。学前教育作为教育的起点,更是制约着教育发展的一块短板,应把握这一时代发展机遇,建立川渝地区幼儿教师发展学习共同体,资源共享,文化互通,积极合作,从而实现幼儿教师群体素养的提高。2020年11月28日,成渝地区双城经济圈职业院校学前教育发展联盟成立。这是在成渝地区双城经济圈教育协同发展背景下,成渝地区搭建的由政府主导,以学前教育职业院校和幼儿园、幼教企业为主体,集"政产学研用资"于一体的学前教育创新协同发展平台。

百年大计,教育为本;教育大计,教师为本。川渝地区学前教育发展进入高质量协同发展新征程,为川渝地区乡村幼师提供了可持续的发展机遇。

三、社会环境

随着社会分工逐渐细化,教育的重要性逐渐凸显。学前教育的尽早介入,对幼儿各项能力的发展有着不可忽视的作用。教育具有重要的社会职能,是人们在社会流动过程中参与社会竞争的重要方法和手段。

(一)城乡二元结构社会体制重视乡村幼教发展

自20世纪50年代末期实行户籍制度以来,我国形成了城乡二元结构的社会体制。城乡人口在劳动条件、生活质量、社会保障等方面有着天壤之别,在教育运行所需的经济支持和社会支持等方面出现显著差异。乡村学前教育财政经费十分匮乏,严重制约着城乡教育的均衡发展及教育公平的实现。

为保障学前教育的质量和水平,政府实施了一系列学前教育人才培养计划和举措。四川省在中职学前教育专业建设初具规模的情况下,各市高职、本科院校对学前教育人才培养的重视程度也不断提高,并逐步扩大招生规模,增加经费,完善教学设施。专业课程设置与时俱进,不断实现由职业性人才培养向综合性人才培养转变。学前教育硕士研究生的招生规模也不断增加,丰富和完善了学前教育学历层次和体系。同时,民族地区"一村一幼"计划辅导员的选培也在思想道德素质、幼教程度、身体健康状况、双语教学及相关专业素养等方面进行了升级。面向时代发展新要求培养本省优质、稳定的学前教育工作者,实现学前教育人才资源合理配置,为乡村学前教育发展提供了有力保障。

重庆市也加强了乡村学前教育师资队伍建设,制定了幼儿园教职工编制标准,通过特设岗位、按比例进退、高岗低用、集中调控等过渡性措施,解决当前农村地区幼儿师资不足的问题;加强农村边远贫困山区巡回支教试点工作,缓解边远贫困地区幼儿师资不足的问题;全面启动幼儿教师全员专业培训工程;建立了4个市级、40个区县级幼儿教师培训基地,构建了市、区县、幼儿园三级培训体系,并将民办幼儿教师纳入教师培训体系进行全员培训。

(二)家庭结构、家长理念增强对优质学前教育的需求

受生育政策、经济水平、城乡流动以及离婚率等因素的影响,中国家庭规模逐渐缩小,最明显的特征就是独生子女数量增多。对于一个家庭而言,多位家长对孩子的关注点都从"养育"转到了"教育"之上。这导致整个家庭不惜投入重金,用于孩子教育质量的提升。教育投入已经在很大程度上成为中国教育发展的重要支持力量,这在全世界都是极为罕见的。

改革开放以来,随着经济的发展,对外开放程度明显提高。多元文化的涌入,对我国传统育儿、教养观念产生了巨大冲击。传统观念中,我国家长对于0~6岁,尤其是0~3岁的幼儿更关注"吃饱喝足"等基本保育,对于幼儿的教育及各方面潜能的开发则较为忽视。而目前,家长的观念有了巨大转变。他们逐渐意识到0~6岁尤其是0~3岁幼儿的科学教养非常重要,开始引进先进的理念,为培养幼儿的学习能力、社会交往能力等,不惜代价把孩子送到专业的学前教育机构,以保证不会错过幼儿潜能开发的黄金时期。这为学前教育的发展提供了有利条件。

四、技术因素

随着科学技术的迅猛发展,我国学前教育行业进入更加注重科技手段的新阶段。集团化、跨区域发展成为趋势,远程管理也成为可能;标准化、流程化的进一步发展,促进了行业快速复制的能力;在产业链上下游,服务端的发展也非常繁盛。

(一)教育信息化助推教育理念的更新

2015年3月,李克强总理在政府工作报告中首次提出"互联网+"行动计划。同年7月,国务院印发《国务院关于积极推进"互联网+"行动的指导意见》,意味着"互联网+"被提高到了国家战略层面。"互联网+"不仅对我国经济和社会发展产生影响,也推动我国教育走向新阶段。2015年10月,教育学界开始对"互联网+"进行讨论,探索信息技术与教育的深度融合。2016年2月,教育部办公厅印发《2016年教育信息化工作要点》,提出推进信息化教学应用等十项重点任务。2018年4月,教育部印发《教育信息化2.0行动计划》。同年11月,宁夏正式启动"互联网+教育"示范区建设,这意味着我国教育信息化走向新阶段。2019年,教育部办公厅印发《2019年教育信息化和网络安全工作要点》。四川省结合实际,制定了《2019年四川省教育信息化工作要点》,提出要提升教师信息素养。重庆市印发《重庆市教育信息化"十三五"规划》,推动实施重庆市教育信息化"1125"工程,即着力打造1个"渝教云",建设1张重庆教育宽带网,加强市级教育管理和教育资源2个公共服务平台建设,实施培训、安全、督导、试点应用和机制完善等5项配套支撑计划;出台了《重庆市智慧校园建设基本指南(试行)》,为全市各级各类学校开展智慧校园建设提供指导,着力以智慧教育引领教育信息化创新发展。

教育信息化为川渝地区乡村幼师发展带来的时代机遇,要求每一位乡村幼师都更新教育教学理念,转变角色,努力升级知识储备、优化知识结构,不断提升自身信息化教学能力,以适应教育信息化的发展。

(二)科学技术的发展推动教学模式的变革

信息化技术水平的提高给人们的生活带来了巨大变化。智能化产品的日益普及,促使人们获取信息的媒介由传统纸质报刊、书籍转变为智能设备。在学前教育领域,适应时代发展的线上儿童教育产品大量涌现,使信息的获取更加简单。这些产品能够通过信息化数据统计等先进技术,实现对用户的精准化定位分析,让服务更加专业化、精细化,因而更加受到新生代家长的追捧。

目前,国际教育信息化发展形成了十种由信息技术支持的创新教学模式:在线课程、远程专递课堂、翻转教学、双主教学、网络空间教学、异地同步教学、基于设计的学习、能力导向式学习、引导式移动探究、协同知识建构。此外,玩教具、教材、课程资源在技术上的升级,都给予整个行业极大的促进。

(三)人工智能发展助力教师的教学

2017年7月,国务院印发《新一代人工智能发展规划》,提出了我国人工智能发展的战略规划。2022年11月,生成式人工智能系统ChatGPT正式发布,迅速成为教育领域关注和讨论的焦点。

ChatGPT可以为教师教学提供多种形态的帮助和服务。基于启发性内容生成能力,ChatGPT可以依据教师的教学目标生成创新性教学素材,辅助教师设计有创新性的教学活动;基于对话情境理解能力,ChatGPT可以在活动中充当助教角色,根据当前教学活动情境,为教师提供教学过程的交互式支持;基于序列任务执行能力,ChatGPT可以依据教学场景与教师的教学需求,生成个性化教学方案。具体而言,在辅助教师生成个性化教学方案的过程中,ChatGPT可以依据教师的教学需求,分步骤生成多种适切的教学设计,为教师备课提供思路启发与多种备选方案,提升教师的备课效率与授课质量。

综上,PEST分析客观呈现了乡村幼师发展的政治、经济、社会及技术环境,从不同维度分析了川渝地区乡村幼师的发展机遇,可以为科学合理地制定乡村幼师发展规划提供客观依据。

第二节 川渝地区乡村幼师发展当前面临的问题与挑战

在国家政策引导下,川渝地区结合自身实际,以政策倾斜、经济支持等方式大力发展学前教育,特别是成渝地区双城经济圈的设立,更为川渝地区乡村幼师带来了新机遇,推动了川渝地区乡村幼师事业蓬勃发展。同时,川渝地区乡村幼师在发展过程中也面临深化教育改革背景下政策支持是否得到充分保障,经济可持续发展背景下经费短缺、资源供给不足的现象是否有所改善,城乡二元结构背景下社会对学前教育的观念是否有所提升,以及教育信息化背景下幼师信息素养是否存在不足等一系列新问题与新挑战。

一、深化教育改革背景下川渝地区乡村幼师发展面临的问题与挑战

(一)政策的支持力度不够

为贯彻落实《国务院关于当前发展学前教育的若干意见》,依据《中华人民共和国教育法》《幼儿园管理条例》《幼儿园工作规程》等相关法律法规,川渝地区结合农村学前教育发展实际情况,先后发布了《四川省人民政府关于当前发展学前教育的实施意见》《四川省学前教育深化改革规范发展实施方案》《重庆市人民政府关于加快学前教育发展的意见》《重庆市学前教育三年行动计划》等文件,致力于川渝地区农村学前教育供给侧改革和发展。

但是,目前我国对学前教育的资助政策还存在不足。国家对教育的重视程度,往往体现在财政投入上。有研究发现,虽然我国学前教育财政性经费不断增加,但西方发达国家的学前教育公共经费在教育经费中所占的比例均超过8%,高的甚至达到15%。与之相比,我国的学前教育经费在教育总经费中所占比例长期在1.2%~1.4%的低水平徘徊,这对川渝地区乡村幼师的发展提出了挑战。

(二)培训制度保障匮乏

为促进乡村幼师发展,四川省和重庆市分别出台了一系列政策,但对乡村幼师发展的支持力度还明显不够,主要表现为培训制度保障匮乏:一是幼儿教师专业发展的相关法律法规尚未健全,对于乡村幼师的培训、进修等还没有详细的规定与解释,乡村幼师的专业发展得不到政策保障;二是乡村幼儿园的师生比过低,幼儿教师没有充足的时间参加进修或培训,而且进修或培训的效果无法得到保障;三是幼儿园缺乏完善的园本培训管理制度,园本培训流于形式;四是乡村幼师待遇差,地位低,缺乏社会关注。如何将不同层面的乡村幼师专业发展支持力量进行整合,在"政府引领、幼儿园参与、社会配合"的形势下,构建成熟的川渝

乡村幼师专业发展支持体系,是当下川渝地区学前教育发展中迫切需要解决的问题。

二、经济可持续发展背景下川渝地区乡村幼师发展面临的问题与挑战

(一)农村学前教育经费短缺

首先,川渝地区经济发展较为滞后。川渝地处我国西部,比起东部沿海地区,经济发展相对滞后。近年来,国家加大了对西部地区学前教育的财政支持力度,但由于教育经费有限,往往优先发展城镇的学前教育,导致农村学前教育处于边缘地位。其次,由于川渝地区农村多为山区、交通不便,人口居住分散、经济比较落后,导致幼儿教育的投资回报率低。最后,愿意在川渝地区农村学前教育上投资的民间组织较少。川渝地区学前教育事业的经费不足,导致硬件、软件都不完善,严重影响到学前教育事业的健康发展,这对川渝地区乡村幼师的发展提出了挑战。

(二)农村学前教育资源供给不足

川渝地区农村对学前教育的需求量不断增加,但受经济因素制约,学前教育资源供给不足。部分农村地区虽然建设了幼儿园,但师资力量不足,园内软硬件设施过于陈旧,教学资源供给与幼儿需求不相符。一些偏远的农村地区没有足够的幼儿园或学前教育机构,幼儿接受学前教育的难度较大。有研究显示,中国还需要10万个村庄幼儿园,农村学前教育的缺口依然很大。学前教育资源供给不足,对川渝地区乡村幼师的发展提出了挑战。

三、城乡二元结构背景下川渝地区乡村幼师发展面临的问题与挑战

(一)家长对学前教育重视不足

受经济发展和地域条件的限制,川渝地区农村及偏远地区青壮年为维持家庭生计,大多选择外出打工,因而产生了大量的农村留守儿童。这些儿童大多接

受祖辈抚养或是委托亲戚抚养,父母的启蒙老师角色严重缺失。截至2018年8月底,全国共有农村留守儿童697万人。四川省农村留守儿童规模最大,为76.5万,占总数的11%。农村经济与教育发展相对滞后,家长常年外出打工,家庭教育存在空白。留守儿童的学前教育缺乏良好的启蒙环境,在健康、语言、社会、科学、艺术领域的认知和发展受到一定阻碍。"代际抚养"模式中的监护人主要是祖辈,思想观念相对陈旧,多以确保人身安全和促进身体健康发育为主要抚养目的,忽视德智体美劳全方位的教育与引导。川渝地区农村家长受教育程度普遍较低,对幼儿教育的关心与投入不够。家长对学前教育认识不足、教育意识淡薄等问题,严重阻碍了农村学前教育的发展,为川渝地区乡村幼师发展带来了挑战。

(二)农村师资力量薄弱

随着积极生育支持措施的全面实施,我国农村地区幼师和保育员缺口较大。四川省是西部农业大省和人口大省,学前教育发展相对落后,师资短缺。重庆是一个典型的大城市带大农村的直辖市,三分之二的人口在农村,农村地区学前教育相对落后。根据国家"两教一保"和师生比的要求,农村幼师更是供不应求。由于农村经济发展依然滞后,办学条件差,加上固有观念的影响,农村幼师输入量小;政府给予农村幼师编制的名额有限,工资福利低,导致农村幼师队伍不稳定;农村就职门槛较低,幼师整体专业素质不高;性别配备不合理、"老龄化"现象严重,这一系列问题对川渝地区乡村幼师的发展带来了一定挑战。

(三)民族地区农村幼儿教育发展滞后

少数民族学前教育是民族教育的重要组成部分。在四川省和重庆市,聚居或杂居着藏族、彝族、土家族、羌族、苗族、回族、纳西族、傈僳族、布衣族、满族、蒙古族等少数民族。四川盆地四周的高山、高原是少数民族的主要聚居区。据统计,四川和重庆的少数民族总人口约有300万。由于地域偏远,很多民族地区发展较为落后,学前教育供给不足,办学条件滞后。虽然党和国家高度重视民族地区学前教育,出台了一系列政策,但依旧存在投入不足、教师流失严重、教育硬件设施供给不足、办学条件差等问题,这也给川渝地区乡村幼师的发展带来了挑战。

四、教育信息化背景下川渝地区乡村幼师发展面临的问题与挑战

(一)教育信息化建设不足

随着"互联网+教育"的快速发展,学前教育信息化建设越来越受到国家重视,但川渝地区农村学前教育信息化建设明显不足,具体表现为:一是幼儿园软硬件设施配备不齐,偏远地区信号基站少,学前教育信息化建设所需的数字化教育资源未能实现有效共享;二是农村地区师资力量薄弱,信息素养不高,数字设备运用能力不足;三是对新型教学模式的关注低,信息化建设内在动力不强,这些都不利于川渝地区乡村幼师的发展和提升。

(二)信息处理与应用能力的挑战

在教育信息化背景下,信息技术应用能力已逐渐成为教师能力结构中的关键能力。尽管大多数乡村幼师能紧跟时代要求,积极学习,不断提高自身信息化教学能力,但由于师资短缺、资源匮乏,川渝地区大部分乡村幼儿园不具备开展信息化教学的条件,幼儿教师信息化教学能力无法真正落实到教学实践中。信息化教学培训不足,信息技术应用能力较差,也给川渝地区乡村幼师的发展带来了挑战。

第三节 川渝地区乡村幼师的发展策略

乡村幼师是促进乡村学前教育发展的关键力量,因此必须关注乡村幼师事业的发展。川渝地区政治、经济、社会和技术等方面的发展,给乡村幼师事业带来了重大的机遇与挑战。川渝地区乡村幼师培养工作应抓住时代机遇,加强顶层设计,顺应经济发展趋势,利用现代信息技术,探索职前职后贯通、多主体参与、多形式实施的发展策略,提高乡村幼师整体素质,推动学前教育高质量发展。

一、加强国家顶层设计保障乡村幼师发展

(一)完善乡村幼师队伍建设

一是扩大乡村幼师队伍。2020年,教育部印发的《县域学前教育普及普惠督

导评估办法》中明确规定,县域内各类幼儿园应按要求配足配齐教职工,专任教师总数与在园幼儿总数之比不低于1∶15。教育管理部门应以此为契机,通过特岗教师、本土化定向培训、顶岗实习等多种方式,增加乡村幼儿园教师的数量,配足配齐乡村幼师,化解师资不足引起的"开不了园"和"大班额"等问题。

二是提升乡村幼师素养。一方面,在招聘乡村幼师时要注重学科融合。幼儿园不仅需要具备学前教育专业能力和一定艺术修养,能组织幼儿开展音乐、舞蹈、绘画等活动的教师,也需要能对幼儿开展安全教育、保育教育、法治教育的教师。师资队伍结构多元化是推动学前教育高质量发展的关键。另一方面,要采取各种措施降低人才流失率。农村地区的基础设施不完善,生活水平低于城市,只有通过"政策留人、情感留人",才能让优秀人才稳定下来。教育主管部门应出台相关政策,提高乡村幼师薪酬待遇,发放边远山区特殊补贴,提供职称晋升绿色通道,建立评优评先制度等,提高乡村幼师的社会地位、工资待遇,以稳定乡村幼师队伍。

(二)加大乡村幼师培训的力度

国家应制定关于乡村幼师发展的法律法规,对乡村幼师的培训和进修等做出详细的规定,保障乡村幼师有充足的培训和进修时间,提高培训、进修的实效性。不断丰富培训形式,通过专家下园指导、网络培训等方式,优先培训乡村幼儿园教师,解决工学矛盾。完善园本培训管理制度,邀请学前教育专家到乡村幼儿园,与教师和管理者一起研究如何完善课程,改善幼儿园环境创设、游戏活动组织和游戏材料投放等,提高教学质量。应加强国培计划、市培计划的针对性,选派教师去同类型的乡村幼儿园学习。要定期选派青年教师去城市示范幼儿园学习,为他们的专业成长提供感性认识和理性思考。

二、顺应经济发展趋势改善乡村幼师发展

(一)持续加大乡村学前教育财政投入

近年来,国家对学前教育的财政投入逐年提升。川渝地区也不例外,在促进学前教育发展方面持续发力,对乡村地区学前教育的财政投入也不断加大。但是,目前川渝地区学前教育的财政投入还存在一些问题。一是财政投入更加倾

向于城市,城乡经费投入不均衡,使得乡村地区获得的经费偏少,学前教育发展保障不足;二是对乡村幼师的投入不够,更多的经费用于改善乡村地区幼儿园的硬件设施,而用于提升乡村幼师福利待遇的投入较少。乡村幼师生存和发展压力较大,不利于乡村学前教育质量的提升。因此,必须加大对乡村学前教育的财政投入。一方面,财政投入要向广大乡村地区倾斜,扩大对乡村学前教育的投入,缩小城乡学前教育投入的差距,改善乡村幼师的工作环境;另一方面,要不断提高乡村幼师的工资福利水平,解决乡村幼师的工作和生活困难,改善乡村幼师的生存和发展条件,吸引更多的优秀幼师到乡村幼儿园任教。

(二)不断增加乡村学前教育资源供给

要坚持"政府主导、社会参与、公办民办并举"的办园体制,采用多种方式扩大乡村学前教育资源。以政府为主导,在坚持公益普惠原则的基础上,鼓励不同主体通过多种形式办园,以增加乡村学前教育资源供给。办好乡镇中心园,大村独立建园,小村联合办园,优先利用中小学闲置校舍进行改建。支持社会力量办园,扶持普惠性民办园,探索公办民助、公建民营、公办民管、民办公助等办园形式。着力增加连片特困地区、老少边穷地区的学前教育资源。

要实现多渠道增加乡村学前教育资源供给、多种形式办园的可持续发展,关键在于建立健全不同类型幼儿园规范发展的支持体系。各级政府要对区域内乡村学前教育进行整体规划,对乡村幼儿园布局进行统筹设计;对乡村公办园的园所建设、玩教具配备、师资队伍建设和运转经费等,要按照国家与地方的相关标准,切实履行举办者的责任;全面落实对乡村普惠性民办园的支持,根据"国务院领导、省市统筹、以县为主"的学前教育管理体制,逐年确定一批乡村普惠性民办园,并通过购买服务、综合奖补、派驻公办教师、培训教师、教研指导等方式,支持乡村普惠性民办园发展。

(三)搭建川渝地区乡村幼师协同发展平台

目前,乡村学前教育是川渝地区教育最为薄弱的一环,制约着川渝地区教育质量的提高。乡村幼师的素质直接影响着乡村学前教育的发展,因此,提升乡村幼师的素质成为发展川渝地区乡村学前教育的必然选择。成渝地区双城经济圈建设为川渝两地的教育带来重大发展机遇,能够突出成都、重庆"双核一体"地位,辐射带动川渝地区教育的整体发展,为川渝两地乡村学前教育的协同提供了有利条件。因此,在成渝地区双城经济圈建设背景下,搭建川渝地区乡村幼师协同发展平台,能够促进乡村幼师的专业发展。具体办法如下:

第一,建立乡村幼师协同培训基地,在川渝地区选择有条件的专业院校或幼儿园,作为乡村幼师的协同培训基地,为乡村幼师提供充足的培训和研修机会,提高其综合素质与教学水平。

第二,搭建川渝地区乡村幼师交流平台,通过线上线下途径,搭建两地乡村幼师的交流平台,共享优秀经验,联合开展教研,促进乡村幼师专业发展。

第三,开展乡村幼师跨地帮扶,在两地遴选一批优秀的幼儿园,与乡村幼儿园开展跨地结对帮扶,通过送教下乡等方式,为乡村幼师提供及时、精准的帮助和支持。

(四)把握乡村振兴契机培养乡村幼师

1.制定契合乡村教育需求的培养目标

乡村幼师常常需要承担教师、保育员、行政管理人员等多重角色。随着托幼一体化的发展,托育服务已拓展到乡村地区,0~3岁婴幼儿成为重要的服务对象。乡村幼师的服务范围随之扩大,从3~6岁儿童拓宽为0~6岁儿童。因此,乡村幼儿园更需要"善保教、懂管理、能托育"的全科型幼儿教师。这将倒逼传统学前教育专业进行改革,改变乡村幼师培养目标势在必行。

作为培养幼师的主力军,各级学校的学前教育专业应立足于乡村学前教育对人才的实际需求,重新制定幼师人才培养目标,促进乡村幼师队伍建设。专业群建设正好为全科型乡村幼师培养提供了可能。目前,川渝地区已有一些高校开始进行全科型乡村幼师的培养探索,如重庆幼儿师范高等专科学校、川南幼儿师范高等专科学校等。

人才培养岗位设置应契合乡村幼儿园的需求。地方教育主管部门应根据乡村幼儿园的实际需求核定教师编制,指定乡村幼师培养学校并给予政策和经费支持,按照一定的比例下发公费定向招生指标。在制定乡村幼师培养目标规格时,既要考虑幼师的共性,又要考虑乡村幼师的独特性,提高乡村幼师培养的针对性和适应性。要根据《幼儿园教师专业标准(试行)》,结合乡村学前教育发展现状及趋势、乡村幼师发展现状以及生源实际情况,明确乡村幼师培养规格。只有这样,才能培养出既愿意坚守在乡村幼儿园,又能推动乡村幼儿教育健康、可持续发展的乡村幼师。

2. 构建凸显乡村教育特色的实践教学模式

要构建包括政府、幼师培养学校、优质幼儿园与乡村幼儿园在内的多元互动的实践教学模式,充分凸显实践教学的乡村特色。和城市幼儿园相比,乡村幼儿园各方面都还比较落后,对幼师的示范引领作用相对较弱。正因如此,政府把农村学前教育确立为学前教育发展的重点和难点。作为幼师职前培养机构,高校要搭建平台,实现政府、优质幼儿园与乡村幼儿园的互动。

具体来说,高校要建立乡村幼儿园实践教学基地,将学生的教育见习、专业实习放在乡村幼儿园进行,组建由高校教师、城市优质幼儿园教师、乡村幼儿园教师、相关政府机构成员共同组成的实践教学指导共同体,指导、评价实践教学成绩。在实践教学的其他环节增加乡村特色,如毕业设计(论文)中增加乡村幼儿园教育的内容;增加社会服务环节的乡村特色,将社会服务与乡村社区考察结合起来,提高对乡村幼儿教育的认识,增强对乡村幼师的认同感。

3. 设置厚植乡村教育情怀的课程体系

高校要根据人才培养目标定位,针对目前我国职前教师教育课程设置中乡土文化缺失的现状,以课程标准为蓝本,对单独设班的乡村幼师生设置课程体系,以利于培养他们的乡村教育情怀。

首先,要更新课程设置观念,改变课程设置的功利化倾向,增加乡村文化课程,培养幼师生的人文素养。其次,增加与乡村幼儿教育热点问题密切相关的课程,如乡村留守儿童发展与教育、乡村幼儿园课程资源开发与利用、乡村幼儿园教育活动设计等。最后,改变社会服务课程内容,增加为农村幼教机构和家庭服务的学习内容和考核机制,实现教师教育机构与乡村幼儿教育机构的联通,缓解乡村幼儿园师资不足的困难,提高学生对乡村幼儿教育的真实体验。现阶段,有些学校开设了社会服务课程,但大多流于形式,且专业相关度不高,对完善学生的专业结构作用不大。我们可以借鉴美国教师教育机构的做法,将其融入课程学习中,通过"特殊朋友制""学生教师制""志愿者制"促进学生发展。

4.构建多方协同的乡村幼师培养机制

培养乡村幼师,仅靠院校是不够的,还需要其他利益相关方的有力支撑。政府、教育机构、社会组织和乡村社区应通力合作,建立多方协同的乡村幼师培养机制。第一,政府加强引导和支持。加大对乡村幼师培养的投入,包括资金、政策和人力等。同时,通过提供税收优惠、奖励等方式,引导和鼓励社会力量参与乡村幼师培养。第二,教育机构积极参与。各类教育机构,包括高等院校、职业学校和培训机构等,可以开设乡村幼师专业或相关课程,提升乡村幼师的综合素质和专业能力;还可以与乡村社区建立合作关系,为幼师生提供实践和实习机会。第三,乡村社区积极参与,乡村社区可以提供实践基地和教学资源,与教育机构合作,共同制定培养方案和课程设置,使幼师生更符合乡村幼儿教育的需求。第四,社会组织积极参与。各类社会组织可以提供志愿者服务、资助等,与乡村社区合作,共同开展幼儿教育活动和培训。各利益相关方应建立有效的沟通、协调和合作机制,明确各方责任和权利,共同制定培养方案和课程体系,共同实施培养计划,共同评估培养效果。只有各方形成合力,才能在跨界融合中实现培养卓越乡村幼师的共同愿景,为乡村幼儿教育的发展做出贡献。

三、立足当代社会背景促进乡村幼师发展

(一)缩小城乡学前教育发展差距

长期以来,我国的城乡二元结构导致社会各领域都存在城乡发展不均衡的情况。学前教育的城乡差距日益凸显,教育公平难以实现,严重制约着乡村幼师的专业发展。因此,缩小城乡学前教育发展差距,成为促进乡村幼师专业发展的重要途径。一是要通过加大乡村学前教育资源供给,改善乡村幼儿园的办学条件,营造良好的学习和工作环境,吸引优秀师资到乡村幼儿园从教。二是要加强监管,相关部门应强化对乡村学前教育的评估,监督乡村幼儿园的管理与办学,规范乡村幼师的教育教学行为。三是要鼓励社会力量参与乡村学前教育,提供更多教育资源,为乡村幼师发展提供有利条件。四是要加大对乡村学前教育的宣传,让更多的人了解乡村学前教育的现状,提高人们对乡村学前教育尤其是乡村幼师的关注。五是要大力发展民族地区乡村学前教育,加大资金投入,鼓励广

大幼儿教师到民族地区任教,改善民族地区乡村幼儿园办学条件,提高民族地区乡村学前教育质量。

(二)提高乡村幼师的社会地位

在我国,幼师的社会地位一直比较低,加上编制缺乏,导致很多人不愿从事幼师行业。乡村幼师的编制更是短缺,导致乡村幼师的流动性大,各岗位人员都严重不足。

依照社会认同理论,如果社会大众对一个组织的评价是积极的,那么从属于这个组织的个人就会对组织产生积极正向的情感。对于乡村幼师这个群体,社会大众往往轻视其职业价值,在某种程度上导致乡村幼师的职业认同感被削弱。我国学前教育起步晚、发展慢,直至目前,在位置偏远、经济落后的乡村地区,还有部分群众尚未认识到学前教育对于个人成长、家庭和谐、国家进步的重要意义,对幼儿教师也存在错误认知。

我国幼儿教师长期身份不明、地位不清,是导致社会对幼儿教师群体形成错误认识的主要原因。在《中华人民共和国教师法》中,幼儿教师被列入"中小学教师"的行列,在部分关于教师的政策文本中,尚未提及幼儿教师这一群体。政策文本的模糊导致社会对幼儿教师的理解产生偏差。

因此,要提升乡村幼师的自我地位感知,首先需要从政策层面发力,明确幼儿教师的法律身份和地。其次,要不断挖掘乡村幼师的先进典型,通过各种媒体加大宣传力度。相关部门应该加强正确的舆论导向,切实提高乡村幼师的地位与社会声望,发挥乡村幼师的作用,为其参与乡村治理、推动乡村振兴拓宽渠道。最后,乡村幼儿园可以通过家长开放日、家庭教育座谈会等活动,帮助大众认识到学前教育对人一生成长的重要性,重塑乡村幼师在大众心中的形象,逐渐提升乡村幼师对自身职业的地位感知。

四、利用现代信息技术助推乡村幼师发展

(一)创新乡村幼师培训的模式

现代信息技术手段的运用,促进了传统培训方式的改变。在"互联网+"背景下,应积极采用慕课等网络课程进行教学,适当利用现代化媒体开展活动,改变

传统课堂模式,采用以学生为主体、积极自主的探究式学习方式。"十四五"期间,国培计划着力推动技术应用,继续提升教师信息素养,实施信息技术应用能力提升工程2.0系列项目,以学校信息化教育教学改革发展引领教师信息技术应用能力提升;开启"智能+教师培训"新时代。探索人工智能支持教师终身学习、持续发展新机制,促进人工智能与教师培训深度融合,推动实施智能化、个性化、交互性、伴随性培训。

(二)提升乡村幼师信息化教学水平

信息技术能够帮助乡村幼师获取更多教育资源、提升教育质量。信息化手段可以创新教育方式,增强教学的趣味性,激发幼儿的学习兴趣;可以简化乡村幼师的工作流程,提高工作效率。因此,要促进乡村幼师专业发展,应不断提高他们的信息化教学水平,例如利用人工智能辅助教学与管理,为幼儿提供个性化的教学,辅助完成日常工作,提升幼儿学习兴趣,促进家园共育。

第二篇

川渝地区乡村幼师专业发展调查研究

全面建设社会主义现代化国家,人才是关键,教育是基础。党的十八大以来,党中央特别重视教师队伍建设。强教必先强师,有了高质量的教师,才有高质量的教育,才能培养出高质量的人才。学前教育的质量与幼儿教师的专业素养息息相关。本篇从乡村幼师的专业伦理、专业知识、专业能力等方面入手,分析川渝地区乡村幼师的专业发展情况,为培养一批"有理想信念、道德情操、扎实学识、仁爱之心的四有好老师"提供支撑,致力于建设教育强国。

第四章　川渝地区乡村幼师专业伦理调查研究[①]

1966年,国际劳工组织与联合国教科文组织联合发布了《关于教师地位的建议》,其中提出:"教育工作应被视为专门职业……它要求对所辖学生的教育和福利具有个人的及共同的责任感。"随着教师专业化浪潮的兴起,教师专业发展日渐成为经济发展与社会进步的需求,成为教育改革与发展的需求,也成为教师自身发展的迫切需求。为响应党中央推进成渝地区双城经济圈建设重大决策部署,切实发挥成渝地区双城经济圈职业院校学前教育发展联盟的行业引领、带动作用,实现资源要素配置的最优化,对川渝地区乡村幼师的专业伦理进行调查研究具有重大意义。

第一节　川渝地区乡村幼师专业伦理研究初探

本研究中的"专业伦理",包含"专业理念与师德"和"乡村教育情怀"两个维度。"专业理念与师德"是《幼儿园教师专业标准(试行)》中的首要维度,也是幼儿教师专业核心素养,更是幼儿教师保教行为的基本准则。"乡村教育情怀"则是幼教人才"下得去、留得住、教得好"的源头所在。乡村幼师的专业伦理是其专业素养的核心,也是其专业发展的关键维度和重要标志。

一、研究背景

20世纪80年代以来,世界各国先后制定了一系列教师专业标准。这些专业标准呈现出一个共同特征,那就是将教师的专业理念、信念、品质、价值观等作为重要的维度[②]。可见,教师专业伦理是教师发展的重要指标。

[①] 本章由重庆幼儿师范高等专科学校完成,撰写人:卢静、李欢欢。本章系2023年重庆市职业教育教学改革研究一般项目"乡村幼儿教师专业伦理调查研究"(项目编号:Z233274)的阶段性研究成果。
[②] 陈德云.国际视野下的教师专业标准述要[J].教育科学研究,2010(8):72-76.

(一)党和国家高度重视乡村教师队伍建设

迈过贫困陷阱的最佳途径是什么？阻断贫困代际传递最需要的是什么？这两个问题的答案都是教育。联合国教科文组织原总干事伊琳娜·博科娃指出，教育是消除贫困的最佳保证，是从出发点开始创造公平的环境。大力提升乡村教育质量，以优质教育阻断贫困代际传递，以优质师资助力乡村儿童茁壮成长，是党和国家的一件大事。

乡村教育是我国教育的"神经末梢"，乡村教师是乡村教育的核心和根本。党和国家历来高度重视乡村教育建设，支持乡村教师队伍发展。2015年，国务院办公厅印发《乡村教师支持计划(2015—2020年)》，指出发展乡村教育，教师是关键，必须把乡村教师队伍建设摆在优先发展的战略地位，要秉持"师德为先，以德化人"的基本原则，全面提高乡村教师思想政治素质和师德水平。2018年，中共中央、国务院印发《乡村振兴战略规划(2018—2022年)》，强调继续把国家社会事业发展的重点放在农村，促进公共教育等资源向农村倾斜；要发展农村学前教育，建好建强乡村教师队伍。2020年，教育部等六部门印发《关于加强新时代乡村教师队伍建设的意见》，提出乡村教师是发展更加公平更有质量的乡村教育的基础支撑，强调必须把乡村教师队伍建设摆在优先发展的战略地位。2021年，中共中央办公厅、国务院办公厅印发《关于加快推进乡村人才振兴的意见》，强调加强乡村教师队伍建设。同年，习近平总书记在全国"两会"期间强调，要加强中西部欠发达地区教师定向培养和精准培训，深入实施乡村教师支持计划。为深入贯彻习近平总书记的重要指示精神，教育部等九部门印发《中西部欠发达地区优秀教师定向培养计划》，对于优化乡村教师学历层次分布，改善专业性结构缺失，实现中西部欠发达地区乡村教师队伍质量提升具有重大意义。2022年，教育部等八部门印发《新时代基础教育强师计划》，支持部属师范大学和高水平地方师范院校每年为中西部欠发达地区定向培养一批高素质教师。为解决乡村教师"下不去、留不住、教不好"的现实困境，国家还制定了"特岗计划""硕师计划""国培计划"等相应政策。党和国家对乡村教育、乡村教师的高度重视，为乡村幼师队伍建设指明了方向和行动路径。

(二)专业伦理是幼师队伍建设的核心要素

乡村幼师是指在我国乡(镇)、村等行政区域的幼儿园中从事一线教学活动的专任教师,包括公立和私立、有编制和无编制的幼儿教师,不包括保育教师和行政人员。优秀乡村幼师最重要的标识是什么?答案是专业伦理。20世纪60年代以来,推进教师专业化成为世界各国各级教育的关键任务,而专业化的研究重心也转变为个体的、内在的、主动的、终身的教师专业发展[1],对专业化目的的研究也转向了对教师角色、身份及日常实践活动的关注[2]。高素质乡村幼师队伍是建设高质量教育体系的迫切需求,推进教师专业化已成为高素质乡村幼师队伍建设的首要任务。作为乡村幼师专业化的核心构成要素,专业伦理备受关注。

在解释"专业伦理"一词之前,我们有必要提及另一个更加普遍的词语,即"职业道德"或"师德"。较之"专业伦理","职业道德"的使用频率更高。这两者在某些范畴内具有类似的含义,所以有学者提出,无论在中国还是外国,"伦理"和"道德"这两个概念,在一定的词源含义上,可以视为同义异词,指的都是社会道德现象。也有学者认为,职业道德多是一些普泛化的要求,而专业伦理则更多地从专业知识的运用和专业关系的处理方面对从业者提出明确而具体的要求[3]。与职业道德相比,专业伦理更强调乡村幼师对事物的理性分析与反思能力,表现出对人与人之间关系的重视与理性思考[4]。

师德建设一直受到国家的高度关注。《幼儿园教师专业标准(试行)》中专门设置"专业理念与师德"板块,对幼儿教师的专业理念与师德提出了要求。2018年颁布的《中共中央 国务院关于全面深化新时代教师队伍建设改革的意见》(以下简称《意见》),是新中国成立以来我国出台的第一个专门面向教师队伍建设的里程碑式的政策文件。《意见》提出,要健全师德建设长效机制,推动师德建设常态化长效化,创新师德教育,完善师德规范。同年,教育部印发《新时代幼儿园教师职业行为十项准则》,对那些理想信念模糊,育人意识淡薄,放松自我要求,甚至出现严重违反师德行为,损害教师队伍形象,影响幼儿健康成长的个别教师

---

[1] 单中惠.教师专业发展的国际比较[M].北京:教育科学出版社,2010:1.
[2] 李琰.义务教育阶段教师专业实践中的伦理困境研究[D].重庆:西南大学,2014.
[3] 罗肖泉.高等学校专业伦理教育论纲[M].北京:知识产权出版社,2011:5.
[4] 李琰.义务教育阶段教师专业实践中的伦理困境研究[D].重庆:西南大学,2014.

具有警示作用。2020年,教育部等六部门发布《关于加强新时代乡村教师队伍建设的意见》,提出要加强师德师风建设,激发教师奉献乡村教育的内生动力,建议乡村教师立足乡村大地,厚植乡村教育情怀,做乡村振兴和乡村教育现代化的推动者和实践者。

可见,专业伦理是乡村幼师队伍建设的核心要素,对乡村幼师的教育教学行为具有指导与引领作用。它是乡村幼师在进行专业活动、协调专业关系时对专业进行的伦理性考量,以及最终形成的价值规范与行为准则,具体包括职业理解与认识、对幼儿的态度与行为、幼儿保育和教育的态度与行为、个人修养与行为、乡村教育情怀等五个方面。

(三)伦理事件频发迫切需要进一步加强幼师专业伦理建设

有研究表明,受社会转型与价值观念多元化的影响,个人良心取代奉献和牺牲精神,成为教师专业伦理精神的常态,教师的师德失范现象时有发生。大量研究证实,幼儿教师在日常工作中会经历种种专业伦理困境,它已成为影响幼儿教师专业实践的重要问题[①]。频频曝光的幼儿基本权益受到侵犯,甚至生命安全受到威胁的事件,引起了公众对幼儿教师"失当""失职"和"渎职"等显性失范行为的关注、担忧以及指责。十多年前,曾出现了一件震惊社会的虐童案:

在浙江温岭某幼儿园里,一位名叫颜某某的"90后"女幼儿教师,揪着一个小男孩的耳朵猛地向上提起,孩子双脚悬空,距离地面竟达20厘米。这令人揪心和愤怒的一幕,被在场的另一名幼儿教师童某用相机记录了下来,随后流传到网上,在网友中引发轩然大波。图片中的受虐男孩痛苦惊恐的表情让人久久挥之不去,孩子张嘴大哭,伸出双手想去护住因大力撕扯而疼痛变形的耳朵,痛苦无助的表情让人心疼。而与之形成鲜明对比的是施虐的颜某某却表情轻松,面带笑意。这还不是全部,经网友搜索,在颜某某的QQ空间里又发现了多达700张虐童照片,其中不乏将幼童头朝下扔进垃圾桶、让儿童下跪等照片[②]。

---

① 李园园,鄢超云.制度情境中幼儿园教师的专业伦理困境——社会学新制度主义的视角[J].学前教育研究,2023(7):64-77.
② 从"温岭幼师虐童案"引发的关于在刑法中增加虐待儿童罪的思考[EB/OL].(2012-11-08)[2023-10-10].http://xazy.sxfywcourt.gov.cn/article/detail/2012/11/id/1593664.shtml.

看到这样完全缺失专业伦理的事件,我们不禁为之痛心。除了显性的伦理失范行为之外,教师甘愿平庸、躺平等隐性失范行为也值得探讨。

本研究一方面以川渝地区乡村幼师为调查对象,从乡村幼师的职业理解与认识、对幼儿的态度与行为、幼儿保育和教育的态度与行为、个人修养与行为、乡村教育情怀等五个方面展开内生性自律调查研究;另一方面从学校和幼儿园管理制度、教育教学活动模式、社会公共监管三个维度展开外生性他律调查研究。本研究旨在发现乡村幼师专业伦理内生与外制的失衡点,观照乡村幼师现实与理想的失谐点,识别乡村幼师在专业实践中的伦理困境,探究乡村幼教人才"下不去、留不住、教不好"的症结所在,为建设高素质乡村幼师队伍提供实践依据和数据支撑。

二、核心概念界定

概念是展开论证的逻辑起点,核心概念则是占支配地位的概念。界定核心概念,就是澄清研究对象的内涵、外延和特性,使研究对象的内涵、外延、特性与所研究的问题及其意义相契合,与解决问题的建议相一致,避免"一树梨花万首诗"的情况。接下来,本研究将对"专业伦理""乡村教育情怀"进行界定,以明确研究对象的内涵和外延。

(一)专业伦理

1933年,桑德斯和威尔逊首次定义了"专业"一词。他们认为,专业是指一群人从事一种需要专门技术的职业,一种需要特殊智力来培养和完成的职业,其目的在于提供专门性服务。在西方,"伦理"一词来源于希腊文"ethos",表示风尚、习俗的意思。在汉语中,伦理中的"伦",指的是人与人之间的相互关系,这种关系应该是有秩序的;"理"意为我们在社会生活中应处理好与自己相关的各种人伦关系。

本研究中的专业伦理,是指乡村幼师在进行专业活动、协调专业关系时对专业进行的伦理性考量,以及最终形成的价值规范与行为准则。它是对乡村幼师所具有的与专业相关的一系列理念及师德的统称。这里需要特别指出的是:

第一,本研究的主体为乡村幼师,主要是指在川渝地区的乡(镇)、村幼儿园中从事一线教学活动的专任教师,保育教师和行政人员不作为研究主体。乡村幼师所在幼儿园办园性质、有无编制、有无幼儿园教师资格证、是否学前教育专业出身等变量都是本研究考量的要点。

第二,本研究的载体为专业活动、协调专业关系。具体而言,就是教师在开展教育教学活动时,所产生的教师与幼儿、教师与教师、教师与家长、教师与领导之间的关系。其中,主要关系为教师与幼儿之间的关系。

第三,专业伦理的表现分为显性和隐性两种。隐性表现是指乡村幼师在理解幼儿园教育工作本质的基础上形成的关于学前教育的观念和理性认识,在教育实践中形成的比较稳定的道德观念、行为规范和道德品质[1],以及教师个人对于能做与不能做的原则的把握[2]。显性表现是指幼儿园中看得见的以教师为实施对象的各种制度和规范,以及教师所表现出来的各种专业行为。

第四,专业伦理的具体内容包括职业理解与认识、对幼儿的态度与行为、幼儿保育和教育的态度与行为、个人修养与行为、乡村教育情怀等五个方面。具体内容如下:

(1)职业理解与认识。这是从职业认知的宏观层面,对一个合格幼师所应该具备的专业伦理做出的规定,具体包括爱国守法、爱岗敬业、专业认同、为人师表、团队合作五个基本要求。

(2)对幼儿的态度与行为。这是从工作对象的角度,对一个合格幼师所应该具备的专业伦理做出的规定。乡村幼师看待、认识、评价幼儿的观念和对待幼儿的行为,直接影响着乡村幼师实施教育的理念、路径、方式和实际行动,具体而言,包括关爱幼儿、尊重幼儿、注重生活教育三个方面。

(3)幼儿保育和教育的态度与行为。这是从保教观的角度,对一个合格幼师所应具备的专业伦理做出的规定。乡村幼师对保教活动的原则、内容、方式、效果等整个过程的认识与理解,直接决定着其保教活动的实践形态,具体涉及以下四个方面:坚持保教结合原则、遵循幼儿的学习特点、重视环境和游戏对幼儿发展的作用、充分利用各种资源实现家园共育。

---

[1] 易凌云.幼儿园教师专业理念与师德的定义、内容与生成[J].学前教育研究,2012(9):3-11.
[2] 张杰.幼儿教师专业伦理困境研究[D].重庆:西南大学,2015.

(4)个人修养与行为。这是从个性品质、人格特质以及心理健康等角度,对一个合格幼师所应该具备的专业伦理做出的规定。乡村幼师的个人修养主要体现为胜任本职工作所必须具备的性格特征、积极的心理倾向、创造性的认知方式、丰富的情感、坚强的意志、高尚的道德品质以及规范的行为方式等,具体而言,包括良好的个性修养、健康的心理状态、乐于学习的品质三个方面。

(5)乡村教育情怀。从以往的研究来看,教师专业伦理很少拓展到社会范畴[1]。具有乡村教育情怀的幼儿教师队伍是实现乡村教育振兴的重要保障。有研究发现,具有教育情怀的人在乡村中更易留得住、留得久。教育部实施的"优师计划"就以培养具有扎根中西部欠发达地区、爱生乐教的教育情怀的师范生为目标。在功利主义作祟、价值理性羸弱的现代社会,乡村幼师岗位被不少人视为职业发展过程中的一个跳板,"服务乡村、扎根乡村"流于形式。因此,乡村幼师要想"下得去、留得住、教得好",还须筑牢投身乡村幼教事业的精神动力和思想根基,形成扎根乡村教育的情怀。[2]

(二)乡村教育情怀

所谓情怀,即含有某种感情的心境。教育情怀,是指教师所特有的对教育的情感或心境。教师的教育情怀不是用来表达呈现在教师育人实践活动中的喜怒哀乐这些心理状态和体验,而是用来表达教师发自内心的对教书育人的真诚、敬畏、责任和深沉的爱,表达教师对教书育人信念的坚守、对教育理想追求的坚持,表达教师在精神领域里执着地追寻教育的生命意义和育人职业的崇高等[3]。

在本研究中,教育情怀特指乡村幼师的教育情怀,即"乡村教育情怀"。当前,党和国家高度重视乡村教师队伍建设,积极推行乡村教育振兴策略。在成渝地区双城经济圈建设中,培养一批"下得去、留得住、教得好"的乡村幼师尤为关键。想让乡村幼师惠泽乡村儿童、乡村家庭、乡村教育、乡村社会,长效之策是唤醒他们的乡村教育情怀[4]。

---

[1] 沈伟,王娟,孙天慈.逆境中的坚守:乡村教师身份建构中的情感劳动与教育情怀[J].教育发展研究,2020,40(Z2):54-62.
[2] 易凌云.幼儿园教师专业理念与师德的定义、内容与生成[J].学前教育研究,2012(9):3-11.
[3] 韩延伦,刘若谷.教育情怀:教师德性自觉与职业坚守[J].教育研究,2018,39(5):83-92.
[4] 傅琴.把"乡村教育情怀"立起来[J].人民教育,2021(12):75-76.

乡村教育情怀,是指乡村幼师关切乡村儿童、乡村家庭、乡村教育和乡村社会,对幼儿教师这一职业具有高度认同感,以及愿意扎根乡村和奉献乡村教育,并努力实现自我生命价值的情感态度和价值取向[①]。这是乡村幼师"下得去、融得进、留得住、教得好、扎得深"的源泉和动力,具体包括以下结构要素:[②]

1. 乡村情感的执著

乡村情感的执著是乡村幼师在认识和了解乡村的基础上形成的对乡村稳定的情感体验和情感认同,简言之,就是乡村幼师具有独特的乡村情感。这是乡村幼师"下得去"的基础。乡村幼师对乡村的情感涉及对乡村物态文化的欣赏、对乡村精神文化的悦纳和对乡村现实状态的适应三个方面。

2. 乡村身份的认同

对于新时代背景下的乡村幼师而言,作为职业人的"现代教师"是其身份底色,作为专业人的"乡村教师"是其身份特色,作为社会人的新型"乡贤"是其身份成色。对这三种身份的认同是乡村幼师"融得进"的保障。

3. 乡村坚守的自觉

爱是教育情怀的魂魄。这是基于乡村幼师的职业本质属性而言的,是乡村幼师"留得住"的保障。乡村坚守的自觉能够让乡村幼师明白自己留下来的意义,让他们由"被动留下"转为"自觉坚守",由"在乡村从教"转变为"为乡村而教"。乡村坚守的自觉具体包含乡村幼师的职业热爱感、职业自豪感和职业使命感三个方面。

4. 乡村儿童的成全

《幼儿园教育指导纲要(试行)》提出:"城乡各类幼儿园都应从实际出发,因地制宜地实施素质教育,为幼儿一生的发展打好基础。"要做到这些,离不开乡村幼师的智力奉献。乡村儿童的成全具体包括丰富智慧、引领心灵、成全生命三个方面,这是乡村幼师"教得好"的体现。

---

① 马多秀,江敏锐.优师专项师范生乡村教育情怀培育的困境及破解[J].教育学术月刊,2023(4):49-55.
② 陈晨.乡村教师"教育情怀"及其生成研究——基于淄博市S小学的个案考察[D].青岛:青岛大学,2023.

5.乡村振兴的践行

乡村幼师是乡村振兴和乡村教育现代化的推动者和实践者,肩负着开拓乡土文化的使命,"为了乡村,关于乡村,立足乡村"是乡村幼师教育情怀的立足点。乡村振兴的践行包括引领乡村文化、关怀乡村人民、建设美丽乡村三个方面,是乡村幼师"扎得深"的体现。

三、研究设计

研究设计是研究者的行动计划。进行研究设计,就是要强化研究前期的计划性。本节将呈现川渝地区乡村幼师专业伦理调查研究的目的、意义、思路、对象、内容、方法,全方位展现本研究的设计思路。

(一)研究目的

本研究通过问卷调查法、访谈法等,对川渝地区乡村幼师专业伦理进行审视和反思。一方面,本研究以川渝地区乡村幼师为调查对象,从乡村幼师的职业理解与认识、对幼儿的态度与行为、幼儿保育和教育的态度与行为、个人修养与行为、乡村教育情怀五个维度展开内生性自律调查研究。另一方面,本研究从学校和幼儿园管理制度、教育教学活动模式、社会公共监管三个维度展开外生性他律调查研究。本研究旨在发现乡村幼师专业伦理内生与外制的失衡点,观照乡村幼师现实与理想的失谐点,识别乡村幼师在专业实践中的伦理困境,开展乡村幼教人才"下不去、留不住、教不好"的原因分析,为川渝地区建设高素质乡村幼师队伍提供实践依据和数据支撑。

(二)研究意义

1.理论意义

本研究通过识别乡村幼师在专业实践中的伦理困境,构建乡村幼师专业伦理支持体系。乡村幼师在专业实践中会产生各种类型的专业伦理困境,也会采取一定方式应对。他们应对专业伦理困境的方式,不仅与自身的道德水平、个性特征相关,还与师范专业的时代背景和特殊场域有着极大的关联。本研究从多维度、多角度、多层次呈现乡村幼师面临的观念冲突困境、忠诚冲突困境、立场冲突困境,为其提供全面的专业伦理支持体系,提升其专业伦理素养。

2.实践意义

本研究通过对乡村幼教人才"下不去、留不住、教不好"的问题归因,来探索如何培养乡村幼师的乡村教育情怀。只有更多幼儿教师产生对乡村的认同,努力适应乡村社会,重建乡村生活,才能出现一批热爱乡村、扎根乡村教育的"薪火相传者"。相关院校要充分融合乡土文化知识,培养乡村幼师的乡村教育情怀,让乡村幼师立足乡村大地,做乡村教育振兴和乡村教育现代化的推动者和实践者。

(三)研究思路

本研究按照"现实样态——问题表征——原因探寻——解困措施"的研究思路(如图4.1所示)来展开研究。

1.现实样态:采集数据素材,呈现伦理现状

本研究选取500名乡村幼师,使用调查问卷开展内生性自律调查和外生性他律调查。对调查问卷使用统计软件进行统计处理,分析并得出问卷调查结果,用以阐释乡村幼师专业伦理的现实样态。

2.问题表征:归纳提炼问题,识别伦理困境

本研究采用问卷调查法、文献法,分析乡村幼师专业伦理内生与外制的失衡点,观照乡村幼师现实与理想的失谐点,识别乡村幼师在专业实践中的伦理困境。

3.原因探寻:实地调查研究,开展问题归因

本研究运用田野调查、深度访谈等研究方法,从境遇性因素和具体性因素入手,多维度、多角度、多层次分析导致乡村幼师出现专业伦理困境的原因,探寻乡村幼教人才"下不去、留不住"的症结所在。

4.解困措施:两大视角入手,构建支持体系

本研究结合前期研究成果,提出解决乡村幼师专业伦理困境的专业化路径与应对性策略,以完善专业伦理支持体系,为建设高素质乡村幼师队伍提供实践依据和数据支撑。

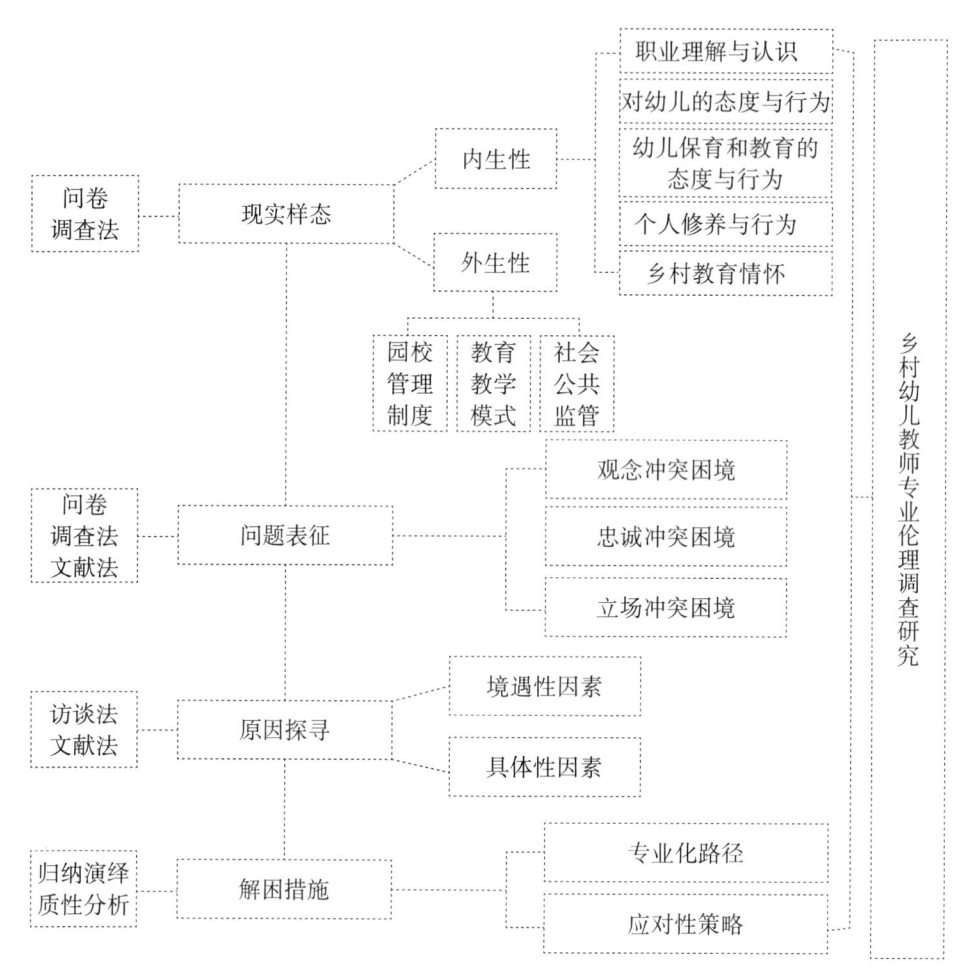

图4.1 川渝地区乡村幼师专业伦理调查研究思路图

(四)研究对象

基于研究的可行性和科学性,本研究采取方便取样原则,随机选取重庆市和四川省的乡村幼师作为研究对象。

(五)研究方法

1.问卷调查法

(1)问卷调查目的

本研究开展问卷调查,目的是了解川渝地区乡村幼师的专业伦理现实样态及存在的问题。

(2)问卷调查对象

本研究问卷调查的对象为川渝地区乡村幼师,使用问卷星发布问卷,每所幼儿园发放1份问卷。共收回问卷1572份,有效问卷为1340份。而有效问卷中有478份来自城市幼儿园,因此被剔除。

综上,符合本次问卷调查目的的对象共862位,基本情况如表4.1所示。

表4.1 调查样本基本情况统计

	选项	频数(人)	百分比(%)
性别	男	19	2.20
	女	843	97.80
年龄	20岁及以下	16	1.86
	21~30岁	368	42.69
	31~40岁	231	26.80
	41~50岁	187	21.69
	51岁及以上	60	6.96
教龄	0~1年(含1年)	50	5.80
	1~3年(含3年)	108	12.53
	3~8年(含8年)	350	40.60
	8年以上	354	41.07
幼儿园性质	公办园	704	81.67
	民办园	158	18.33
毕业院校	中职学校	124	14.39
	幼师高专院校	313	36.31
	高职类院校	83	9.63
	本科师范院校	157	18.21
	其他	185	21.46
最终学历	中专(含高中)	98	11.37
	大专	358	41.53
	本科	403	46.75
	研究生	3	0.35

续表

	选项	频数(人)	百分比(%)
所学专业	学前教育专业	705	81.79
	其他专业	157	18.21
幼儿园教师资格证持有情况	有	743	86.19
	无	119	13.81
是否在编	有正式编制	433	50.23
	无正式编制	429	49.77
职称	未定级	414	48.03
	初级	256	29.70
	中级	161	18.68
	高级	29	3.36
	正高级	2	0.23
月均工资水平	2000元及以下	109	12.65
	2001~3000元	297	34.45
	3001~4000元	233	27.03
	4001~5000元	118	13.69
	5001元及以上	105	12.18

根据表4.1的统计数据可以看出,调查对象主要存在以下特点:

①调查对象主要为女性

在862位调查对象中,共19人为男性,占总人数的2.20%;843人为女性,占总人数的97.80%。众所周知,我国幼儿园教师男女比例普遍失衡,本次调查对象性别比例也符合这一事实。

②调查对象多为青年教师

在862位调查对象中,20岁及以下共16人,占总人数的1.86%;21~30岁为368人,占总人数的42.69%;31~40岁为231人,占总人数的36.80%;41~50岁共有187人,占总人数的21.69%;51岁及以上共有60人,占总人数的6.96%。以上数据说明,调查对象主要处于21~30岁年龄段,其次为31~40岁,说明调查对象主要为青年教师。

③调查对象的教龄普遍为3年以上

调查对象中,有50人的教龄为0~1年(含1年),占总人数的5.80%;有108人教龄为1~3年(含3年),占总人数的12.53%;有350人教龄为3~8年(含8年),占总人数的40.60%;有354人教龄为8年以上,占总人数的41.07%。数据表明,调查对象的教龄普遍为3年以上,8年以上教龄的教师更为普遍,说明调查对象具有较为丰富的教学经验,多为经验型教师。

④幼儿园主要为公办性质

在862所幼儿园中,公办园共704所,占总数的81.67%;民办园共158所,占总数的18.33%。以上数据说明,调查对象所在的幼儿园多为公办性质。

⑤调查对象主要毕业于幼师高专院校

在862位调查对象中,共有124人毕业于中职学校,占总人数的14.39%;有313人毕业于幼师高专院校,占总人数的36.31%;有83人毕业于高职类院校,占总人数的9.63%;有157人毕业于本科师范院校,占总人数的18.21%;共有185人毕业于其他院校,占总人数的21.46%。数据说明,调查对象主要毕业于幼师高专院校,接受过较为系统的师范培养与教育。

⑥调查对象主要为本科生

在862位调查对象中,最终学历为中专(含高中)的共98人,占11.37%;最终学历为大专的共358人,占41.53%;最终学历为本科的共403人,占46.75%;最终学历为研究生的共3人,占0.35%。可以看出,调查对象以本科生居多,这与近年来国家重视并大力发展学前教育密不可分。

⑦调查对象多为学前教育专业毕业且持证率较高

统计数据显示,有705人所学专业为学前教育,占比为81.79%;有157人学习的是其他专业,占比为18.21%。有743人持有幼儿园教师资格证,占比为86.19%;有119人目前仍未持有幼儿园教师资格证,占比为13.81%。总体而言,调查对象主要是学前教育专业毕业,绝大多数是持证上岗。

⑧近半数调查对象无编制

在862位调查对象中,有正式编制的为433位,占总人数的50.23%;无正式编制的有429位,占总人数的49.77%。数据说明,近半数的调查对象没有正式编制,体现出乡村幼师编制供需矛盾突出。

⑨多数调查对象未定级

调查对象中,共414人未定级,占总人数的48.03%;共256人为初级职称,占总人数的29.70%;共161人为中级职称,占总人数的18.68%;共29人为高级职称,占总人数的3.36%;共2人为正高级职称,占总人数的0.23%。数据说明,仍有很多调查对象未评职称。

⑩调查对象月均工资水平多为2001～3000元

调查对象中,月均工资水平在2000元及以下的共109人,占总人数的12.65%;月均工资水平在2001～3000元的共297人,占总人数的34.45%;月均工资水平在3001～4000元的共233人,占总人数的27.03%;月均工资水平在4001～5000元的共118人,占总人数的13.69%;月均工资水平在5001元及以上的共105人,占总人数的12.18%。以上数据说明,调查对象的月均工资水平多为2001～3000元,工资水平普遍不高。

(3)问卷调查内容

本研究从内生性调查与外生性调查入手,主要调查川渝地区乡村幼师专业伦理现状。

(4)问卷调查工具

我们在参考朱冬(2015)、孙现茹(2016)、计金星(2021)、李寅(2021)等人的调查工具的基础上,咨询了专家、园长、幼儿教师的意见之后,编制了《乡村幼师专业伦理调查问卷》。问卷采用李克特五点量表计分法,以5分制代表题干的符合程度,依次记为1～5分。该问卷除基本信息外共29题,其中第16题为反向计分题。问卷包括五大维度,分别是职业理解与认识、对幼儿的态度与行为、幼儿保育和教育的态度与行为、个人修养与行为、乡村教育情怀。调查问卷的结构见表4.2。

表4.2 调查问卷的结构

维度	项目	对应题号	题数
职业理解与认识	爱国守法	1—5	5
	爱岗敬业		
	专业认同		
	为人师表		
	团队合作		

续表

维度	项目	对应题号	题数
对幼儿的态度与行为	关爱幼儿 尊重幼儿 注重生活教育	6—9	4
幼儿保育和教育的态度与行为	坚持保教结合原则 遵循幼儿学习特点 重视环境和游戏对幼儿发展的作用 充分利用各种资源实现家园共育	10—15	6
个人修养与行为	良好的个性修养 健康的心理状态 乐于学习的品质	16—20	5
乡村教育情怀	乡村情感的执著 乡村身份的认同 乡村坚守的自觉 乡村儿童的成全 乡村振兴的践行	21—29	9

关于问卷的信度,本研究主要采用Alpha信度系数法保障问卷的内在信度,即项目之间是否具有较高的内在一致性。本研究利用SPSS27.0计算得出克隆巴赫Alpha值为0.941,可见该问卷具有很高的内在一致性,整体信度较高。从五个维度来看,对幼儿的态度与行为、幼儿保育和教育的态度与行为、乡村教育情怀这三个维度的克隆巴赫Alpha值都大于0.9,信度较好。具体数据见表4.3。

表4.3 乡村幼师专业伦理问卷信度分析

维度	克隆巴赫Alpha	项数
职业理解与认识	0.401	5
对幼儿的态度与行为	0.902	4
幼儿保育和教育的态度与行为	0.956	6
个人修养与行为	0.585	5
乡村教育情怀	0.952	9
总体	0.941	29

关于问卷的效度,本研究采用KMO检验和巴特利特检验结果,KMO=0.972,取值范围在0—1之间且较为接近1;巴特利特球形检验 $P=0.000<0.05$。两项指标说明问卷具有良好的结构效度。

(5)问卷调查程序

首先,随机选取样本幼儿园之外的10所幼儿园进行试测,根据试测结果、专家与研究人员的意见,对问卷进行修改。然后正式实施问卷调查,以问卷星形式将问卷发送给川渝地区乡村幼师,请其填写问卷。最后,对有效问卷使用SPSS27.0展开统计分析。

2.访谈法

本研究共访谈园长4名(详见表4.4),幼儿教师3名(详见表4.5)。访谈使用的提纲是提前设计的半结构化访谈提纲,包括访谈对象基本信息、幼儿教师专业伦理、专业伦理困境等相关问题。根据访谈对象关于教育实践中存在的专业伦理困境的陈述,我们讨论了导致这些困境的原因,为本研究的理论构建奠定了基础。

访谈之后,我们将录音或文字记录等访谈资料用Word文档进行梳理,按照访谈对象、访谈问题、访谈日期进行编码,具体编码情况如下:访谈对象中,园长的编码为A,幼儿教师的编码为B;访谈问题的编码为Q;访谈日期的编码为"年-月-日"。如:2023年10月28日对某幼儿教师的访谈的第一题,其相应记录为"B1-Q1-20231028"。

表4.4 园长基本信息

访谈对象编号	性别	工龄	学历	职称	办园性质	访谈日期
A1	女	6年	本科	初级	公办园	2023.10.28
A2	男	32年	大专	中级	公办园	2023.10.29
A3	男	3年	本科	初级	公办园	2023.10.29
A4	女	18年	本科	中级	公办园	2023.10.29

表4.5 幼儿教师基本信息

访谈对象编号	性别	工龄	学历	职称	办园性质	访谈日期
B1	女	6年	本科	初级	公办园	2023.10.26
B2	女	6年	专科	初级	公办园	2023.10.29
B3	男	1.5年	本科	未评职称	公办园	2023.10.29

3.文献法

文献法主要指搜集、鉴别、整理文献,并通过对文献的研究形成对事实的科学认识的方法。本研究搜集的相关文献主要来源为:中国知网、维普中文科技期刊数据库、万方数据等,通过输入专业伦理、乡村教育情怀、专业伦理困境、专业理念与师德等关键词来查阅、筛选相关文献,了解已有研究的内容和方法,分析其中的观点与存在的问题,把握研究动态。

第二节 川渝地区乡村幼师专业伦理现实样态

本研究以分析问卷调查的结果为主线,以访谈内容作为佐证,通过对数据的描述性统计、独立样本 t 检验和单因素方差分析,来呈现川渝地区乡村幼师专业伦理现实样态。其中,描述性统计用于分析项目维度的基本情况,独立样本 t 检验和单因素方差分析用于分析不同人口学变量下乡村幼师专业伦理存在的差异。

一、川渝地区乡村幼师专业伦理总体情况及分析

本部分主要呈现川渝地区乡村幼师专业伦理总体情况。经过统计分析,我们发现川渝地区乡村幼师的专业伦理整体处于中等偏上水平,且"对幼儿的态度与行为""幼儿保育和教育的态度与行为""乡村教育情怀"这三个维度的得分均值高于"个人修养与行为""职业理解与认识"这两个维度。基于此,我们进一步分析了川渝地区乡村幼师专业伦理在各个人口学变量下是否存在差异,差异是否显著。

(一)川渝地区乡村幼师专业伦理总体处于中等偏上水平

通过描述性统计(见表4.6),我们发现川渝地区乡村幼师的专业伦理整体处于中等偏上水平,得分均值为4.29,说明总体情况较好。从五个维度来看,各个维度之间存在一定差异。"职业理解与认识"的得分均值为3.79,属于中等偏上水平;"对幼儿的态度与行为"的得分均值为4.70,属于较高水平;"幼儿保育和教育的态度与行为"的得分均值为4.65,也属于较高水平;"个人修养与行为"的得分均值为3.84,属于中等偏上水平;"乡村教育情怀"的得分均值为4.40,属于较高水

平。相较而言,"对幼儿的态度与行为"得分均值最高,其次是"幼儿保育和教育的态度与行为",再次是"乡村教育情怀"。这三个维度的得分均值都高于总体得分均值,处于较好水平,说明乡村幼师具有较好的儿童观、保教观,能够较好地处理与幼儿之间的关系。"个人修养与行为""职业理解与认识"的得分均值虽然低于总体得分均值,但也处于中等偏上水平,反映出乡村幼师对职业的认同感以及个人的专业素养还有提升的空间。

表4.6 川渝地区乡村幼师专业伦理各维度描述统计情况

	极小值	极大值	均值	标准差
职业理解与认识	1.00	5.00	3.79	0.59
对幼儿的态度与行为	1.00	5.00	4.70	0.58
幼儿保育和教育的态度与行为	1.00	5.00	4.65	0.60
个人修养与行为	1.00	4.60	3.84	0.45
乡村教育情怀	1.00	5.00	4.40	0.60
总体	1.00	4.86	4.29	0.48

(二)川渝地区乡村幼师专业伦理的差异分析

对数据进行统计分析后,我们发现川渝地区乡村幼师专业伦理在年龄变量上存在显著差异,而在性别、办园性质、毕业院校、学历、专业、持有教师资格证、编制、职称、月均工资水平等变量上不存在显著差异。

1.性别差异

(1)不同性别乡村幼师在专业伦理五大维度上得分的描述性统计

如表4.7所示,男幼师与女幼师在"职业理解与认识"维度上得分差异较为显著;在"幼儿保育和教育的态度与行为"维度上差异相对较小,其平均值差异为0.01。就专业伦理五大维度的整体状况而言,女幼师的得分均值略高于男幼师。

表4.7 不同性别乡村幼师在专业伦理五大维度上的得分情况

	职业理解与认识	对幼儿的态度与行为	幼儿保育和教育的态度与行为	个人修养与行为	乡村教育情怀	总体
男	3.65	4.63	4.66	3.79	4.33	4.23
女	3.79	4.70	4.65	3.84	4.40	4.29

(2)不同性别乡村幼师专业伦理总体情况的差异比较

本研究运用独立样本 t 检验来分析川渝地区乡村幼师专业伦理在性别上是否存在差异。我们对男女幼师的专业伦理总体得分进行了分析,统计结果如表4.8所示,川渝地区乡村幼师专业伦理总体情况在性别上不存在显著差异($P=0.559>0.05$)。

表4.8 性别差异 t 检验

	均值	标准差	T	P
男	4.23	0.11	−0.584	0.559
女	4.29	0.02		

2.年龄差异

(1)不同年龄乡村幼师在专业伦理五大维度上得分的描述性统计

如表4.9所示,20岁以下乡村幼师的总体得分均值最低,为4.23;而51岁及以上乡村幼师的总体得分均值最高,为4.47。这说明年长的教师在专业伦理总体得分上优于年轻教师。

表4.9 不同年龄乡村幼师在专业伦理五大维度上的得分情况

	职业理解与认识	对幼儿的态度与行为	幼儿保育和教育的态度与行为	个人修养与行为	乡村教育情怀	总体
20岁及以下	3.66	4.64	4.69	3.93	4.24	4.23
21～30岁	3.81	4.67	4.62	3.81	4.34	4.26
31～40岁	3.78	4.66	4.60	3.79	4.33	4.25
41～50岁	3.77	4.75	4.71	3.92	4.53	4.36
51岁及以上	3.82	4.89	4.86	3.95	4.68	4.47

(2)不同年龄乡村幼师专业伦理总体情况的差异比较

本研究对不同年龄乡村幼师专业伦理总体得分进行分析,统计结果如表4.10所示,不同年龄乡村幼师专业伦理总体得分存在显著差异($P=0.003<0.01$)。访谈对象A1表示:"工作年限长的老师经验会相对丰富,但教学模式也会陈旧一点,不会很新颖。"(A1-Q2-20231028)A1的表述反映出专业伦理与年龄存在关联。

表4.10 年龄单因素方差分析

	均值	标准差	F	P
20岁及以下	4.23	0.38	4.047**	0.003
21~30岁	4.26	0.43		
31~40岁	4.25	0.56		
41~50岁	4.36	0.49		
51岁及以上	4.47	0.31		

注：*$P<0.05$，**$P<0.01$，***$P<0.001$，下同。

3.办园性质差异

(1)不同办园性质的乡村幼师专业伦理在五大维度上得分的描述性统计

如表4.11所示，不同办园性质的乡村幼师在"职业理解与认识"维度上得分均值差异较大；"对幼儿的态度与行为""幼儿保育和教育的态度与行为""个人修养与行为"这三个维度上的差异较小，均在0.05范围内。整体而言，公办园幼师得分均值略高于民办园幼师得分均值。

表4.11 不同办园性质乡村幼师在专业伦理五大维度上的得分情况

	职业理解与认识	对幼儿的态度与行为	幼儿保育和教育的态度与行为	个人修养与行为	乡村教育情怀	总体
公办园	3.77	4.69	4.66	3.85	4.42	4.29
民办园	3.89	4.73	4.61	3.81	4.34	4.28

(2)不同办园性质的乡村幼师专业伦理总体情况的差异比较

本研究使用独立样本t检验来分析川渝地区乡村幼师专业伦理总体情况在办园性质上是否存在差异。我们对不同办园性质的乡村幼师的专业伦理总体得分进行分析，统计结果如表4.12所示，在办园性质上不存在显著差异（$P=0.704>0.05$）。

表4.12 办园性质差异t检验

	均值	标准差	T	P
公办园	4.29	0.50	0.380	0.704
民办园	4.28	0.36		

4.毕业院校差异

(1)毕业于不同院校的乡村幼师在专业伦理五大维度上得分的描述性统计

如表4.13所示,毕业于高职类院校的乡村幼师专业伦理得分均值最低,为4.19;毕业于幼师高专院校的乡村幼师专业伦理得分均值最高,为4.32。可以看出,毕业于幼师高专院校的乡村幼师专业伦理总体情况较好。

表4.13 毕业于不同院校的乡村幼师在专业伦理五大维度上的得分情况

	职业理解与认识	对幼儿的态度与行为	幼儿保育和教育的态度与行为	个人修养与行为	乡村教育情怀	总体
中职学校	3.82	4.69	4.64	3.80	4.43	4.29
幼师高专院校	3.82	4.72	4.70	3.88	4.42	4.32
高职类院校	3.76	4.56	4.51	3.80	4.28	4.19
本科师范院校	3.74	4.69	4.63	3.79	4.38	4.26
其他	3.78	4.73	4.66	3.86	4.43	4.31

(2)毕业于不同院校的乡村幼师专业伦理总体情况的差异比较

本研究使用单因素方差分析来考察川渝地区乡村幼师专业伦理总体情况在毕业院校上是否存在差异。我们对毕业于不同院校的乡村幼师专业伦理总体得分进行分析,结果如表4.14所示,川渝地区乡村幼师专业伦理在毕业院校上不存在显著差异($P=0.232>0.05$)。

表4.14 毕业院校单因素方差分析

	均值	标准差	F	P
中职学校	4.29	0.53	1.401	0.232
幼师高专院校	4.32	0.44		
高职类院校	4.19	0.66		
本科师范院校	4.26	0.47		
其他	4.31	0.40		

5.学历差异

(1)不同学历乡村幼师在专业伦理五大维度上得分的描述性统计

如表4.15所示,最终学历为大专的乡村幼师专业伦理总体得分均值较高,为4.32;最终学历为本科的乡村幼师专业伦理总体得分均值较低,为4.27。不同学历的乡村幼师的专业伦理总体得分均值差距不大,但大专学历的乡村幼师专业伦理得分均值略高。

表4.15 不同学历乡村幼师在专业伦理五大维度上的得分情况

	职业理解与认识	对幼儿的态度与行为	幼儿保育和教育的态度与行为	个人修养与行为	乡村教育情怀	总体
中专(含高中)	3.82	4.67	4.60	3.82	4.43	4.29
大专	3.89	4.74	4.67	3.85	4.40	4.32
本科	3.70	4.67	4.65	3.83	4.40	4.27
研究生	3.53	4.75	4.72	3.93	4.44	4.30

(2)不同学历的乡村幼师专业伦理总体情况的差异比较

本研究使用单因素方差分析来考察川渝地区乡村幼师专业伦理总体情况在最终学历上是否存在差异。我们对不同学历的乡村幼师专业伦理总体得分进行分析,统计结果如表4.16所示,川渝地区乡村幼师专业伦理在最终学历上不存在显著差异($P=0.541 > 0.05$)。

表4.16 不同学历单因素方差分析

	均值	标准差	F	P
中专(含高中)	4.29	0.52	0.718	0.541
大专	4.32	0.44		
本科	4.27	0.50		
研究生	4.30	0.29		

6.专业差异

(1)不同专业乡村幼师在专业伦理五大维度上得分的描述性统计

如表4.17所示,学前教育专业毕业的乡村幼师的专业伦理总体得分均值高于其他专业毕业的乡村幼师。访谈对象A1表示:"具有不同专业背景的教师,对待教学的态度不同,处理事情的方法也不同。"(A1-Q3-20231028)又如A4所说:"小学专业背景的教师和学前教育专业背景的教师,虽然出发点都是育人,但是所体现出来的教学方式明显是不同的。学前教育专业背景的老师更能站在孩子立场,蹲下来和孩子交流,带给孩子更多的专业体验。而小学教育专业背景的老师到幼儿园来工作,就学不会学前教育专业背景的老师那一套。他们采用的是传统的教学方式,不会蹲下身子来交流,让孩子感觉到你就是高高在上,孩子就不会与你亲近。"(A4-Q3-20231029)

表4.17 不同专业乡村幼师在专业伦理五大维度上的得分情况

	职业理解与认识	对幼儿的态度与行为	幼儿保育和教育的态度与行为	个人修养与行为	乡村教育情怀	总体
学前教育专业	3.80	4.70	4.66	3.84	4.41	4.30
其他专业	3.73	4.67	4.62	3.81	4.35	4.25

(2)不同专业乡村幼师专业伦理总体情况的差异比较

本研究运用独立样本t检验来考察川渝地区乡村幼师专业伦理总体情况在所学专业上是否存在差异。我们对毕业于不同专业的乡村幼师专业伦理总体得分进行分析,统计结果如表4.18所示,川渝地区乡村幼师专业伦理总体得分在所学专业上不存在显著差异($P=0.211>0.05$)。

表4.18 不同专业差异t检验

	均值	标准差	T	P
学前教育专业	4.30	0.47	1.252	0.211
其他专业	4.25	0.51		

7.持证差异

(1)是否持证的乡村幼师在专业伦理五大维度上得分的描述性统计

如表4.19所示,持有幼儿园教师资格证的乡村幼师专业伦理总体得分均值高于未持证乡村幼师。

表4.19 乡村幼师是否持证在专业伦理五大维度上的得分情况

	职业理解与认识	对幼儿的态度与行为	幼儿保育和教育的态度与行为	个人修养与行为	乡村教育情怀	总体
有证	3.79	4.70	4.66	3.84	4.41	4.30
无证	3.81	4.69	4.56	3.82	4.34	4.25

(2)是否持证的乡村幼师专业伦理总体情况的差异比较

本研究运用独立样本 t 检验来考察川渝地区乡村幼师专业伦理总体情况在持证上是否存在差异。我们对不同持证情况的乡村幼师专业伦理总体得分进行分析,统计结果如表4.20所示,川渝地区乡村幼师专业伦理总体得分在是否持有幼儿园教师资格证上不存在显著差异($P=0.293 > 0.05$)。

表4.20 持证差异 t 检验

	均值	标准差	T	P
有	4.30	0.49	1.052	0.293
无	4.25	0.41		

8.编制差异

(1)是否有编的乡村幼师在专业伦理五大维度上得分的描述性统计

如表4.21所示,在编乡村幼师专业伦理总体得分均值低于无编制乡村幼师。

表4.21 乡村幼师是否有编在专业伦理五大维度上的得分情况

	职业理解与认识	对幼儿的态度与行为	幼儿保育和教育的态度与行为	个人修养与行为	乡村教育情怀	总体
有正式编制	3.68	4.70	4.68	3.84	4.40	4.28
无正式编制	3.90	4.69	4.62	3.84	4.40	4.30

(2)是否有编的乡村幼师专业伦理总体情况的差异比较

本研究运用独立样本 t 检验来考察川渝地区乡村幼师专业伦理总体情况在编制上是否存在差异。我们对是否在编的乡村幼师的专业伦理总体得分进行分析,统计结果如表4.22所示,川渝地区乡村幼师专业伦理总体得分在是否在编上不存在显著差异($P=0.433 > 0.05$)。

表4.22 编制差异 t 检验

	均值	标准差	T	P
有正式编制	4.28	0.48	−0.784	0.433
无正式编制	4.30	0.48		

9.职称差异

(1)不同职称的乡村幼师在专业伦理五大维度上得分的描述性统计

如表4.23所示,具有高级职称的乡村幼师专业伦理得分均值最高,为4.45;具有初级职称的乡村幼师专业伦理得分均值最低,为4.25。可以看出,具有高级职称的乡村幼师在专业伦理五大维度上得分较高。

表4.23 不同职称的乡村幼师在专业伦理五大维度上的得分情况

	职业理解与认识	对幼儿的态度与行为	幼儿保育和教育的态度与行为	个人修养与行为	乡村教育情怀	总体
未定级	3.90	4.70	4.64	3.84	4.40	4.31
初级	3.71	4.66	4.62	3.80	4.35	4.25
中级	3.64	4.70	4.71	3.87	4.45	4.30
高级	3.79	4.91	4.82	3.97	4.63	4.45
正高级	3.40	5.00	4.67			4.40

(2)不同职称的乡村幼师专业伦理总体情况的差异比较

本研究运用单因素方差分析来考察川渝地区乡村幼师专业伦理总体情况在职称上是否存在差异。我们对具有不同职称的乡村幼师专业伦理总体得分进行分析,统计结果如表4.24所示,川渝地区乡村幼师专业伦理总体得分在职称上不存在显著差异($P=0.0.187>0.05$)。

表4.24 职称单因素方差分析

	均值	标准差	F	P
未定级	4.31	0.43		
初级	4.25	0.57		
中级	4.30	0.46	1.544	0.187
高级	4.45	0.35		
正高级	4.40	0.32		

10.工资水平差异

(1)不同工资水平的乡村幼师在专业伦理五大维度上得分的描述性统计

如表4.25所示,月均工资水平在5001元及以上的乡村幼师专业伦理得分均值最高,为4.33;月均工资水平在2000元及以下的乡村幼师专业伦理得分均值最低,为4.26。可以看出,月均工资水平越高,专业伦理得分越高。

表4.25 不同工资水平的乡村幼师在专业伦理五大维度上的得分情况

	职业理解与认识	对幼儿的态度与行为	幼儿保育和教育的态度与行为	个人修养与行为	乡村教育情怀	总体
2000元及以下	3.84	4.61	4.57	3.80	4.38	4.26
2001~3000元	3.93	4.68	4.61	3.84	4.39	4.30
3001~4000元	3.77	4.73	4.68	3.83	4.37	4.29
4001~5000元	3.61	4.66	4.69	3.83	4.45	4.28
5001元及以上	3.62	4.81	4.74	3.91	4.48	4.33

(2)不同工资水平的乡村幼师专业伦理总体情况的差异比较

本研究运用单因素方差分析来考察川渝地区乡村幼师专业伦理总体情况在月均工资水平上是否存在差异。我们对不同月均工资水平的乡村幼师专业伦理总体得分进行分析,统计结果如表4.26所示,川渝地区乡村幼师专业伦理总体得分在月均工资水平上不存在显著差异($P=0.0.824>0.05$)。

表4.26 月均工资水平单因素方差分析

	均值	标准差	F	P
2000元及以下	4.26	0.59		
2001~3000元	4.30	0.47		
3001~4000元	4.29	0.43	0.379	0.824
4001~5000元	4.28	0.55		
5001元及以上	4.33	0.35		

二、川渝地区乡村幼师专业伦理五大维度情况及分析

接下来,我们将分析川渝地区乡村幼师专业伦理在职业理解与认识、对幼儿的态度与行为、幼儿保育和教育的态度与行为、个人修养与行为、乡村教育情怀五大维度上的情况,并对乡村幼师在不同变量上的差异进行比较。

(一)川渝地区乡村幼师"职业理解与认识"维度情况

本部分主要呈现"职业理解与认识"维度中各项目的得分情况,分析不同项目在不同人口学变量上是否存在差异。

1."职业理解与认识"维度得分情况

川渝地区乡村幼师在"职业理解与认识"维度各项目的具体得分情况如表4.27所示。根据表4.6,乡村幼师专业伦理在该维度的得分居于中等偏上水平,却是五大维度中得分最低的,且低于整体均值4.29。

从不同项目来看,"为人师表"项目均值为4.64,得分最高。为人师表是指乡村幼师注重通过自身的言行举止,对幼儿的发展产生积极的影响和教育作用。它是对乡村幼师的内在要求,也是对乡村幼师良好师德的高度概括。其次是"团队合作"项目,均值为4.31。团队合作不仅仅是教师与教师之间的合作,也包括教师与幼儿、教师与家长、教师与领导之间的沟通与协作。无论哪一个教师,都不能单独进行工作,不能做个人冒险,不能要求个人负责,而应当成为教师集体的一分子[1]。"众人拾柴火焰高"是对该项目较好的诠释。再次是"爱国守法"项目,均值为4.09。这是对乡村幼师的基本要求。乡村幼师理应熟知与学前教育相关的法律法规,理解我国学前教育的方针政策以及阶段性发展目标。排在第四的是"爱岗敬业"项目,均值为3.34。热爱自己的岗位、具有强烈的敬业精神,会驱使乡村幼师不断向前、不断认知自己的角色、不断形成特有的荣誉心和责任心。"专业认同"项目在该维度中得分最低,均值为2.58。乡村幼师只有认同自身职业的专业性与特殊性,才能使得自己成为一名合格的教师。

表4.27 川渝地区乡村幼师"职业理解与认识"维度统计情况

	均值	标准差
Q1爱国守法	4.09	1.087
Q2爱岗敬业	3.34	1.352
Q3专业认同	2.58	1.311
Q4为人师表	4.64	0.754
Q5团队合作	4.31	0.818

---

[1] 安·谢·马卡连柯.论共产主义教育[M].刘长松,杨慕之,译.北京:人民教育出版社,1954:304.

2."职业理解与认识"维度差异比较

(1)年龄差异

本研究运用单因素方差分析来考察川渝地区乡村幼师在"职业理解与认识"维度上是否存在年龄差异。从表4.28可知,"爱国守法""专业认同""团队合作"这三个项目在年龄上存在显著差异。经过进一步事后检验可知,51岁及以上的乡村幼师在"爱国守法"项目上显著优于21~40岁乡村幼师;21~30岁乡村幼师在"专业认同"项目上显著优于31~50岁乡村幼师;41岁及以上的乡村幼师在"团队合作"项目上显著优于21~40岁乡村幼师,51岁及以上乡村幼师在该项目上显著优于20岁及以下乡村幼师。可见,随着年龄的增长,乡村幼师更能约束自己的教育教学行为,对法律法规的理解更加透彻。

"爱岗敬业""为人师表"这两个项目在年龄上存在极其显著的差异。经过进一步事后检验可知,20岁及以下、31~40岁乡村幼师在"爱岗敬业"项目上显著优于41岁及以上乡村幼师,21~30岁乡村幼师在该项目上显著优于41~50岁乡村幼师;41岁及以上乡村幼师在"为人师表"项目上显著优于30岁以下乡村幼师,21~40岁乡村幼师在该项目上显著优于20岁及以下乡村幼师。

表4.28 川渝地区乡村幼师"职业理解与认识"维度在年龄上的差异($M \pm SD$)

	20岁及以下①	21~30岁②	31~40岁③	41~50岁④	51岁及以上⑤	F	LSD
Q1爱国守法	4.00±0.73	4.00±1.04	4.08±1.11	4.19±1.22	4.47±0.81	2.905*	⑤>②③
Q2爱岗敬业	3.75±1.07	3.53±1.21	3.45±1.33	2.97±1.47	2.73±1.59	9.372***	①③>④⑤②>④
Q3专业认同	2.31±0.87	2.75±1.31	2.43±1.27	2.46±1.35	2.48±1.36	2.936*	②>③④
Q4为人师表	4.13±1.03	4.55±0.76	4.67±0.73	4.75±0.76	4.82±0.60	5.267***	④⑤>①②③>①
Q5团队合作	4.13±0.72	4.22±0.82	4.29±0.84	4.45±0.81	4.58±0.65	4.561**	④⑤>②③⑤>①

（2）教龄差异

本研究运用单因素方差分析来考察川渝地区乡村幼师在"职业理解与认识"维度上是否存在教龄差异。从表4.29可知,"爱国守法""为人师表"两个项目在教龄上存在显著差异。经过进一步事后检验可知,8年以上教龄的乡村幼师在"爱国守法"项目上明显优于3～8年教龄的乡村幼师;8年以上教龄的乡村幼师在"为人师表"项目上明显优于1～8年教龄的乡村幼师。

"爱岗敬业""专业认同""团队合作"这三个项目在教龄上存在极其显著的差异。经过进一步事后检验可知,8年以下教龄的乡村幼师在"爱岗敬业""专业认同"项目上都显著优于8年以上教龄的乡村幼师,1年以下教龄的乡村幼师在"团队合作"项目上显著优于3～8年教龄的乡村幼师。

表4.29 川渝地区乡村幼师"职业理解与认识"维度在教龄上的差异($M \pm SD$)

	0～1年（含1年）①	1～3年（含3年）②	3～8年（含8年）③	8年以上④	F	LSD
Q1 爱国守法	3.98±1.17	4.14±0.87	3.98±1.07	4.20±1.15	2.677*	④>③
Q2 爱岗敬业	3.52±1.02	3.61±1.09	3.49±1.28	3.08±1.49	7.661***	①②③>④
Q3 专业认同	2.86±1.25	2.79±1.33	2.70±1.30	2.35±1.30	6.321***	①②③>④
Q4 为人师表	4.66±0.71	4.53±0.78	4.55±0.78	4.75±0.71	5.164*	④>②③
Q5 团队合作	4.46±0.61	4.22±0.84	4.16±0.86	4.47±0.77	9.483***	①>③

（3）办园性质差异

本研究运用独立样本t检验来考察川渝地区乡村幼师在"职业理解与认识"维度上是否存在办园性质差异。从表4.30可知,"爱岗敬业""专业认同"两个项目在办园性质上存在显著差异,民办园乡村幼师优于公办园乡村幼师。

表4.30 川渝地区乡村幼师"职业理解与认识"维度在办园性质上的差异($M\pm SD$)

	公办园	民办园	T	P
Q1爱国守法	4.10±1.13	4.08±0.87	0.158	0.874
Q2爱岗敬业	3.28±1.36	3.59±1.31	−2.603**	0.009
Q3专业认同	2.53±1.32	2.78±1.26	−2.159*	0.031
Q4为人师表	4.63±0.79	4.66±0.58	−0.415	0.678
Q5团队合作	4.30±0.85	4.35±0.66	−0.822	0.412

(4)编制差异

本研究运用独立样本 t 检验来考察川渝地区乡村幼师在"职业理解与认识"维度上是否存在编制差异。从表4.31可知,"爱岗敬业""专业认同"两个项目在编制上存在极其显著的差异,无正式编制的乡村幼师更加爱岗敬业,对专业更有认同感。

表4.31 川渝地区乡村幼师"职业理解与认识"维度在编制上的差异($M\pm SD$)

	有正式编制	无正式编制	T	P
Q1爱国守法	4.03±1.19	4.15±0.97	−1.645	0.100
Q2爱岗敬业	3.04±1.38	3.64±1.25	−6.700***	< 0.001
Q3专业认同	2.40±1.29	2.75±1.31	−3.937***	< 0.001
Q4为人师表	4.65±0.78	4.62±0.73	0.698	0.485
Q5团队合作	4.27±0.86	4.35±0.77	−1.386	0.166

(5)职称差异

本研究运用单因素方差分析来考察川渝地区乡村幼师在"职业理解与认识"维度上是否存在职称差异。从表4.32可知,"爱国守法""爱岗敬业""专业认同"三个项目在职称上存在极其显著的差异。

表4.32 川渝地区乡村幼师"职业理解与认识"维度在职称上的差异($M\pm SD$)

	未定级	初级	中级	高级	正高级	F	P
Q1爱国守法	4.17±0.916	3.95±1.190	4.08±1.260	4.55±0.870	1.00±0.000	7.277***	< 0.001
Q2爱岗敬业	3.61±1.245	3.32±1.304	2.83±1.469	2.52±1.479	2.50±0.707	13.540***	< 0.001

续表

	未定级	初级	中级	高级	正高级	F	P
Q3 专业认同	2.78±1.295	2.45±1.304	2.22±1.238	2.62±1.474	3.50±2.121	6.563***	<0.001
Q4 为人师表	4.62±0.720	4.58±0.841	4.75±0.701	4.76±0.689	5.00±0.000	1.559	0.183
Q5 团队合作	4.34±0.756	4.25±0.916	4.31±0.823	4.52±0.688	5.00±0.000	1.268	0.281

（6）月均工资水平差异

本研究运用单因素方差分析来考察川渝地区乡村幼师在"职业理解与认识"维度上是否存在月均工资水平差异。由表4.33可知，"爱岗敬业""专业认同"两个项目在月均工资水平上存在极其显著的差异。

表4.33 川渝地区乡村幼师"职业理解与认识"维度在月均工资水平上的差异($M±SD$)

	2000元及以下	2001~3000元	3001~4000元	4001~5000元	5001元及以上	F	P
Q1爱国守法	3.98±1.063	4.18±0.967	4.06±1.099	3.96±1.317	4.19±1.110	1.422	0.225
Q2爱岗敬业	3.63±1.245	3.64±1.229	3.39±1.255	2.84±1.444	2.63±1.495	17.469***	<0.001
Q3专业认同	2.80±1.253	2.82±1.320	2.45±1.302	2.30±1.229	2.25±1.307	7.138***	<0.001
Q4为人师表	4.47±0.888	4.64±0.708	4.674±0.668	4.66±0.860	4.69±0.776	1.627	0.165
Q5团队合作	4.32±0.859	4.35±0.775	4.26±0.823	4.28±0.914	4.35±0.772	0.493	7.41

（二）川渝地区乡村幼师"对幼儿的态度与行为"维度情况

本部分主要呈现"对幼儿的态度与行为"维度中各项目的得分情况，以及不同项目在不同人口学变量上是否存在差异。

1."对幼儿的态度与行为"维度得分情况

川渝地区乡村幼师在专业伦理"对幼儿的态度与行为"维度上的得分情况如表4.34所示。根据表4.6，该维度在专业伦理所有维度中的得分均值最高，为

4.70,且高于专业伦理总体得分。这说明川渝地区乡村幼师具有较好的儿童观,在看待、认识、评价幼儿及其行为方面具有较好的理念和方法。

该维度共包括三个项目,即关爱幼儿、尊重幼儿、注重生活教育。"关爱幼儿"对应第6题,"尊重幼儿"对应第7题和第8题,"注重生活教育"对应第9题。在这三个项目中,"尊重幼儿"项目均值得分最高,为4.77,反映出乡村幼师具有良好的师幼观,能够尊重幼儿的人格,平等对待每一个幼儿,从不体罚或变相体罚幼儿。但是第8题的得分均值为4.58,处于较低水平。"关爱幼儿"项目得分均值为4.76,反映的是幼儿教师保护幼儿的身心安全与健康,具有教育之爱。"注重生活教育"项目得分均值为4.68,体现出乡村幼师具有"生活即教育"的理念。

表4.34 川渝地区乡村幼师"对幼儿的态度与行为"维度描述统计情况

	均值	标准差
Q6关爱幼儿	4.76	0.677
Q7尊重幼儿	4.77	0.598
Q8尊重幼儿	4.58	0.713
Q9注重生活教育	4.68	0.667

2."对幼儿的态度与行为"维度差异比较

(1)教龄差异

本研究运用单因素方差分析来考察川渝地区乡村幼师在"对幼儿的态度与行为"维度上是否存在教龄差异。从表4.35可知,Q7"尊重幼儿"(尊重幼儿人格)项目在教龄上存在显著差异,Q8"尊重幼儿"(尊重幼儿个体差异)和"注重生活教育"项目在教龄上存在极其显著的差异。

表4.35 川渝地区乡村幼师"对幼儿的态度与行为"维度在教龄上的差异($M\pm SD$)

	0~1年(含1年)	1~3年(含3年)	3~8年(含8年)	8年以上	F	P
Q6关爱幼儿	4.78±0.418	4.80±0.525	4.68±0.749	4.83±0.666	2.830	0.038
Q7尊重幼儿	4.82±0.388	4.80±0.525	4.85±0.538	4.77±0.598	4.984**	0.002
Q8尊重幼儿	4.66±0.519	4.58±0.657	4.45±0.770	4.69±0.675	7.218***	<0.001
Q9注重生活教育	4.68±0.683	4.63±0.664	4.57±0.714	4.80±0.596	7.383***	<0.001

(2)其他人口学变量差异

经过单因素方差分析和独立样本 t 检验,本研究发现该维度在办园性质、年龄、月均工资水平等人口学变量上不存在显著差异。

(三)川渝地区乡村幼师"幼儿保育和教育的态度与行为"维度情况

本部分主要呈现"幼儿保育和教育的态度与行为"维度中各项目的得分情况,以及不同项目在不同人口学变量上是否存在差异。

1."幼儿保育和教育的态度与行为"维度得分情况

根据表4.4,该维度得分均值为4.65,高于总体得分均值,处于中等偏上水平。

从表4.36可以看出,该维度包含4个项目,共涉及6道题。"遵循幼儿学习特点"项目共有3道题,分别是第11题(得分均值4.65)、第13题(得分均值4.56)和第14题(得分均值4.69),反映出乡村幼师能够理解、把握、尊重幼儿独特的学习方式与特点。"坚持保教结合原则"项目的得分均值为4.71,是该维度所有项目中得分最高的。"充分利用各种资源实现家园共育"项目的得分均值为4.66,"重视环境和游戏对幼儿发展作用"项目的得分均值为4.64。

表4.36 川渝地区乡村幼师"幼儿保育和教育的态度与行为"维度描述统计情况

	均值	标准差
Q10坚持保教结合原则	4.71	0.648
Q11遵循幼儿学习特点	4.65	0.667
Q12重视环境和游戏对幼儿发展作用	4.64	0.662
Q13遵循幼儿学习特点	4.56	0.712
Q14遵循幼儿学习特点	4.69	0.633
Q15充分利用各种资源实现家园共育	4.66	0.649

2."幼儿保育和教育的态度与行为"维度差异比较

(1)川渝地区乡村幼师"幼儿保育和教育的态度与行为"维度的持证差异比较

从表4.37可以看出,"尊重幼儿学习特点"项目在是否持证上存在显著差异($P=0.013<0.05$)。

表4.37 川渝地区乡村幼师"幼儿保育和教育的态度与行为"维度在持证上的差异($M\pm SD$)

	有	无	T	P
Q10坚持保教结合原则	4.72±0.656	4.64±0.593	1.294	0.196
Q11遵循幼儿学习特点	4.66±0.667	4.54±0.661	1.890	0.059
Q12重视环境和游戏对幼儿发展作用	4.65±0.672	4.54±0.594	1.739	0.082
Q13遵循幼儿学习特点	4.59±0.714	4.41±0.682	2.479*	0.013
Q14遵循幼儿学习特点	4.70±0.648	4.65±0.530	0.888	0.375
Q15充分利用各种资源实现家园共育	4.66±0.662	4.61±0.556	0.934	0.351

(2)川渝地区乡村幼师"幼儿保育和教育的态度与行为"维度的年龄差异比较

从表4.38可以看出,"遵循幼儿学习特点"项目的第11题(保护幼儿好奇心和想象力)和第14题(师幼互动)在年龄上存在显著差异;"重视环境和游戏对幼儿发展作用""充分利用各种资源实现家园共育"在年龄上也存在显著差异。

表4.38 川渝地区乡村幼师"幼儿保育和教育的态度与行为"维度在年龄上的差异($M\pm SD$)

	20岁及以下	21~30岁	31~40岁	41~50岁	51岁及以上	F	P
Q10坚持保教结合原则	4.69±0.479	4.68±0.596	4.67±0.737	4.76±0.686	4.88±0.454	1.834	0.120
Q11遵循幼儿学习特点	4.69±0.479	4.60±0.609	4.60±0.773	4.71±0.705	4.87±0.389	2.809*	0.025
Q12重视环境和游戏对幼儿发展作用	4.69±0.479	4.60±0.644	4.58±0.723	4.69±0.696	4.87±0.343	2.790*	0.025
Q13遵循幼儿学习特点	4.63±0.500	4.52±0.700	4.53±0.756	4.61±0.742	4.78±0.490	2.181	0.069
Q14遵循幼儿学习特点	4.75±0.447	4.68±0.577	4.62±0.741	4.75±0.661	4.88±0.372	2.509*	0.041
Q15充分利用各种资源实现家园共育	4.69±0.479	4.63±0.640	4.59±0.710	4.73±0.389	4.87±0.389	3.104*	0.015

(四)川渝地区乡村幼师"个人修养与行为"维度情况

1."个人修养与行为"维度得分情况

川渝地区乡村幼师专业伦理在"个人修养与行为"维度上的得分情况如表4.39所示。根据表4.4,该维度的得分均值为3.84,低于专业伦理总体得分均值,居于中等偏上水平。

该维度涉及3个项目,共5道题。"良好的个性修养"项目得分均值最高,为4.72,涉及第16题(我不是一个富有爱心、责任心、耐心的教师)和第20题(我的衣着得体、语言规范、举止文明),第16题为反向验证题。"健康的心理状态"项目得分均值为4.56,反映的是乡村幼师自身的心理状态。健康的心理状态不仅能促进教师的身体健康、生活幸福,也能直接影响到幼儿。"乐于学习的品质"项目涉及2道题,分别是第18题(我在工作中不断更新自己的专业知识和理念)和第19题(我会定期查看专业相关书籍或杂志),其中第18题的得分均值为4.44,第19题的得分均值为4.20。

表4.39　川渝地区乡村幼师"个人修养与行为"维度描述统计情况

	均值	标准差
Q16良好的个性修养	4.72	0.772
Q17健康的心理状态	4.56	0.692
Q18乐于学习的品质	4.44	0.745
Q19乐于学习的品质	4.20	0.835
Q20良好的个性修养	4.72	0.595

2."个人修养与行为"维度差异比较

(1)专业差异

本研究运用独立样本t检验来考察川渝地区乡村幼师在"个人修养与行为"维度上是否存在专业差异。如表4.40所示,"良好的个性修养"项目在不同专业上存在显著差异($P=0.022<0.05$)。

表4.40　川渝地区乡村幼师"个人修养与行为"维度在专业上的差异($M\pm SD$)

	学前教育专业	其他专业	T	P
Q16良好的个性修养	1.30±0.797	1.17±0.639	2.307*	0.022
Q17健康的心理状态	4.56±0.699	4.57±0.663	−0.108	0.914
Q18乐于学习的品质	4.44±0.742	4.41±0.760	0.434	0.665
Q19乐于学习的品质	4.20±0.834	4.20±0.838	−0.071	0.943
Q20良好的个性修养	4.72±0.597	4.72±0.587	−0.038	0.969

（2）月均工资水平差异

本研究运用单因素方差分析来考察川渝地区乡村幼师在"个人修养与行为"维度上是否存在工资差异。从表4.41可知,"良好的个性修养"项目在月均工资水平上存在显著差异($P=0.026<0.05$, $P=0.018<0.05$)。

表4.41　川渝地区乡村幼师"职业理解与认识"维度在月均工资水平上的差异($M\pm SD$)

	2000元及以下	2001~3000元	3001~4000元	4001~5000元	5001元及以上	F	P
Q16良好的个性修养	1.28±0.780	1.33±0.846	1.35±0.863	1.14±0.476	1.12±0.532	2.770*	0.026
Q17健康的心理状态	4.57±0.672	4.54±0.711	0.53±0.657	4.55±0.802	4.69±0.593	1.019	0.396
Q18乐于学习的品质	4.39±0.805	4.41±0.775	4.39±0.705	4.47±0.781	4.62±0.611	2.059	0.084
Q19乐于学习的品质	4.19±0.908	4.22±0.780	4.15±0.849	4.20±0.911	4.28±0.791	0.490	0.743
Q20良好的个性修养	4.57±0.737	4.70±0.595	4.74±0.551	4.76±0.649	4.83±0.403	3.009*	0.018

（五）川渝地区乡村幼师"乡村教育情怀"维度情况

本部分主要呈现川渝地区乡村幼师专业伦理在"乡村教育情怀"维度上的得分情况,以及在不同人口学变量上是否存在差异。

1."乡村教育情怀"维度得分情况

川渝地区乡村幼师在"乡村教育情怀"维度上的得分情况如表4.42所示。根据表4.6,"乡村教育情怀"维度得分均值为4.40,高于总体得分均值,处于中等偏上水平。

该维度包括5个项目,共9道题。"乡村情感的执著"项目从第21题至第24题,得分均值各为4.33,4.35,4.36,4.33,分别从对乡村物态文化的欣赏、对乡村精神文化的悦纳、对乡村现实状态的适应方面设置题目。"乡村身份的认同"项目得分均值为4.28,在整个维度中得分较低。"乡村坚守的自觉"包括第26题(我在面临条件艰苦的乡村环境时,还能保持对学前教育工作的热忱,能看到乡村教育的独特之处)和第27题(我为自己是一名乡村幼师感到自豪),得分均值分别为4.47,4.54。"乡村儿童的成全"项目得分均值为4.45,"乡村振兴的践行"项目得分均值为4.50,均处于中等偏上水平。

表4.42 川渝地区乡村幼师"乡村教育情怀"维度描述统计情况

	均值	标准差
Q21 乡村情感的执著	4.33	0.777
Q22 乡村情感的执著	4.35	0.714
Q23 乡村情感的执著	4.36	0.717
Q24 乡村情感的执著	4.33	0.722
Q25 乡村身份的认同	4.28	0.768
Q26 乡村坚守的自觉	4.47	0.669
Q27 乡村坚守的自觉	4.54	0.662
Q28 乡村儿童的成全	4.45	0.688
Q29 乡村振兴的践行	4.50	0.660

2."乡村教育情怀"维度差异比较

(1)办园性质差异

由表4.43可知,川渝地区乡村幼师专业伦理"乡村情感的执著"项目在办园性质上存在显著差异($P=0.014<0.05$),公办园教师比民办园教师对乡村更具有独特情感。

表4.43　川渝地区乡村幼师"乡村教育情怀"维度在办园性质上的差异（M±SD）

	公办园	民办园	T	P
Q21 乡村情感的执著	4.36±0.776	4.19±0.767	2.465*	0.014
Q22 乡村情感的执著	4.36±0.726	4.31±0.657	0.806	0.420
Q23 乡村情感的执著	4.38±0.725	4.27±0.674	1.699	0.090
Q24 乡村情感的执著	4.35±0.717	4.23±0.742	1.883	0.60
Q25 乡村身份的认同	4.30±0.768	4.20±0.769	1.552	0.121
Q26 乡村坚守的自觉	4.47±0.680	4.48±0.615	−0.160	0.873
Q27 乡村坚守的自觉	4.56±0.670	4.47±0.625	1.458	0.145
Q28 乡村儿童的成全	4.46±0.688	4.41±0.687	0.981	0.327
Q29 乡村振兴的践行	4.51±0.662	4.46±0.655	0.824	0.410

（2）持证情况差异

由表4.44可知，"乡村情感的执著"项目（乡村独特情感）在是否持有幼儿园教师资格证上存在显著差异（$P=0.043<0.05$），持有幼儿园教师资格证的乡村幼师的乡村情感更加强烈。另外，"乡村情感的执著"项目（对乡村现实状态的适应）在是否持有幼儿园教师资格证上存在显著差异（$P=0.017<0.05$），持有幼儿园教师资格证的乡村幼师更能适应乡村现状。

表4.44　川渝地区乡村幼师"乡村教育情怀"维度在持证上的差异（M±SD）

	有	无	T	P
Q21 乡村情感的执著	4.35±0.779	4.19±0.751	2.028*	0.043
Q22 乡村情感的执著	4.37±0.709	4.25±0.739	1.638	0.102
Q23 乡村情感的执著	4.35±0.714	4.26±0.730	1.626	0.104
Q24 乡村情感的执著	4.36±0.716	4.18±0.747	2.397*	0.017
Q25 乡村身份的认同	4.29±0.768	4.22±0.772	0.970	0.333
Q26 乡村坚守的自觉	4.46±0.678	4.53±0.608	−0.986	0.325
Q27 乡村坚守的自觉	4.55±0.669	4.50±0.623	0.856	0.392
Q28 乡村儿童的成全	4.45±0.695	4.45±0.647	0.140	0.888
Q29 乡村振兴的践行	4.51±0.669	4.45±0.607	0.843	0.400

(3)年龄差异

从表4.45可以看出,川渝地区乡村幼师专业伦理"乡村教育情怀"维度在年龄上存在显著差异。其中,"乡村情感的执著""乡村坚守的自觉""乡村振兴的践行"3个项目的7道题在年龄上存在极其显著的差异($P<0.001$)。

表4.45 川渝地区乡村幼师"乡村教育情怀"维度在年龄上的差异($M±SD$)

	20岁及以下	21~30岁	31~40岁	41~50岁	51岁及以上	F	P
Q21 乡村情感的执著	4.19±0.750	4.27±0.737	4.29±0.828	4.41±0.814	4.58±0.645	2.825*	0.024
Q22 乡村情感的执著	4.19±0.655	4.29±0.653	4.26±0.777	4.48±0.750	4.68±0.567	6.645***	<0.001
Q23 乡村情感的执著	4.31±0.704	4.31±0.685	4.26±0.792	4.50±0.675	4.63±0.610	5.808***	<0.001
Q24 乡村情感的执著	4.13±0.806	4.27±0.697	4.48±0.683	4.48±0.683	4.68±0.624	7.888***	<0.001
Q25 乡村身份的认同	4.13±0.719	4.22±0.743	4.20±0.852	4.42±0.709	4.62±0.640	5.910***	<0.001
Q26 乡村坚守的自觉	4.31±0.479	4.43±0.635	4.39±0.767	4.60±0.635	4.72±0.490	5.232***	<0.001
Q27 乡村坚守的自觉	4.19±0.750	4.48±0.622	4.51±0.757	4.65±0.641	4.82±0.390	6.037***	<0.001
Q28 乡村儿童的成全	4.38±0.619	4.40±0.627	4.41±0.796	4.55±0.673	4.70±0.591	3.853**	0.004
Q29 乡村振兴的践行	4.38±0.500	4.43±0.644	4.45±0.720	4.65±0.608	4.68±0.624	4.953***	<0.001

(4)教龄差异

从表4.46可以看出,川渝地区乡村幼师专业伦理"乡村教育情怀"维度在教龄上存在显著差异。其中,"乡村情感的执著""乡村身份的认同""乡村坚守的自觉""乡村振兴的践行"4个项目的7道题在教龄上存在极其显著的差异($P<0.001$)。

表4.46 川渝地区乡村幼师"乡村教育情怀"维度在教龄上的差异($M\pm SD$)

	0~1年（含1年）	1~3年（含3年）	3~8年（含8年）	8年以上	F	P
Q21乡村情感的执著	4.30±0.678	4.35±0.688	4.19±0.806	4.46±0.764	7.722***	<0.001
Q22乡村情感的执著	4.32±0.587	4.33±0.641	4.22±0.718	4.49±0.723	8.792***	<0.001
Q23乡村情感的执著	4.34±0.626	4.36±0.676	4.21±0.751	4.51±0.678	10.008***	<0.001
Q24乡村情感的执著	4.22±0.679	4.31±0.679	4.20±0.744	4.49±0.691	10.159***	<0.001
Q25乡村身份的认同	4.20±0.700	4.31±0.719	4.15±0.788	4.41±0.752	7.173***	<0.001
Q26乡村坚守的自觉	4.40±0.606	4.45±0.617	4.39±0.705	4.57±0.645	4.536**	0.004
Q27乡村坚守的自觉	4.32±0.683	4.46±0.647	4.47±0.680	4.67±0.625	8.488***	<0.001
Q28乡村儿童的成全	4.42±0.609	4.36±0.662	4.39±0.680	4.55±0.706	3.682*	0.012
Q29乡村振兴的践行	4.42±0.609	4.44±0.600	4.40±0.706	4.63±0.617	8.238***	<0.001

第三节 川渝地区乡村幼师专业伦理困境及成因分析

自古以来，教育就具有鲜明的伦理品性。教师的德性与教学的正当性一直是人们关注的对象。教师专业伦理是对教师品性与授业行为的规范，担负着引导教师在专业实践中进行伦理判断的使命。本节将对川渝地区乡村幼师存在的典型专业伦理困境及其成因进行分析。

一、专业伦理困境

乡村幼师在教育教学中,会面临各种专业伦理困境。根据对问卷调查数据的分析,我们将川渝地区乡村幼师的专业伦理困境归为三种类型,分别是:观念冲突困境、忠诚冲突困境和立场冲突困境。

(一)观念冲突困境

教师们对乡村幼师这一职业的认识存在一定冲突。对"成为乡村幼师之前,您是如何看待乡村幼师这一职业的?跟自己成为乡村幼师后有何反差?"这一问题,B1回答:"成为乡村幼师之前,我认为乡村工作任务轻松,工作压力小,而且应该民风淳朴,每天只和孩子们相处,会过得比较开心,我只需要努力工作,慢慢提升自己就行。"(B1-Q2-20231026)这是他成为乡村幼师之前的想法,但是工作之后却发现截然相反。B1感叹道:"成为乡村幼师之后,我渐渐发现幼儿园的教学人员严重不足,经常一人身兼多职,每天都觉得身心俱疲。"(B1-Q2-20231026)访谈对象B2也有同样的反馈:"在我们选择的时候,一切的想象都比较美好,无外乎小朋友吵吵闹闹、爱哭等。但实际当中,幼儿教师面对的不仅是孩子,更多的是家长、自身的提升,如赛事、活动等,包括额外增加的工作,如报告、材料等,施加给我们的压力,这些会让我感觉压力有点大,不是仅仅在做教育,而是什么事情都做。"(B2-Q2-20231029)可见,教师们对乡村幼师这一职业的看法,在入职前后发生了相当大的变化。

(二)忠诚冲突困境

在幼儿园中,教师需要面对幼儿、家长、同事、领导等各种不同的人物。作为一种社会分工,教师不仅要对幼儿、家长负责,还要对同事、领导、社会等负责。面对不同的关系,幼儿教师会处于忠诚冲突困境。哈格里夫斯认为,教师最不喜欢的事情就是与同事发生冲突,他们大多会尽可能避免与同事产生分歧,一般也不会主动挑起争端[①]。访谈对象B3说:"因为有工作上的事情,多少都是有些矛盾。所以与同事之间是一般关系。有矛盾的话,我笑一笑就过去了,尽量不回复。"(B3-Q4-20231029)B2从性别角度进行了分析:"同事之

---

① 李琰.义务教育阶段教师专业实践中的伦理困境研究[D].重庆:西南大学,2014.

间,在刚开始工作的时候有点困难,因为女孩子居多,可能会产生一定矛盾,有种被欺负的感觉。"(B2-Q4-20231029)这正如库珀所言:"困惑通常是在同事间产生。"

(三)立场冲突困境

立场冲突困境主要源于乡村幼师的教育情怀。根据本研究的调查数据,"乡村教育情怀"这一维度得分均值为4.4,虽然高于专业伦理总体得分均值,但是依然存在立场冲突困境。在问及"您为何选择成为一名乡村幼师?"这一问题时,B2表示自己是在比较懵懂的状态下选择的,"在读书时,从旁观者来看,以为幼儿教师的弹唱画跳很厉害,生活很精彩,不需要成绩很好。"(B2-Q1-20231029)B3的教龄较短,因此在"乡村教育情怀"这一维度上表现得不是很乐观。B3觉得在乡村从教的过程中,还没有让自己难忘的、不舍的地方或事情,再加上忙于学习新的教育理念,也无暇融入乡土文化。良好的乡村学前教育应该立足于乡土,优秀的乡村幼师也必然生长于乡土大地上,让乡土气息不断滋养自己的乡村教育情怀。乡村幼师对职业的热爱不是朝夕之间就能培养的,一旦陷入立场冲突困境,就必须尽快找到合适的方法加以解决。

二、成因分析

洛温伯格等人认为,在社会工作实践中,有三种类型的模糊性和不确定性会给工作带来伦理上的难题。它们分别是:对价值观和目标的不确定;对任何特定情形的相关科学知识和事实真相的不确定;对干预后果的不确定[1]。找出专业伦理困境产生的原因,有利于推动乡村幼师专业伦理的发展,从而促进川渝地区乡村幼师队伍建设。

(一)境遇性因素

全球化是21世纪最深刻的印记,是以文化冲突与交融为特征的。在这种时代背景下,乡村幼师也处于多种观念相互碰撞、相互交融的环境中。对于教师是

---

[1] 赵中建.全球教育发展的历史轨迹——国际教育大会60年建议书[M].北京:教育科学出版社,1999:395.

否应该比其他职业具有更高的伦理道德这一问题,将教师当成普通人来对待的呼声愈发高涨。但是,也有很多人认为教师专业伦理还需加强,尤其是"范跑跑"等事件的出现,使得大众对教师这一职业的专业伦理再次进行审视。不同价值观念的碰撞,使乡村幼师面临越来越多的伦理困境。

(二)具体性因素

第一,幼儿园管理层的影响。在问及"哪些因素会影响您的专业伦理发展?"这一问题时,访谈对象B3委婉地表示:"我觉得最主要的还是环境。如果环境是客观的,只要有闪光点就会帮助你放大;如果不是客观的,就不会对你有帮助。这个问题很难解决,除非换好的领导层。"(B3-Q6-20231029)B2认为:"(解决专业伦理困境的关键是)学校有没有给你学习的机会。我在两所学校待过,条件好点的学校资金多,老师出去学习的机会就会更多。活动多的话,能力不强的老师也可以被培养出来。"(B2-Q6-20231029)B1则直接表示"领导不重视"是教学过程中存在的困难之一。

第二,教育教学活动模式的影响。B3提到这样的情况:"幼儿园把新的理念融入教学中,之前的理念就会被取消,不能用了。改用新的理论,就需要从头开始学习,需要专门的人来给你讲。现在的理念是STEM课程,但还要结合其他的理论。周一是正常上课,周二、三是走班,周四是STEM课程。我能理解表面的,深层次的就不懂了。实施之后,感觉孩子一天都在玩。我觉得还是应该涉及一些知识,形成系统的知识,学到之后能说得出来。"(B3-Q5-20231029)由于教学活动受到限制,乡村幼师很多时候无法结合乡土文化进行教学。

第三,社会公共监管的影响。B1提出:"希望教育主管部门能够多关注乡村幼儿园教育的现状,多给予支持和引领。一是人员配备、教育设施上重视乡村幼儿园,加大硬件和软件的投入,二是给乡村幼师提供学习的机会。"(B1-Q7-20231026)可见,外部环境影响着教师专业伦理困境的产生。

第四节　川渝地区乡村幼师专业伦理解困措施

大量研究证实,幼儿园教师在日常工作中会经历种种专业伦理困境,这已成为影响幼儿园教师专业实践的突出问题[①]。对处于专业伦理困境之中的乡村幼师而言,提供专业伦理支持体系是较为有效的举措。

一、实践反思:让专业伦理在实践体悟中生成

对自己的保教工作实践所进行的反思以及对自身经验的体悟和总结,是乡村幼师专业伦理的实践来源。乡村幼师要将感性的、具体的、庞杂的教育经验上升为理性的、抽象的、简明的专业理念,从教育实践中总结出职业道德规范。这是一个包含着认知变化、情感投入和行为反馈的复杂过程。

首先,乡村幼师必须具有反思意识,尽可能将自己的每一次教学活动都看成一次实验行为,及时从中总结出属于自己的教育理念。其次,乡村幼师必须有反思能力,能够超越具体的教育事实和教育行为,看到现象背后的本质和原因,并做出理论上的归纳和总结。最后,乡村幼师应该对教育实践中的一些价值问题进行反思,如"我认为学前教育应该是什么样的?""我采取这种行动的原因是什么?""我的根本职责是什么?"等。这些价值问题常常关系到幼儿教师对学前教育的整体看法,涉及的是幼儿教师对学前教育的根本态度。这些都属于幼儿教师专业伦理范畴,将从根本上决定乡村幼师教育行为的适宜性。

二、合作研究:让专业伦理在研究提炼中生成

通过行动研究对外在的道德规范进行重构,使之内化为自己的理想信念,是乡村幼师专业伦理生成的现实通道。对自身的教育实践开展行动研究,是幼儿教师实践反思的高级阶段。在反思的基础上,幼儿教师能够将实践中的具体问题归纳、总结、提炼成研究课题,对内容不同但实质相近的一些现象形成整体性认识与理解。

[①] 李园园,鄢超云.制度情境中幼儿园教师的专业伦理困境——社会学新制度主义的视角[J].学前教育研究,2023(7):64-77.

乡村幼师开展行动研究需要注意两点。一是在真实的教育情境中，要留心教学中出现的问题并设法解决。行动研究不是要求乡村幼师在保教工作之外进行专门的研究，而是对保教工作过程进行反思和总结。二是要和其他教师或校外的教育研究者进行合作研究。合作研究不仅可以在知识上取长补短，而且可以在情感上互相支持，在思想上互相影响，在行为上互相督促，最终帮助乡村幼师生成科学适宜的专业伦理。

三、榜样模仿：让专业伦理在观察学习中生成

榜样模仿是班杜拉社会学习理论的重要内容。它不仅是儿童的主要学习方式，也适用于成人。对师德榜样的观察、学习和模仿，是乡村幼师促进自身专业伦理生成的有效方式。乡村幼师在模仿榜样的过程中，需要注意两点。第一，要增强自觉模仿的意识与能力。任何模仿都带有明显的倾向性和目的性，乡村幼师对师德榜样的模仿不仅是为了更好地适应保教工作，也是为了获得更大的成就和进步，获得自尊感和职业成就感。第二，要认同榜样行为的价值和意义。最初的模仿一般只是模仿外显行为，很难触及内心世界。要达到更深层次的学习，就必须认识到榜样行为的意义和价值，有选择、有目的、有计划地进行模仿，不但要模仿榜样的行为和工作方法，更应模仿榜样的思维方式。

四、情怀涵养：让专业伦理在系统养育中生成[①]

乡村幼师的教育情怀对乡村学前教育的发展具有重要意义。提振和培育乡村幼师的教育情怀，可以通过以下途径：

第一，丰富乡村幼师职前职后培养模式。一是职前寻根教育。鉴于乡村教育情怀在乡村幼师职业生涯中的重要性，职前教育应通过各种途径培养师范生的教育情怀。师范院校是培养师范生教育情怀的主要场所，因此，应将乡村幼师教育情怀的培育下沉到师范院校，合理调整师范生生源和课程体系。二是职后铸魂培训。乡村幼师在师范教育期间可能丢失了乡土情怀，因而在职培训极具

---

① 陈晨.乡村教师"教育情怀"及其生成研究——基于淄博市S小学的个案考察[D].青岛：青岛大学，2023.

价值。乡村幼师是一个特殊群体,有自身独特的需求。职后培训要从乡村幼师的独特需求出发,以乡村教育为切入点,以乡土文化为支撑点,让培训的内容和方式源于乡村、为了乡村。

第二,提升乡村幼师的身份认同。乡村幼师应该认同自己的乡村场域,正确认识乡村社会,并积极主动地适应乡土文化。一方面,要认同乡土身份。乡村幼师要明确自己是乡村社会的"局内人",提高自我觉悟,积极地和乡村社区、村民进行互动,把乡村当成自己的"家",把教育当成自己一生的事业,这样才能树立教育情怀,才能为教育事业和乡村建设而不懈努力。另一方面,要正确认识乡村。乡村幼师首先要摆正对待乡村的态度,正确认识乡村的地位和价值,正确看待城市与乡村的发展差异。在教育教学中,乡村幼师要基于本地的自然地理和人文风情讲解教材中的知识,寻求校本课程与国家课程的结合点、乡土文化和现代文明的结合点,由此生成教育情怀。

第三,加强乡土文化建设。幼儿园物质环境、精神环境的构建,潜移默化地影响着乡村幼师的教育情怀。幼儿园要充分发挥乡村特有的人文精神,将幼儿园生活与乡村生活融为一体,创建具有本地特色的幼儿园文化环境。一是要优化物质文化建设,营造富含乡土韵味的幼儿园文化氛围;二是要创新园本特色课程,重建乡土课程。每所乡村幼儿园都是扎根于乡村大地上的,周围都存在着大量独特且有价值的课程资源。乡土文化资源是乡村幼师理解乡村的物质载体,是乡村幼师乡土情怀生成的基石。只有在不断深入了解乡土文化资源、不断打造乡土课程的过程中,乡村幼师才有可能生成教育情怀。因此,乡村幼儿园需要挖掘和整合这类乡土资源,因地制宜地开发园本特色课程,以此丰富乡村幼儿园教育文化的内容与形式。

第五章　川渝地区乡村幼师专业知识调查研究[①]

教师是影响教育发展、推动教育改革最主要的因素之一,是决定教育教学质量的关键因素,也是实施素质教育的核心力量。乡村幼师的专业知识,是其实现专业发展的理论基础和重要根基,深刻影响着乡村幼师的教育实践,对乡村学前教育质量起着关键作用。近年来,关于教师专业知识的研究越来越受到教育界的关注,逐渐成为教育领域的重要议题。幼儿园教师专业知识事关学前教育质量的提升,因此,本研究将其作为探讨的重点内容。本章选取川渝地区乡村幼师作为研究对象,采用文献法、问卷法、访谈法等多种方法,对乡村幼师的幼儿发展知识、幼儿保育和教育知识、通识性知识进行探讨。

第一节　川渝地区乡村幼师专业知识研究初探

本节从研究背景、研究意义、核心概念界定、理论基础四个方面进行阐述。笔者通过文献搜集和梳理,整合已有研究的观点和方法,为本研究提供理论支撑。在参考前人研究的基础上,本节提炼出本研究的研究方向和主要观点。

一、研究背景

近年来,随着国家对乡村幼儿教育的重视程度不断提升,乡村幼师的专业素养备受关注。幼儿教师的素质结构是以能力为核心、以道德和师德素质为先导、以科学文化知识和幼儿教师职业技能为基础的完整体系[②]。专业知识作为乡村幼师专业素养的主要内容之一,贯穿于幼儿园教学活动的始终,对教师的教和幼儿的学起着重要作用。因其工作内容的特殊性,幼儿教师的专业知识具有独特

[①] 本章由重庆幼儿师范高等专科学校完成,撰写人:潘渝、陈锦荣。
[②] 蒋荣辉.浅析幼儿园教师专业标准视野下的幼儿教师素质结构[J].职业教育(下旬刊),2013(2):22-24.

性,它是幼儿教师从事幼儿园保教工作的前提和基础。同时,幼儿教师专业知识的掌握和运用情况也直接影响着教师专业水平的高低。

(一)专业知识是当前教师专业发展研究的重要议题

20世纪以来,教育改革的浪潮在世界范围掀起。各国学者都意识到,教育改革成败的关键因素是教师。教师的专业水平,是教育高质量发展的重要前提和不竭动力。因此,教师专业素质的提升逐渐成为世界各国教育改革发展的共同目标。随着教师在教育过程中的地位和作用逐渐受到认同和重视,教师专业发展逐渐成为重要的研究方向。美国卡内基教育和经济论坛发表的《国家的准备:面向21世纪的教师》和霍姆斯小组发表的《明日之教师》都提出,知识基础在教师专业发展中必须得到重视。在《教育——财富蕴藏其中》中,雅克·德洛尔提出,教育如果被视为一种专业,则首先需要教师具有专门的知识和能力[1]。在学前教育中,幼儿教师作为专业技术人员,其专业知识对学前教育的发展和质量提升具有重要作用。

在我国,自《幼儿园教育指导纲要(试行)》颁布以来,多数幼儿园以自身特色为依托进行园本、班本课程建设,对幼儿教师专业素质提出了更高的要求。这不仅需要幼儿教师更新教育理念,探索和创新教育方式,也需要掌握新的专业知识。2012年,教育部颁布《幼儿园教师专业标准(试行)》,对幼儿教师专业知识做出了明确规定。由此可见,专业知识已经成为教师专业发展和教育改革中极受关注的议题。

(二)专业知识是提升教师专业化素质的主要条件

教师是教育的实施者,在教育过程中,教育目的、课程设计、教学要求的落实,均离不开教师的教学实践。教师通过具体的教学活动,将课程转化为学生的知识和能力。随着时代的进步和社会的发展,知识经济作为一种新型经济形态逐渐占据主导地位,对人才提出了新的要求。要想面向全球,走向世界,就必须具备在全球范围内具有竞争力的核心知识及能力。

---

[1] 联合国教科文组织.教育——财富蕴含其中[M].联合国教科文组织总部中文科,译.北京:教育科学出版社,1996:142.

在推行素质教育的大背景之下,我国对教师的专业素质水平提出了更高的要求。教师既要具备崇高的师德品质,也要具备先进的工作理念、合理的知识结构、较强的工作能力、清晰的角色意识、较好的组织水平、专业持续发展的动力等[1]。在上述素质中,知识结构既是教师开展教育教学工作的基础,也是教师专业能力的基础。有学者指出,人们所有有目的的实践行为都是受知识支配的,不存在没有任何知识基础的有目的的实践行为[2]。因此,提升专业知识的储备量,是教师不断完善自身的重要途径之一。

教师的专业知识是为了胜任教育教学工作而必须具备的知识,是被教育实践证明了的、真实准确的、可以指导解决教育教学实践中的问题的经验[3]。幼儿教师专业知识是教师专业知识在学前教育领域的整合和拓展,是在实践的过程中逐步形成的一种认知结构,是幼儿教师需要了解的基本理论框架。学前教育相较于其他阶段的教育来说具有特殊性,幼儿教师必须同时具备幼儿发展知识、幼儿保育和教育知识、通识性知识等多方面的知识,才能满足幼儿全面发展的需要,实现综合育人的目的。

(三)我国学前教育事业快速发展对乡村幼师专业知识提出了挑战

专业知识是幼儿教师必备的专业素养之一,体现了幼儿教师职业的特殊性和无法替代性。它不仅是幼儿教师应具备的智力资源,也是判断幼儿教师专业水平高低的重要依据[4]。2012年,教育部颁布《幼儿园教师专业标准(试行)》,将幼儿教师专业标准划分为三个维度,并对三个维度的内容做出了具体规定。

2001年,全国幼儿教育工作会议明确提出重点发展乡村学前教育。2018年发布的《中共中央 国务院关于实施乡村振兴战略的意见》中提出优先发展乡村教育事业。发展乡村学前教育,要以市县为单位,推动优质学校辐射乡村薄弱学校常态化,统筹配置城乡师资,并向乡村倾斜,建好建强乡村教师队伍。

---

[1] 王嘉毅.多维视角中的农村教师[M].北京:北京师范大学出版社,2011:1.
[2] 石中英.知识转型与教育改革[M].北京:教育科学出版社,2001:221.
[3] 冯晓霞.幼儿园教师的专业知识[J].学前教育研究,2012(10):3-12,45.
[4] 冯晓霞.幼儿园教师的专业知识[J].学前教育研究,2012(10):3-12,45.

在幼儿教师专业素质中,专业知识是重要的衡量标准之一[①]。《幼儿园教师专业标准(试行)》将专业知识列为重要的板块之一,并提出了详细的要求。根据已有研究和实际情况,乡村幼师的专业知依然有提升的空间。谢秀莲对西北五省的乡村民办幼儿园教师队伍进行调查后发现,经常关注、有时关注幼儿教育方面信息的幼儿教师分别占59.4%、26.5%,说明绝大部分幼儿教师拥有较强的专业提升意识,注重专业成长;但是,只有5.3%的幼儿教师能够进行脱产学习,21.3%的幼儿教师每年有一到两次培训机会。可见,乡村幼师有较强的专业提升意愿,但学习机会较少。

目前,学前教育是我国教育体系中的薄弱环节,乡村学前教育更是"薄弱中的薄弱"。提升乡村学前教育质量,需要高素质的乡村幼师。因此,我们有必要了解乡村幼师对专业知识的掌握现状。本研究对川渝地区乡村幼师的专业知识状况进行了深入调查,分析了影响因素,在此基础上探究提升乡村幼师专业知识水平的有效策略,期望能为促进乡村学前教育的发展提供借鉴。

二、研究意义

开展对乡村幼师专业知识提升与发展的探究,不仅符合当前我国学前教育发展的趋势,也有利于提升学前教育的质量,对增强乡村幼师专业素养具有重要的理论意义和实践意义。

(一) 理论意义

乡村幼师专业知识掌握情况会直接影响其教学质量,进而对乡村幼儿的身心健康发展产生长远的影响。因此,探讨乡村幼师专业知识的现状具有一定的理论意义。

1.完善乡村幼师专业发展理论体系

目前,关于幼儿教师专业素质提升的研究较多,但针对乡村幼师专业素质提升的研究较少。本研究结合川渝地区乡村幼师的具体情况,从理论层面分析乡村幼师的专业知识发展逻辑,以此来完善乡村幼师专业发展理论体系,为乡村幼师专业发展提供理论支持。

---

① 张燕.高中信息技术教师专业知识研究——以东北地区为例[D].长春:东北师范大学,2012:1.

2.深化对幼儿教师专业知识的认识

长期以来,幼儿教师专业知识没有受到广泛关注,缺乏深入的探讨,导致幼儿教师专业知识不系统、不规范。本研究从《幼儿园教师专业标准(试行)》中提出的专业知识的三个维度出发,通过调查川渝地区乡村幼师的现状,深入探讨幼儿教师专业知识的内涵、特点、规律及影响因素,从而深化对幼儿教师专业知识的认识。

(二)实践意义

在已有研究中,从专业知识的角度来探讨乡村幼师专业发展的还为数不多。本研究结合川渝地区乡村幼师的现实状况展开研究,具有以下两个方面的实践意义。

1.提升乡村幼师专业知识

现阶段,我国幼儿教师的专业素养仍需增强。特别是在乡村地区的幼儿教师,他们的专业知识与《幼儿园教师专业标准(试行)》的要求存在较大差距。本研究基于《幼儿园教师专业标准(试行)》,对四川、重庆两地的乡村幼师专业知识状况展开调查及解析,进而提出相应的策略和意见,以推动乡村幼师专业知识的提升。

2.提升乡村学前教育质量

乡村幼师是乡村学前教育的具体实施者。专业知识的提升,能促进乡村幼师整体专业水平的发展,提升乡村学前教育的质量。

三、核心概念界定

核心概念是集中反映研究主题或主要内容的概念,决定着研究的方向和范围,奠定研究的基调。界定核心概念,是为了明确核心概念的内涵与外延,防止出现误读。

(一)专业知识

专业知识是指在特定专业领域里被实践证明是真实准确的、可以指导解决该领域的实践问题的经验。这些经验可以被呈现为事实、概念、程序和原理。

教师的专业知识是指为胜任教育教学工作,教师所必须具备的知识,是被教育实践证明了的、真实准确的、可以指导解决教育教学实践中的问题的经验。[①]

(二)幼儿教师专业知识

幼儿教师应具有胜任保育和教育工作的专业知识。根据《幼儿园教师专业标准(试行)》对幼儿教师专业知识做出的规定,以及已有研究对幼儿园教师专业知识进行的分析,本研究将"幼儿教师专业知识"界定为:幼儿教师在其职业生涯中,通过各种途径获得和提升的关于幼儿发展、幼儿保育和教育以及通识等方面的专业知识。

四、理论基础

本研究运用到的理论主要有职业生涯管理理论、建构主义学习理论、幼儿教师专业化成长阶段理论和终身学习理论。这些理论为本研究的思路选择提供了支撑,为研究问题提供了框架、指导原则和解释的基础,帮助笔者从多维理论视角看待研究问题,并提出自己的观点。

(一)职业生涯管理理论

职业生涯是人一生之中所经历的职业生活的轨迹,包括个人所从事过的所有职业以及在工作中的态度、感悟等。职业生涯管理属于人力资源管理范畴,是指个人与机构对职业发展的规划、未来导向的指引等活动,主要包括组织和个人积极进行的职业生涯监管。

美国学者金斯伯格是探究大众职业观念和职业发展历程的先驱,他提出的职业生涯发展理论广受关注。根据个体职业心理变化,金斯伯格将职业生涯分为幻想期、尝试期和现实期。美国心理学家约翰·霍兰德于1971年提出职业性向的概念,指出职业性向是影响个体进行职业选择的关键因素,包括个人的价值理念、动机等[②]。

[①] 冯晓霞.幼儿园教师的专业知识[J].学前教育研究,2012(10):3-12,45.
[②] 杨晓萍,李传英.从职业生涯管理理论管窥当前幼儿教师的专业发展[J].学前教育研究,2008(12):18-21.

幼儿教师的职业生涯历程也是其专业发展的过程,主要包括初任期、探索期、成熟期、学者期四个时期。幼儿教师作为专业提升的主体,应针对自己所处的各个发展时期,制订相应的发展计划。从总体情况来看,乡村幼师专业基础相对薄弱,更需要对职业生涯进行明确的规划。教育管理者也要为处于不同阶段的乡村幼师制订规划,为乡村幼师提供职后学习平台。

(二)建构主义学习理论

皮亚杰作为建构主义的先驱,其理论在认知主义领域影响较大。皮亚杰对知识的来源进行了系统的分析,认为知识不是单纯地来源于主体或客体,而是在主体与客体的相互作用和相互影响中形成的。新经验以传统经验为基础和前提而产生,同时又对传统经验进行改造升级和补充完善。这一现象体现出新经验与传统经验是双向构建的。据此,皮亚杰提出学习的本质是主体与客体之间双向构建的过程。

依据皮亚杰的理论,科尔伯格从认知结构等方面对建构主义理论进行了细致的探讨和剖析,提出了具有个人特色且符合时代发展的观点。斯腾伯格和卡茨等学者提出,认知结构的发展主要源于个体自身的主动建构。该观点表明,认知的实质是主体对知识不断建构的过程,个人所获得的知识是认知活动的结果,是主体通过个人经验进行的自我剖析和解读[1]。

建构主义学习理论表明,知识需要主体自主建构。幼儿教师专业知识的提升需要其发挥主观能动性,通过自觉反思和内省进行自我更新,在新旧经验的相互作用中实现专业发展阶段的转换。因此,幼儿教师的专业发展是其内部经验主动建构的过程。

建构主义理论也强调个体要在与他人的合作交流中实现共同成长。幼儿园应加强教师之间的沟通与合作,开展专题学习、园本教研等活动,通过教师之间的经验分享、互相观摩学习,激发教师向他人学习,从而促进教师的专业发展[2]。乡村幼师因其所处地域的特殊性,在专业发展过程中可以充分利用独特的自然环境,主动建构教学环境、设计活动,形成符合乡村幼师的发展模式。

---

[1] 陈威.建构主义学习理论综述[J].学术交流,2007(3):175-177.
[2] 姜雨婷.建构主义视阈下的农村幼儿教师专业发展途径[J].基础教育参考,2017(7):72-73.

(三)幼儿教师专业化成长阶段理论

美国学者卡茨通过研究发现,教师的专业化成长主要分为四个阶段,包括求生存阶段、巩固阶段、更新阶段和成熟阶段。求生存阶段的教师主要是刚步入工作岗位的教师,缺乏实践教学经验,只能通过适应陌生环境以追求个体生存。巩固阶段的教师主要是工作三年后的教师,这个阶段他们关注和思考如何帮助学生学习。更新阶段的教师开始进入职业倦怠期,因不满足于现实的情况,开始寻求工作中的创新。成熟阶段的教师因其丰富的经验,开始更深入地探讨教学中出现的问题[1]。

丽莲·凯兹对幼儿教师的专业发展阶段进行了深入的探讨。她将幼儿教师专业成长分为四个阶段,包括求生存阶段、强化阶段、求新阶段和成熟阶段[2]。求生存阶段的教师主要考虑如何完成园内既定工作,如何与幼儿家长进行沟通,如何处理与教师同事、领导之间的关系,如何平衡生活与工作等问题。强化阶段的幼儿教师通常为工作一年以后的教师,基本掌握了工作中的常见规律,能够了解幼儿和家长的情况,能较好地与幼儿及家长进行沟通,逐渐树立了工作自信。在这一阶段,幼儿教师在总结工作经验的同时,也会制订自己的成长计划。求新阶段的教师已经有多年工作经验的积累,对按部就班的工作和生活产生了新的思考,对新政策感兴趣,对教学本身更加关注,包括教学中出现的新教材、新教法等,会探寻多样化的途径实现自我提升。成熟阶段的教师能够对自己进行完整和成熟的评价,不会轻易因为外界的评价而对自身产生质疑。每位教师的发展也会存在差异,从第一阶段发展到第四阶段所需的时间不一致,有的教师可能需要几年,有的则需要更久。

可见,幼儿教师在不同发展阶段的需求有所差异。幼儿教师的专业知识也有相应的发展阶段。不论是幼儿教师自身,还是幼儿教师专业发展的支持者,都应对幼儿教师专业提升的路径进行研究,并结合所在园所的实际,帮助幼儿教师从较低的发展阶段向更高的发展阶段迈进。

---

[1] 胡延茹.不同职业发展阶段的幼儿园教师领域教学知识的比较研究——以语言教育活动为例的分析[D].上海:华东师范大学,2012:8.
[2] 丽莲·凯兹.与幼儿教师对话——迈向专业成长之路[M].廖凤瑞,译.南京:南京师范大学出版社,2004:206-214.

(四)终身学习理论

对于个体来说,学习是贯穿自然生命历程的活动。作为新时代的教育工作者,教师要持有终身学习的态度,才能够源源不断地吸收新信息,以保证教学的新颖性,适应社会的进步。

从教师专业发展角度出发,终身学习包含三个方面:一是维护,即通过终身学习保持已有的知识经验和技能,并在教学实际中有效运用;二是更新,即为了提升知识储备和技能,积极地接纳新知,从而使自身的知识和能力有所提高;三是持续,即持续地"维护"和"更新",有助于知识和能力的持久增长和提升[1]。当前,很多乡村幼师都遇到了职业倦怠的问题,专业发展遭遇到瓶颈期。单调的工作环境加上缺乏教育经验,会导致乡村幼师认知上出现滞后的情况。所以,乡村幼师应始终坚持专业发展的步伐,紧随时代的变化,践行终身学习的理念。

第二节　川渝地区乡村幼师专业知识研究路径

本节围绕研究目的、研究对象、研究内容、研究方法四个方面进行阐述,结合研究对象的具体情况,探讨研究的实施路径,为研究提供具体的方向引领。

一、研究目的

本研究以川渝地区乡村幼师为对象,从幼儿发展知识、幼儿保育和教育知识、通识性知识三个方面展开调查,通过对调查数据的统计来分析乡村幼师在专业知识上存在的不足,为乡村幼师专业知识发展提供数据支持,并提出有针对性的建议。

二、研究内容

本研究的具体内容包括:乡村幼师幼儿发展知识现状;乡村幼师幼儿保育和教育知识现状;乡村幼师通识性知识现状;乡村幼师专业知识存在的问题及原因;提升乡村幼师专业知识水平的策略。

---

[1] 朱旭东,李琼.澳门教师专业发展与规划研究[M].北京:北京师范大学出版社,2011:16.

三、研究方法

本研究采用问卷调查法、访谈法和文献法作为研究方法,通过质性资料和量化资料的收集,系统地了解当前川渝地区乡村幼师专业知识的水平、面临的问题和影响因素,并提出有针对性的解决办法。

(一)问卷调查法

1.研究对象

本研究以川渝地区乡村幼师作为研究对象,采用随机抽样的方式,共回收线上问卷1017份,通过异常值筛选剔除无效问卷8份,有效问卷共1009份,有效回收率为99.21%,被试基本情况见表5.1。

表5.1 被试基本情况一览表

	具体情况	人数	比例
性别	男	27	2.6%
	女	982	97.3%
年龄	20岁及以下	20	1.9%
	21~30岁	443	43.9%
	31~40岁	271	26.8%
	41~50岁	208	20.6%
	51岁以上	67	6.8%
教龄	0~1年(含1年)	58	5.7%
	1~3年(含3年)	133	13.1%
	3~8年(含8年)	421	41.7%
	8年以上	397	39.5%
幼儿园性质	公办园	837	82.9%
	民办园	172	17.1%
毕业院校	中职学校	143	14.1%
	幼师高专院校	368	36.4%
	高职类院校	95	9.4%
	本科师范院校	187	18.5%
	其他	216	21.6%

续表

	具体情况	人数	比例
最终学历	中专(含高中)	107	10.6%
	大专	411	40.7%
	本科	487	48.2%
	研究生	4	0.5%
所学专业	学前教育专业	827	81.9%
	其他专业	182	18.1%
幼儿园教师资格证持有情况	有	871	86.3%
	无	138	13.7%
是否在编	有正式编制	518	51.3%
	无正式编制	491	48.7%
职称	未定级	481	47.6%
	初级	305	30.4%
	中级	189	18.8%
	高级	32	3.1%
	正高级	2	0.1%
月均工资水平	2000元及以下	130	12.8%
	2001~3000元	338	33.6%
	3001~4000元	274	27.3%
	4001~5000元	141	13.9%
	5001元及以上	126	12.4%

2.调查问卷

本研究使用的问卷依据《幼儿园教师专业标准(试行)》中有关幼儿教师专业知识的15项基本要求,并借鉴了李姗、莫云娟和冯晓霞的研究成果编制而成。

问卷分为两个部分,第一部分为人口学问题,第二部分为专业知识问题。专业知识问题分为三个维度,其中,"幼儿发展知识"分为4个二级维度,共5道题;"幼儿保育和教育知识"分为6个二级维度,共6道题;"通识性知识"分为4个二级维度,共4道题。题目采用Likert五点计分法,从完全不符合、基本不符合、一般符合、基本符合、完全符合五个选项中选择一个答案,分别按1~5分计分。分数越高,表明该方面知识掌握程度越好。

3.问卷信效度分析

本研究采用内部一致性信度(a系数)作为问卷信度分析的指标,各项具体信度指标如表5.2所示,a系数在0.882—0.937之间,各项目与总问卷的a系数均大于0.882,说明本问卷信度较好。

表5.2　乡村幼师专业知识问卷信度分析

A系数(Cronbach a系数)	
幼儿发展知识	0.937
幼儿保育和教育知识	0.921
通识性知识	0.882
总问卷	0.968

如表5.3所示,各项目之间的相关在0.758—0.832之间,各项目与总问卷的相关在0.915~0.954之间,说明本问卷有较好的结构效度。

表5.3　乡村幼师专业知识问卷效度分析

	总问卷	幼儿发展知识	幼儿保育和教育知识	通识性知识
总问卷	1.000			
幼儿发展知识	0.927**	1.000		
幼儿保育和教育知识	0.954**	0.823**	1.000	
通识性知识	0.915**	0.758**	0.832**	1.000

注:*$P<0.05$,**$P<0.01$,***$P<0.001$,下同。

4.数据处理与分析

本研究采用统计软件SPSS26.0,通过描述性统计、单因素方差分析、独立样本t检验等进行数据分析。

(二)访谈法

访谈法是本研究的主要方法之一,目的是了解川渝地区乡村幼师专业知识调查结果背后的原因,同时使本研究的结果呈现更加充实。具体访谈方案如下:

(1)访谈目的:了解川渝地区乡村幼师对专业知识的认识和掌握情况;了解乡村幼师在专业知识提升方面的需求。

（2）访谈对象：选取乡村幼儿园园长3名，乡村幼师2名。

（3）访谈内容和方式：本研究为教师和园长设置了不同的问题，对3名园长进行面谈，对2名教师进行了电话访谈。

（4）访谈记录方式与资料整理：在征得访谈对象的同意后，对访谈过程进行了录音，同时做了笔录。访谈结束后，笔者将访谈内容整理成文稿，以便归类和编码。

(三)文献法

本研究从研究问题的确定、研究内容的聚焦、问卷的编制到访谈提纲的制定等，均使用了文献法。笔者查阅了高等学校硕博论文、中外期刊和各类网络资源，并对搜集到的文献资料进行分析和整理，为本研究提供了理论支撑和研究思路。

第三节 川渝地区乡村幼师专业知识现实样态

本研究以问卷调查法为主，共收集有效问卷1009份，运用SPSS26.0对收集到的数据进行处理，根据数据处理结果来分析川渝地区乡村幼师的专业知识现实样态。

一、乡村幼师专业知识总体水平

通过数据分析，本研究结合人口学变量对川渝地区乡村幼师专业知识总体水平及各维度的差异进行系统的探讨。

(一)总体情况

如表5.4所示，川渝地区乡村幼师专业知识呈出较好水平。三个项目的得分均大于4，由低到高为通识性知识、幼儿发展知识、幼儿保育和教育知识，表明乡村幼师对幼儿保育和教育知识的掌握较好。

表5.4 乡村幼师专业知识总体及各维度描述性统计

维度	平均数	标准差
幼儿发展知识	4.41	0.61
幼儿保育和教育知识	4.48	0.55
通识性知识	4.29	0.63

(二)幼儿发展知识水平

根据《幼儿园教师专业标准(试行)》,幼儿发展知识可分为四个维度,调查结果如表5.5所示。川渝地区乡村幼师对幼儿发展知识的理解和掌握总体情况较好。本问卷采用Likert五点计分法,中位数为3,得分越高,表示理解和认识程度越好。表中所有维度得分均远大于3,表明乡村幼师对四个维度的内容掌握程度都较好。

表5.5 乡村幼师幼儿发展知识得分

维度	平均数	标准差
幼儿身心发展的一般规律和特征知识	4.43	0.65
幼儿发展中的个体差异和特殊幼儿发展知识	4.40	0.65
幼儿发展中的常见问题知识	4.42	0.66
幼儿发展的法规知识	4.41	0.71

(三)幼儿保育和教育知识水平

幼儿保育和教育知识可分为幼儿教育目标知识、幼儿园教育途径知识、幼儿园教育方法知识、幼儿园安全和卫生保健知识、幼儿园班级管理知识、家园衔接及幼小衔接知识等六个二级维度,结果如表5.6所示。川渝地区乡村幼师保育和教育知识的得分均大于4分,说明此维度的专业知识掌握程度较好。

表5.6 乡村幼师幼儿保育和教育知识得分

维度	平均分	标准差
幼儿教育目标知识	4.54	0.60
幼儿园教育途径知识	4.35	0.70

续表

维度	平均分	标准差
幼儿园教育方法知识	4.55	0.61
幼儿园安全和卫生保健知识	4.51	0.63
幼儿园班级管理知识	4.60	0.58
家园衔接及幼小衔接知识	4.33	0.74

(四)通识性知识水平

通识性知识可分为自然科学和人文社会科学知识、教育实事类知识、艺术欣赏与表现知识、现代信息技术知识四个二级维度,结果如表5.7所示。川渝地区乡村幼师通识性知识掌握情况较好,平均得分均大于4,说明乡村幼师对通识性知识的四个维度的认识和理解均呈良好状态。

表5.7 乡村幼师通识性知识得分

维度	平均分	标准差
自然科学和人文社会科学知识	4.26	0.76
教育实事类知识	4.21	0.75
艺术欣赏与表现知识	4.31	0.72
现代信息技术知识	4.38	0.73

二、乡村幼师专业知识现状分析

研究者通过运用SPSS26.0对数据进行处理,对乡村幼师专业知识在不同人口学变量中的现状进行分析,以完整呈现川渝地区乡村幼师专业知识的现状。

(一)不同年龄乡村幼师专业知识的现状分析

本研究对不同年龄乡村幼师的专业知识总分及各维度得分进行了比较分析,结果如表5.8所示。不同年龄乡村幼师在专业知识总体、幼儿发展知识、幼儿保育和教育知识上都存在显著差异,在通识性知识上不存在显著差异。其中,51岁及以上的乡村幼师总分最高,其次是41~50岁、21~30岁的乡村幼师,20岁及以下和31~40岁的乡村幼师总分最低,且41岁以上乡村幼师在总分和幼儿发展知识、幼儿保育和教育知识上的得分显著高于其他年龄段乡村幼师。从专业知识掌握情况来看,50岁以下乡村幼师在幼儿保育和教育知识上掌握情况最好,51岁以上乡村幼师在幼儿发展知识上掌握情况最好。

通过LSD事后检验得出,21~30岁和31~40岁的乡村幼师在专业知识总分及幼儿发展知识、幼儿保育和教育知识上与41~50岁、51岁以上的乡村幼师均存在显著差异,且21~30岁和31~40岁幼儿教师在总分及各维度得分上均低于41~50岁和51岁及以上幼儿教师。

表5.8 不同年龄段乡村幼师专业知识的差异分析($M \pm SD$)

维度	20岁及以下	21~30岁	31~40岁	41~50岁	51岁及以上	F
幼儿发展知识	4.35±0.68	4.37±0.61	4.37±0.62	4.50±0.57	4.64±0.52	4.343**
幼儿保育和教育知识	4.40±0.57	4.43±0.57	4.45±0.56	4.58±0.50	4.63±0.43	3.968**
通识性知识	4.35±0.68	4.30±0.63	4.23±0.65	4.33±0.61	4.26±0.64	0.848
专业知识总分	4.37±0.61	4.38±0.56	4.37±0.56	4.48±0.52	4.53±0.47	2.669*

(二)不同教龄乡村幼师专业知识的现状分析

本研究对不同教龄的乡村幼师的专业知识总分和各维度得分进行了比较分析,结果如表5.9所示。不同教龄乡村幼师在专业知识总分及幼儿发展知识、幼儿保育和教育知识上存在极其显著的差异。教龄8年以上的乡村幼师在总分和各维度得分上均显著高于其他教龄段的乡村幼师。教龄为0~1年的乡村幼师在总分及各维度得分上显著低于其他教龄段的乡村幼师。0~1年教龄乡村幼师对幼儿发展知识的掌握情况最好,1年以上乡村幼师对幼儿保育和教育知识掌握情况最好。

通过LSD事后检验发现,教龄8年以上的乡村幼师与3~8年乡村幼师在专业知识总分及各维度得分上存在显著差异,1~3年乡村幼师与8年以上乡村幼师在幼儿发展知识、幼儿保育和教育知识上均存在显著差异,1~3年乡村幼师与8年以上乡村幼师在幼儿保育和教育知识上存在显著差异。

表5.9 不同教龄乡村幼师专业知识的差异分析($M±SD$)

维度	0~1年	1~3年	3~8年	8年以上	F
幼儿发展知识	4.37±0.59	4.40±0.62	4.32±0.64	4.52±0.56	7.933***
幼儿保育和教育知识	4.36±0.57	4.42±0.61	4.43±0.55	4.56±0.50	5.574**
通识性知识	4.26±0.68	4.30±0.69	4.24±0.62	4.34±0.62	1.495
专业知识总分	4.34±0.55	4.38±0.60	4.34±0.56	4.49±0.51	5.167**

(三)不同性质幼儿园乡村幼师专业知识的现状分析

本研究对不同性质幼儿园乡村幼师的专业知识总分和各维度得分进行了比较分析,结果如表5.10所示。公办园乡村幼师与民办园乡村幼师在总分及各维度得分上不存在显著差异,但从平均得分来看,公办园乡村幼师得分均较高于民办园乡村幼师。

表5.10 不同性质幼儿园乡村幼师专业知识的差异分析($M±SD$)

维度	公办园	民办园	t
幼儿发展知识	4.44±0.60	4.28±0.62	3.073
幼儿保育和教育知识	4.50±0.54	4.37±0.56	2.756
通识性知识	4.33±0.62	4.09±0.68	4.549
专业知识总分	4.43±0.55	4.27±0.56	3.618

(四)不同学历乡村幼师专业知识的现状分析

本研究对不同学历乡村幼师的专业知识总分及各维度得分进行了比较分析,结果如表5.11所示。不同学历乡村幼师在通识性知识上存在显著差异,本科学历乡村幼师得分最高,研究生学历乡村幼师得分最低。在总分及各维度得分情况上,本科学历乡村幼师得分最高。从不同学历乡村幼师掌握专业知识的情况来看,不同学历教师均对幼儿保育和教育知识的掌握情况最好。

通过LSD事后检验得出,本科学历乡村幼师与中专学历、大专学历乡村幼师在通识性知识的掌握上存在显著差异。

表5.11 不同学历乡村幼师专业知识的差异分析($M\pm SD$)

维度	中专(含高中)学历	大专学历	本科学历	研究生学历	F
幼儿发展知识	4.39±0.63	4.40±0.60	4.43±0.61	4.30±0.76	0.258
幼儿保育和教育知识	4.45±0.53	4.45±0.54	4.51±0.55	4.13±0.42	1.380
通识性知识	4.16±0.65	4.25±0.64	4.35±0.62	3.94±0.26	3.836*
专业知识总分	4.37±0.56	4.38±0.55	4.44±0.55	4.13±0.37	1.382

(五)是否为学前教育专业乡村幼师专业知识的现状分析

本研究对是否为学前教育专业乡村幼师的专业知识总分及各维度得分进行了比较分析,结果如表5.12所示。学前教育专业乡村幼师和非学前教育专业乡村幼师在总体及各维度知识的掌握上不存在显著差异,但从得分来看,学前教育专业毕业的乡村幼师在总体及各维度上均高于非学前教育专业的乡村幼师。

表5.12 是否为学前教育专业乡村幼师专业知识的差异分析($M\pm SD$)

维度	学前教育专业	非学前教育专业	t
幼儿发展知识	4.43±0.60	4.35±0.64	1.586
幼儿保育和教育知识	4.49±0.54	4.42±0.56	1.707
通识性知识	4.31±062	4.18±0.66	2.655
专业知识总分	4.42±0.55	4.33±0.57	2.074

(六)有无幼儿园教师资格证乡村幼师专业知识的现状分析

本研究对是否持有幼儿园教师资格证乡村幼师的专业知识总分及各维度得分进行了比较分析,结果如表5.13所示。有幼儿园教师资格证的乡村幼师与无幼儿园教师资格证的乡村幼师在总体及各维度知识的得分上不存在显著差异。从总体得分情况看,有幼儿园教师资格证的乡村幼师在总分及各维度得分上均高于无幼儿园教师资格的乡村幼师。

表5.13 有无幼儿园教师资格证乡村幼师专业知识的差异分析（$M\pm SD$）

维度	有幼儿园教师资格证	无幼儿园教师资格证	t
幼儿发展知识	4.44±0.60	4.27±0.67	3.029
幼儿保育和教育知识	4.49±0.55	4.42±0.55	1.420
通识性知识	4.31±0.63	4.16±0.66	2.581
专业知识总分	4.42±0.55	4.30±0.57	2.469

（七）是否在编乡村幼师专业知识的现状分析

本研究对是否在编乡村幼师的专业知识总分及各维度得分进行了比较分析，结果如表5.14所示。在编乡村幼师的总分及各维度得分均高于非在编乡村幼师。在不同维度知识的掌握上，在编与非在编乡村幼师对幼儿保育和教育知识的掌握情况最好。

表5.14 是否在编乡村幼师专业知识的差异分析（$M\pm SD$）

维度	在编幼儿教师	非在编幼儿教师	t
幼儿发展知识	4.42±0.61	4.40±0.61	0.448
幼儿保育和教育知识	4.49±0.55	4.47±0.54	0.763
通识性知识	4.33±0.62	4.25±0.65	2.051
专业知识总分	4.42±0.55	4.39±0.55	1.095

（八）不同职称乡村幼师专业知识的现状分析

本研究对不同职称乡村幼师的专业知识总分及各维度得分进行了比较分析，结果如表5.15所示。在总体及各维度知识的掌握上，不同职称乡村幼师的得分均不存在显著差异。从得分情况来看，正高级职称乡村幼师均高于其他职称乡村幼师，且有职称越高得分越高的趋势。

表5.15 不同职称乡村幼师专业知识的差异分析（$M\pm SD$）

维度	未定级	初级	中级	高级	正高级	F
幼儿发展知识	4.40±0.61	4.41±0.62	4.44±0.60	4.55±0.55	4.80±0.28	0.775
幼儿保育和教育知识	4.46±0.55	4.47±0.57	4.52±0.50	4.61±0.50	4.50±0.71	0.943

续表

维度	未定级	初级	中级	高级	正高级	F
通识性知识	4.25±0.64	4.32±0.63	4.30±0.64	4.39±0.55	4.50±0.35	0.819
专业知识总分	4.38±0.55	4.41±0.57	4.43±0.53	4.53±0.50	4.60±0.47	0.824

第四节 川渝地区乡村幼师专业知识差异分析

本研究对通过问卷调查获得的数据进行了系统的整理和对比,结合访谈资料,对川渝地区乡村幼师专业知识的现状进行了总结、讨论和分析,期望能更加直观地呈现川渝地区乡村幼师专业知识掌握的情况,进一步探讨对乡村幼师专业知识产生影响的各种因素,并提出帮助乡村幼师提升专业知识的措施。

基于上一节的分析可知,乡村幼师专业知识水平与人口学变量存在着紧密联系。同时,人口学变量也影响着乡村幼师对专业知识的掌握情况,具体情况如下。

一、乡村幼师专业知识的年龄差异

调查结果表明,51岁以上乡村幼师掌握专业知识的总体情况最好,在幼儿发展知识、幼儿保育和教育知识两个维度上也呈现出同样的状况。41~50岁乡村幼师在专业知识的总体掌握上仅次于51岁以上乡村幼师,且与41岁以下年龄段的乡村幼师存在差异。专业知识得分的总体情况与乡村幼师年龄段的增长呈正态分布。从通识性知识的掌握情况来看,20岁及以下乡村幼师较其他年龄段的乡村幼师更好,反映出随着时代和科技的发展,年轻人更愿意从多方面增长专业知识。

二、乡村幼师专业知识的教龄差异

调查结果表明,教龄8年以上的乡村幼师在专业知识总体及各维度上的得分均明显优于其他教龄段乡村幼师,0~1年教龄的乡村幼师在专业知识整体掌握情况上较其他教龄段的乡村幼师稍弱一些。乡村幼师在幼儿发展知识、幼儿保育和教育知识两个维度上的得分均呈现出教龄越长而得分越高的趋势。对园长C的访谈也证实了这一点。园长C表示:"幼儿教师的专业知识和教龄有很大的关系,老师们可以从教学实践获取与专业有关的知识,实现专业素质的提升。"教龄8年以上的乡村幼师属于成熟型教师,已经将理论与实践结合,因此与0~1年教龄的乡村幼师存在一定的差距。

三、乡村幼师专业知识的办园性质差异

调查结果表明,公办幼儿园教师的专业知识掌握情况较民办幼儿园教师更好。近年来,国家大力发展乡村教育,意识到乡村学前教育是乡村教育发展的薄弱环节。重庆市在《重庆市人民政府办公厅关于印发教育事业"十二五"规划的通知》中提出,实施学前教育三年行动计划,新建和改扩建镇中心幼儿园700所,确保每个乡镇有1所乡镇中心幼儿园(含独立建制园和中心校附设幼儿园),实现乡镇中心幼儿园全覆盖。四川省为补齐学前教育短板,也先后发布了《四川省人民政府关于当前发展学前教育的实施意见》《四川省教育脱贫攻坚(2017—2020年)实施方案》等文件,将发展乡村学前教育作为全面提高乡村居民素质、推进社会主义新农村建设的重要举措来抓。[1]因此,川渝地区公办幼儿园得益于政府的大力支持,近年来发展迅速。而多数民办幼儿园为了迎合市场需求,寻求更多的生源,会以家长的喜好作为办园和教学的价值取向,甚至以家长的认可度作为评价幼儿教师工作的重要指标,使教师在工作中更关注家长的需求,而忽视了幼儿成长的真正需要[2]。

四、乡村幼师专业知识的学历差异

调查结果表明,本科学历乡村幼师与研究生学历乡村幼师在整体上不存在显著差异。本次调查中,本科学历乡村幼师占比接近一半,且教龄在3年以上的占比为97.5%。在访谈中,幼儿教师D认为获得专业知识的重要途径之一就是在校学习。本科学校的在校学习时间比中专、大专长,培养模式和培养方案也会有

---

[1] 代晓雯,高媛媛,刘飞.后脱贫时代学前教育持续介入脱贫的有利条件、问题与对策——以四川省为例[J].教育科学论坛,2021(11):57-60.
[2] 滕婉俐,江夏.民办幼儿园教师身份建构:困境与出路[J].教育探索,2018(4):115-117.

所差异。中专和大专院校更倾向于培养实践型人才,以适应一线教学的需求。本科学校在注重系统理论教学的同时,也会关注学生实践技能的提升,以帮助其实现全方位发展。本次调查中,研究生学历的乡村幼师多数在40岁以上,且多为非全日制,因此专业知识的表现并没有优势。

五、乡村幼师专业知识的专业差异

调查结果表明,学前教育专业和非学前教育专业的乡村幼师在专业知识上并未呈现出显著差异。从专业知识总体及各维度的掌握情况来看,虽然学前教育专业的乡村幼师优于非学前教育专业的乡村幼师,但差异性不大。这说明学前教育专业背景为乡村幼师的专业发展提供了极大的推动力。通过职前的系统学习,学前教育专业的乡村幼师深入地了解和掌握了幼儿发展知识、幼儿保育和教育知识以及通识性知识,为职后发展奠定了扎实的基础。非学前教育专业的乡村幼师得分情况也较好,说明职后的学习也具有极大的促进作用。因此,即使是学前教育专业的乡村幼师,也应树立终身学习的理念。

六、乡村幼师专业知识的持证差异

调查结果表明,持有幼儿教师资格证的乡村幼师在专业知识上优于未持有幼儿教师资格证的乡村幼师。教师资格证是从事教师职业的许可证明,它体现着教师行业的准入条件,同时也是国家对教师职业的最基本的要求。参加幼儿园教师资格证考试的人,需要学习有关的专业知识,具备一定的专业技能,笔试、面试合格并通过了体检才能取得幼儿园教师资格证。2015年,教师资格证考试改革对教师职业的准入条件提出了更高的要求,实现以考促学,以考促教。这使得幼儿教师在进入幼儿园工作之前,必须真正提升自身的专业素质,具备《幼儿园教师专业标准(试行)》中提出的专业理念与师德、专业知识和专业能力。

七、乡村幼师专业知识的编制差异

调查结果表明,在编乡村幼师的专业知识掌握情况好于非在编乡村幼师。"编制"的核心是人力资源的配置[1]。调查对象中,51.3%为在编的乡村幼师,

---

[1] 赵英.当前我国农村学校教师编制、聘任和职称研究述评[J].当代教师教育,2014,7(2):32-37.

48.7%为非在编的乡村幼师。近年来,政府将教师编制向乡村倾斜,但有研究显示,乡村教师编制问题依然存在[①]。从访谈中我们也得知,乡村幼儿园编制名额较少,幼儿园中多为临聘教师,且临聘教师多为新手教师,流动性较大。园长 A 说:"每年我们可以派出去学习的教师只有百分之二三十,而且在编教师才有机会。"可见,在编与非在编乡村幼师的职后培训机会有一定的差异,这也影响着乡村幼师专业知识的提升。

八、乡村幼师专业知识的职称差异

调查结果表明,乡村幼师专业知识的掌握情况在职称上不存在显著差异,但专业知识的总体掌握情况与职称的提升呈正比,职称越高,专业知识的得分情况越好。正高级职称乡村幼师在专业知识的掌握上明显好于其他职称乡村幼师。未定级乡村幼师在专业知识总体及各维度的掌握情况均稍弱于其他职称教师。职称是专业技术人才学术技术水平和专业能力的主要标志[②]。幼儿教师的职称评定有严格的流程和标准,对幼儿教师的专业素质要求随着职称提升也有所提升,因此,职称在一定程度上反映着乡村幼师的专业知识水平。

第五节 川渝地区乡村幼师专业知识面临的问题

本研究从川渝地区乡村幼师自身及外在环境出发,深入探讨他们在提升自身专业知识水平时面临的问题。

一、乡村学前教育投入不足

在访谈中,接受访谈的园长均表示园所的财政情况较为紧张,因此对乡村幼师专业发展的支持较为薄弱。学前教育处于我国教育体系的奠基阶段,政府要

[①] 方红,杨文悦.乡村教师编制政策的执行困境与纾解之策——基于政策网络理论的分析[J].当代教育论坛,2023(5):98-106.
[②] 李强强.中小学教师职称评聘的问题与对策研究——以东营市 A 县为例[D].济南:山东师范大学,2023:1.

承担起保障乡村幼师薪资待遇、提供充足的办园经费、整合幼儿教育资源等职责[1]。从现实情况来看,多方面因素影响着乡村学前教育的发展,而政府的支持和投入是其中的核心因素[2]。虽然政府对学前教育的关注度不断提升,但对乡村学前教育的投入却明显不足,导致乡村幼师知识水平欠缺、师幼比不协调、教育资源匮乏、学习培训机会较少等问题。乡村学前教育机构的专业管理人员也较少,因此,乡村幼师缺乏专业管理,从而造成乡村幼师整体水平较弱,专业素质不强。

二、欠缺在职培训的机会

对于乡村幼师来说,可获得的培训机会是极其有限的。即便有这样的机会出现,也往往会被各种现实条件阻碍。在访谈中,园长B表示:"我们是附属幼儿园,幼儿教师的培训往往是和小学教师在一起的,专门针对幼儿教师的培训较少。"园长A说:"我们幼儿园在镇上,总共有500多名幼儿在园,但是我们的老师配备是不充足的,老师需要全天在班,如果专门安排哪个班的老师出去培训,那么这个班就没人带班了。"从访谈中可以看出,乡村幼师职后培训的机会较少,提升专业水平较为困难。

三、乡村幼师工作繁重

在问及"哪些是影响提升专业知识的关键因素?"这一问题时,受访者的回答均指向了一个共同点:缺乏足够的学习时间。乡村幼师在幼儿园中的工作非常繁杂,除了教育教学外,还需要自己做一些手工作品,如剪纸等,以供日常使用。乡村幼儿园因地域和经济原因,办园条件普遍较差,部分幼儿园为了节省开支,需要乡村幼师制作日常所需的玩教具。乡村幼师每天的大部分时间和精力都放在照顾孩子和组织教学活动上,只有利用业余时间来提升专业知识,这占用了他们下班之后的绝大部分时间。这种高强度的生活节奏让他们承受了巨大的压力,没有足够的时间进行学习进修,因此难以提升自己的专业知识水平。

---

[1] 徐一超.强化政府职能,加快推进学前教育均衡优质发展[J].教育界,2011(5):10-11.
[2] 虞永平.试论政府在幼儿教育发展中的作用.学前教育研究[J].2007(1):3-6.

四、欠缺对通识性知识的重视

从数据分析中可以看出,乡村幼师在通识性知识上得分最低。在访谈中我们也发现,乡村幼师缺乏对通识性知识的关注。乡村幼师A说:"通识性知识都是之前上学的时候积累的,工作后就没怎么关注了。"园长A也表示:"在对幼儿教师三种知识的关注程度上,以幼儿发展知识、幼儿保育和教育知识为主。"可见,乡村幼师和园长都缺乏对通识性知识的关注,这不利于发展幼儿的创造性思维,满足幼儿全面发展的需要。幼儿有强烈的学习欲望和探索精神,如果没有足够的通识性知识,就不能准确地回应幼儿的问题,无法满足幼儿的好奇心和探索欲。乡村幼师B说:"幼儿有很强的好奇心,对很多事情都比较好奇,偶尔会问一些奇奇怪怪的问题,如果回答不上来,会很尴尬。"

乡村幼师缺乏对通识性知识的重视,和家长落后的儿童教育观也有一定的关系。家长普遍认为,幼儿上幼儿园主要是为了学习知识,因而将幼儿识字和算数学习放在首位。幼儿教师B指出,家长首先关注的是幼儿在园中吃的什么,然后就是学了什么知识。可见,家长关注的是幼儿在园中的外显性收获,对乡村幼师的教育理念有一定的影响。

第六节 川渝地区乡村幼师专业知识提升措施

从调查结果来看,虽然川渝地区乡村幼师在专业知识层面整体情况较好,但依然存在一些问题。通过数据分析和理论梳理,笔者提出以下策略,期望对建设更优质的乡村幼师队伍、促进乡村幼儿教育发展有所助益。

一、宏观上改善乡村幼师的外部环境

从宏观层面来看,影响乡村幼师专业发展的因素主要来自外部环境。因此,可通过改善乡村学前教育发展的财政投入、政策支持和质量督导等方面,来增强乡村幼师专业知识,提高乡村幼师专业素质,提升乡村学前教育教学质量。国家重视对乡村幼师的财政投入,其发展就有了经济保障;国家重视培训政策的倾斜,乡村幼师就拓宽了发展路径。

(一)增加乡村幼师收入

在注重乡村学前教育发展的同时,也要改善乡村幼师的地位。从本次调查结果来看,川渝地区乡村幼师整体工资水平较低。政府应增加乡村学前教育的财政投入,保障乡村幼师的经济收入,提升乡村幼师地位。政府在加大财政投入的同时,也要倡导企业、社会组织和个人的积极支持。他们可以通过捐赠、赞助等方式,为乡村学前教育提供资金支持和物质帮助。政府应结合不同地区的经济发展情况,设立乡村幼师最低工资标准。目前,部分乡村幼师的收入偏低。民办幼儿园教师的收入是由投资人决定的,也存在较大差异。如果没有明确的规定,乡村幼师的基本权益难以得到保障。

(二)完善乡村幼师职称晋升通道

从调查结果中可以看出,乡村幼师的专业知识水平有随着职称晋升而提升的趋势。目前,虽然乡村幼师的职称评定有政策倾斜,条件相对于城市幼师来说要稍宽松一些,但机会却少了很多。在访谈中,园长 A 说道:"我们园是小学附属幼儿园,职称评定是和小学一起的,分给幼儿园的名额很少。"乡村幼师 A 也说:"我们幼儿园的教师职称大部分偏低。"政府应重视乡村幼师职称晋升渠道,完善乡村幼师职称评定体系。

(三)构建乡村幼师培养帮扶机制

为了实现乡村学前教育高质量发展,有培养资质的师范院校应积极响应国家政策,根据乡村幼儿园的发展需求,对标乡村学前教育发展,构建政府主导、高校为主体、优质幼儿园为依托、乡村幼儿园深度参与的四位一体的人才培养模式[①]。为鼓励该类师范院校培养乡村学前教育所需人才,政府应设立专项经费,为面向乡村的学前教育师范生提供支持,搭建高校人才培养平台。在构建乡村幼师培养帮扶机制时,要重视优质幼儿园在职前培养中的作用,加强高校与优质幼儿园的合作,为师范生提供良好的理论与实践学习平台。

---

① 高晓敏,张洁,刘岗.农村幼儿园教师专业能力发展现状及提升对策[J].学前教育研究,2020(6):63-71.

(四)提高乡村幼师的编制比例

通过调查结果,我们发现在编乡村幼师的专业知识水平高于非在编乡村幼师。对乡村民办幼儿园教师的访谈也表明,造成乡村民办幼儿园教师流动性大的主要原因就是没有编制,缺乏保障。幼儿教师 A 指出:"在职称晋升、各项培训学习机会等方面,幼儿园都会优先考虑在编教师,非在编的教师各种机会和福利待遇都相对少一些。"乡村幼儿园整体数量较少,其中一部分还是小学的附属幼儿园,因此编制较为缺乏。由编制问题导致的乡村幼师学习培训机会差异、职称晋升差异等问题,容易导致乡村幼师整体专业水平提升困难,队伍结构不稳定。因此,政府应结合乡村幼儿园发展需要,适当增加乡村幼儿园编制比例,完善编制制度。同时,加强对非在编教师的关注,给予非在编教师与在编教师同等的培训学习、职称晋升等机会以及各项福利保障。

二、中观上构建良好的幼儿园环境

乡村幼师专业知识的提升离不开幼儿园提供的支持,这种支持主要体现在和谐的工作氛围和明确的规章制度中。良好的园所氛围能让乡村幼师在轻松愉悦的环境中工作和学习,明确的规章制度可以为乡村幼师提升专业知识提供保障。

(一)建立民主和谐的园所组织氛围

陈金菊指出,幼儿园的组织氛围是指教师对幼儿园的疏离感和归属感[1]。仰和芝认为,乡村文化生态作为乡村教师专业发展的文化背景,具有自然性、封闭性、边缘性[2]。乡村文化环境影响着幼儿园的组织气氛。如果家长对乡村幼师的工作不支持、不理解,容易使乡村幼师产生无意义感;如果乡村幼师之间互不信任,易使其产生无助感;如果园长或其他领导层的管理方式刻板、专制,则更容易导致乡村幼师之间的疏离。幼儿园作为乡村幼师的工作场域,营造良好的组织氛围是非常重要的。

---

[1] 陈金菊.影响幼儿教师专业发展的幼儿园环境因素之研究[D].广州:广州大学,2007:25.
[2] 仰和芝.试论农村文化生态系统[J].江西社会科学,2009(9):233—236.

为了创建和谐的组织氛围,幼儿园应当关注以下两点:第一,幼儿园需要建立以人为本的园所文化,无论是幼儿园管理者还是制定的规章制度,都应该体现出人本主义精神,这种教育氛围能使乡村幼师感受到自己被尊重和认可,从而更积极地投身于工作中;第二,幼儿园应为乡村幼师提供合作、开放的学习氛围,为他们之间的沟通交流提供环境支持。乡村幼师之间可以互相学习,发现彼此的闪光点,取长补短、共同进步,达到专业成长的目的。

(二)合理安排工作任务

在访谈中我们得知,乡村幼师有强烈的专业提升意愿,但是幼儿园中繁重的工作使他们没有空余的时间和精力来实现专业发展。在幼儿园中,工作安排不合理是限制乡村幼师专业发展的重要因素之一。这容易造成乡村幼师工作压力过大,在付出与收获的不平衡中摇摆,缺乏对职业的认同,也失去了提升专业素质的动力。

乡村幼师专业知识的发展不仅仅是其自身的事情,还直接关系到学前教育质量的高低。幼儿园对乡村幼师的角色定位应该清晰准确,重视其专业发展。乡村幼师是乡村幼儿健康成长的支持者、引导者,不应所有工作都去承担。幼儿园在安排工作时,应减少乡村幼师不必要的工作内容,让他们花更多时间在幼儿身上、在自我提升上,从而稳定师资队伍。为乡村幼师提供充足的学习时间,这才是幼儿园提升办园质量的关键所在。

(三)构建促进专业知识提升的平台

幼儿园可以通过对外加强与高校交流、对内鼓励教师外出学习,实现学习空间的转换,开阔乡村幼师的视野,让他们在与专家、学者、同行的交流中拓宽学习途径,实现专业成长的目的。

1.与高校共同构建"知识牵引,实践促教"的合作体系

本次调查的乡村幼儿园,均与高校有密切合作。高校派遣教师进入幼儿园,与幼儿园共同组织教研,开展课程建设,提升了幼儿园教师的科研能力,帮助幼儿园创建了有自身特色的园本课程。当高校教师开展与幼儿园有关的培训时,幼儿园教师也参与其中,以提升理论知识,更新教育观念,掌握学前教育动态。高校学前教育专业的课程教学也离不开幼儿园一线教师的参与,尤其是实践类课程,更需要一线教师的实践经验。因此,加强合作可以促进乡村幼儿园与高校互利互惠,共同发展。

2.鼓励教师"走出去",完善职后培训机制

调查结果显示,乡村幼师的专业知识在职后阶段主要来自培训和进修。在培训中,为乡村幼师授课的多为有较高造诣的专家学者,他们不仅有较为深厚的专业理论知识,还具备一定的教学实践经验。乡村幼师可以通过此类培训,学习学前教育专业的前沿理论知识,了解学前教育的发展趋势,还可以借培训的机会与同行交流幼儿园工作经验。因此,幼儿园应构建完善的培训机制,为每位乡村幼师提供平等的培训机会。在培训支出上,幼儿园也需有专项经费用于乡村幼师专业发展。乡村幼师的工资普遍偏低,培训费用对他们来说是一种经济负担,也会削弱他们对培训的热情。幼儿园提供培训经费的支持和保障,有助于调动教师参加培训的积极性。

(四)建立条理分明的规章制度

陈金菊认为,幼化园的规章制度是幼儿园进行正常的教育实践活动所必需的,也是幼儿园求得最佳教育效果的强有力的保证。幼儿园规章制度一般包括两个方面:一是上级制定的规章制度;二是园内规章制度。实施上级制定的规章制度必须从幼儿园实际出发,必要时要制定实施细则和补充规定。从促进教师专业发展的角度而言,深刻影响教师成长的主要是教师评价制度、教师进修制度、园本培训制度、园本教研制度及其他各项管理制度[①]。幼儿园在实施上级出台的有关政策的过程中,除了组织教师对政策进行解读和学习外,领导层还要真正做到以身作则,做好表率。同时,幼儿园还需结合自身实际和需求,制定相应的规章制度。

1.幼儿园须严格落实幼儿园教师资格证准入制度

调查结果显示,乡村幼儿园中依然存在部分教师未持有幼儿园教师资格证的状况,属于"无证上岗",不符合国家的要求。幼儿园教师资格证书的颁发,是国家和社会对个人基本素质的认可。未持有幼儿园教师资格证的乡村幼师开展

---

① 陈金菊.影响幼儿教师专业发展的幼儿园环境因素之研究[D].广州:广州大学,2007:26.

教学活动,容易对幼儿园的教学质量造成不利影响。因此,幼儿园在招聘幼儿教师时,应将持有教师资格证作为面试的必备条件。同时,对已在园工作的未持有教师资格证的乡村幼师进行督促和指导,帮助其尽快掌握专业知识,取得幼儿园教师资格证。幼儿园严格执行教师准入制度,有利于促进教师专业素质的提升。

2.建立教师在园学习交流激励制度

为促进乡村幼师的专业发展,幼儿园可制定相应的规章制度为其提供有力支撑。幼儿园可以将图书阅读作为制度在园中推行。乡村幼师可以从书籍中吸收大量与本学科相关的理念,幼儿园可成立读书委员会,建立读书小组,推荐专业阅读书目,定期考核阅读进度。在此基础上,幼儿园可以进一步建立知识共享制度,组织读书分享会。每个人对同一本书的理解和看法是不一致的,乡村幼师们在观念的碰撞中,能从多视角感受书中的内容,集合众人的思考,实现专业发展。幼儿园也需要完善激励机制,如对阅读完成度较高的教师予以奖金、评优评先加分等奖励,持续培养乡村幼师的阅读习惯,以实现乡村幼师专业素质的提升。

三、微观上树立终身学习理念,拓宽知识领域

乡村幼师提升专业素养的关键,是要树立终身学习的理念。同时,乡村幼师还需要厘清自身的发展阶段,根据自身情况不断反思,多渠道拓宽知识面,积极向更高发展阶段迈进。

(一)树立终身学习的理念

在信息时代,各行各业的人都应当持有终身学习的理念,保持终身学习的态度,推动自身专业知识的持续发展。通过对乡村幼师的调查研究和访谈,我们发现乡村幼师专业知识水平的提升主要依靠自我学习。乡村学前教育的质量直接关系到乡村幼儿的未来发展,因此,乡村幼师必须严格自律,不能停留在现有的认知层面,要积极拓展自己的理论深度。只有坚持终身学习的信念,乡村幼师才能适应时代的变迁,在不断更新知识的过程中优化自身的认知体系,从而实现专业知识的不断成长。

(二)厘清教师专业发展阶段

访谈结果显示,乡村幼师在培训中往往会跟随授课教师的思维而非独立思考,这导致培训无法达到预期的效果。按照丽莲·凯兹的幼儿教师专业成长理论,求生存阶段的乡村幼师需要得到心理支持、理解和鼓励,同时也需要学会应对突发事件的技能,以及关于儿童行为观察和分析的知识。针对这一阶段的乡村幼师,幼儿园应指派有多年实践教学经验的教师来担任指导老师,从而有效地解决新任教师面临的问题,提升他们的专业知识水平。解决了初期的焦虑之后,积累了一些实践经验的乡村幼师希望继续提升专业水平,以推动自身的发展,此时需要资深教师对他们的具体问题进行指导。

通过与园中资深教师的沟通与交流,乡村幼师基本掌握了面对幼儿所需的知识,这时就需要让他们"走出去",与其他幼儿园的教师交流工作中的经验与心得。在这一阶段,乡村幼师很容易接受研讨会或培训班的学习内容,也会大量查阅有关教育的书籍、期刊等,发现自己在教育教学中的不足之处。幼儿园应创造条件为乡村幼师提供专业培训,让他们有机会与相关学科的专家学者进行接触,实现自身知识面的拓展。

处于第四阶段的乡村幼师要通过多种途径参加专题讲座,或去知名的大学进修。同时,处于第四阶段的教师在身份方面也要有所突破,积极协助新入职的乡村幼师成长,增强自身的能力,以达到自我完善的目的。

(三)养成教学反思的习惯

教学反思既是前一阶段教学工作的最终环节,也是下一阶段教学活动的新起点。教学反思能强化乡村幼师已经掌握的教育技巧及经验,帮助他们优化和改进教学方法。如果乡村幼师未能在教学活动后进行深度的回顾和反思,专业知识水平就很难得到提升,并会阻碍乡村幼师的专业发展。所以,乡村幼师应该有意识地培养自我反思的习惯,善于对教学实践进行总结和反思,以发现存在的问题,并使问题得到良好的解决。乡村幼师要善于总结归纳教育经验,并将反思和总结的成果以书面形式呈现,提高自身的专业知识水平。

(四)多渠道拓宽知识领域,提升知识的深度

从访谈中可以看出,乡村幼师的专业知识掌握得并不全面。幼儿园的教育目标是通过综合育人,实现幼儿德、智、体、美、劳全面发展,促进幼儿身心协调发展。因此,身为幼儿教育工作者,乡村幼师必须具备全面的知识基础,广泛涉猎各领域的知识,以引导幼儿探索世界。

乡村幼师可通过多种途径拓宽知识领域,如学校教育、职业进修、教学反思等。乡村幼师不能依赖单一的学习方式,而应积极寻求各种学习机会,结合不同的学习形式,多渠道拓展自身的知识领域。例如在正常工作日,虽然空余时间有限,但可通过网络学习来提高知识水平,这样既能保证正常工作的完成,又能不断充实知识。周末则可参加相关的教育培训活动,通过职后教育,进一步深化专业知识,不断拓宽知识领域。

第六章 川渝地区乡村幼师专业能力调查研究[①]

百年大计,教育为本。在全面协调可持续发展背景下,乡村地区的发展成为不可忽视的议题。乡村地区发展需要人才,教育则是培养人才的根本,因此,发展乡村教育具有十分重要的意义。乡村教育关乎乡村幼儿的发展,尤其是乡村学前教育,成为新时代振兴农村的热点。乡村幼师是提升乡村学前教育质量的中坚力量,其专业能力直接影响到乡村幼儿的身心发展。因此,了解乡村幼师专业能力的发展现状,促进乡村幼师专业能力提升,对乡村学前教育质量的价值不言而喻。

第一节 川渝地区乡村幼师专业能力初探

学前教育是基础教育的奠基阶段。幼儿教师的专业能力对幼儿的身心健康有着直接影响,还深刻地影响着幼儿的终身学习。如今,国家对学前教育十分关注,人们对学前教育提出了更高的要求与期待。幼儿教师要不断提高自身的专业素养,以满足社会发展的需要,适应学前教育发展的形势。乡村学前教育的发展,离不开高质量的乡村幼师队伍。只有乡村幼师队伍不断壮大,且朝着高质量、高水平方向发展,乡村学前教育才能实现高质量发展。因此,对如何提升川渝地区乡村幼师的专业能力进行研究意义重大。

一、研究背景

(一)学前教育高质量发展需要高水平的教师

教育大计,教师为本。教师是教育工作的架海金梁。幼儿园教师是拥有专

[①] 本章由重庆幼儿师范高等专科学校完成,撰写人:刘苗苗、丘静。本章系2022年重庆市社会科学规划课题(培育项目)"乡村振兴背景下学前教育公费师范生乡村教育情怀培育研究"(项目编号:2022PY78)和2023年重庆市人文社会科学研究规划项目(青年项目)"基于UGK协同构建三峡库区幼儿园家庭教育指导服务体系研究"(项目编号:23SKGH32)的阶段性研究成果。

业素养的学前教育从业者,是能够为幼儿创设优良的学习与发展环境,引导幼儿在与环境的互动中充实生命、获得成长的领航者。幼儿园教师专的业能力是决定学前教育质量的关键要素,是专业发展的集中体现,是保障幼儿园教师达到岗位要求、履行工作职责的必要条件,直接影响着学前教育的质量。

在评估幼儿教师的专业水平时,专业能力是主要的指标之一。国家始终重视建设高素质、专业化的幼儿教师队伍。2012年,《幼儿园教师专业标准(试行)》(以下简称"《专业标准》")的出台,对建设高质量学前师资队伍提出了具体要求,为促进幼儿教师专业发展指明了方向。《专业标准》明确指出,幼儿教师应具有良好的职业道德,掌握系统的专业知识与技能;阐明了幼儿教师应具备的基本能力和职责,充分体现"能力为重"的基本理念与价值取向。《专业标准》将幼儿教师的专业能力划分为7个方面、27个条目,充分体现了"能力为重"的基本要求。要让孩子接受最优质的学前教育,就必须提高幼儿教师的专业能力。

(二)幼儿园师资队伍配置不均衡

随着我国学前教育事业迅速发展,师资队伍的水平也有所提升。2020年全国教育事业发展统计相关数据显示,学前教育规模大幅增长,师资队伍配置状况持续改善,生师比下降至15.5∶1,学前教育专业毕业的专任教师占比为72.3%。

教师队伍的快速扩充,在壮大学前教育力量的同时,也使得幼儿园教师年龄结构更加年轻化。随着专任教师学历要求的不断提高,大专及以上学历的教师逐渐成为师资队伍的中坚力量,但仍有近75%的幼儿教师专业技术职务未定级。幼儿教师队伍建设滞后、保教质量不高等问题仍然存在,学前教育发展不平衡不充分问题十分突出。

学历和职称在一定程度上反映着幼儿教师专业素质的水平。教师年龄结构的不均衡,会对幼儿园师资队伍的专业化发展水平和幼儿园保教工作质量产生影响。有研究表明,幼儿园初任教师在专业发展中面临着专业认同模糊、职业理解与专业认识浅显、专业知识狭隘、专业能力薄弱等问题;熟手教师存在教育观念陈旧、有效教学能力停滞不前等问题。可见,幼儿园教师队伍年轻化和个人素质参差不齐带来了教育经验不足、教学水平不高、专业能力不强等问题。

(三)关注乡村幼师专业能力的研究成果较为缺乏

在关于幼儿教师专业发展的研究中,国内外学者大都聚焦于某种身份的教师(如新手教师、骨干教师)在某一发展阶段的需求,较少对乡村幼师的专业能力现状进行研究。多数研究对幼儿教师专业发展的阐释较为抽象,偏离了实践情形。理论研究的滞后,造成乡村幼师专业发展缺乏有效的引导,这是制约乡村幼师自主发展和可持续发展的重要因素。因此,我们有必要将乡村幼师的专业能力发展作为一个独立问题予以研究。

关注乡村幼师的专业能力,有助于乡村幼师明确在专业发展过程中要经历的关键步骤,从而准确制订专业发展的短期目标和长期目标,对乡村幼师自主专业发展和可持续发展具有重要意义。

二、核心概念界定

(一)乡村幼师

乡村,是相对于城市而言的概念。《中国乡村建设》一书指出,乡村是相对于城市而言的,包括村庄和集镇等各种规模不同的居民点的一个总的社会区域概念。由于它主要是农业生产者居住和从事农业生产的地方,所以又通称为农村[①]。

基于研究的对象和目的,本研究中的"乡村幼师",特指在四川、重庆两地的乡村幼儿园中担任教师岗位的幼儿教师。

(二)教师专业能力

专业是指从事某种学业或职业。能力是具备某种知识技能所需的稳定心理状态[②]。当前,国内外学者对教师专业能力的概念并未形成一致意见。国内的研究多从心理学的视角进行定义。本研究中,能力是指教师能够胜任教学任务的要求,具备合格的知识水平,表现出从事教学所需或所应具备的业务水平。

---

① 朱有志.中国乡村建设(夏之号)[M].北京:红旗出版社,2009:8.
② 裴生辉.乡村教师专业能力现状的调查研究——以Q市G县为例[D].哈尔滨:黑龙江大学,2017:13.

基于此,本研究中的教师专业能力,是指相关专业的教师在教学活动中,运用教育教学知识,灵活地应对和处理教育活动中出现的相关问题,促进学生全面、协调地发展的能力。

(三)幼儿教师专业能力

目前,大多数国家都通过制定专业标准体系,来规定教师所应具备的专业能力的内容与水平。一些国家结合教师发展阶段,细化了专业标准要求,明确规定了每个阶段所对应的能力标准。例如,2010年澳大利亚颁布的《全国教师专业标准》中,划分了四个教师专业等级(即毕业、胜任、成熟、领袖),同时对各等级教师的专业知识、专业实践和专业发展提出了具体要求。英国政府围绕专业品质、知识理解和专业技能进行了详细规定,其中专业技能包括计划、教学、评价监控和反馈、反思教授和学习、学习环境以及团队协作。

我国学者刘占兰认为,幼儿教师专业能力具有独特性和综合性,应凸显幼儿园保教结合、以游戏为基本活动、环境和生活对幼儿发展的重要价值,是全方位、多方面的[①]。可见,幼儿教师专业能力是幼儿教师专业素质的重要体现,内涵丰富,是影响和决定幼儿园教育质量的重要因素,也是衡量幼儿教师专业水平的重要标准。

基于上述内容,本研究将幼儿教师专业能力界定为:幼儿教师在从事学前保教工作中,利用各种教育资源完成幼儿园教育教学任务,促进幼儿健康、全面发展的学前教育专门能力。依据《专业标准》,幼儿教师专业能力包括七个方面,即环境的创设与利用、一日生活的组织与保育、游戏活动的支持与引导、教育活动的计划与实施、激励与评价、沟通与合作、反思与发展。

(四)幼儿教师专业能力发展

教师专业能力发展是指教师不断接受新知识、增长专业能力的过程。它包括两方面的内涵,从宏观上看,教师作为一项职业,其能力要求不断演进、优化;从微观上看,教师个体需要持续提升专业能力,寻求职业发展。

结合上述内容并参照《专业标准》,本研究认为,幼儿教师专业能力发展包括两个方面的内涵:宏观上是指幼儿教师整体专业能力的演进、发展过程;微观上是指作

---

① 刘占兰.幼儿园教师的专业能力[J].学前教育研究,2012(11):3-9.

为个体的幼儿教师接受职前教育和职后培训,受客观环境驱动和自我内在驱动的成长过程。

三、理论基础

本研究在坚持马克思主义基本观点和方法的前提下,借鉴后现代专业主义理论、人本主义理论以及终身学习理论,对幼儿教师专业能力发展进行理论思考。

(一)后现代专业主义理论

与现代主义强调理性、确定性相反,后现代主义更强调反理性、非确定性、混沌性。教师不再是操作性的技术人员,而是非确定性教育情景中的反思者和研究者。后现代专业主义对教师发展外铄论进行了批判,提出了自主的教师发展观。这种教师发展观强调教师的专业发展不是被动、被迫的,而是主动地改造、构建的过程。后现代专业主义认为,教师专业发展是一个唤醒的过程,是一个激发教师创造力的过程,是一个释放教师个体作用的过程。

本文依据后现代专业主义的核心观念,强调从人的角度来关注幼儿教师专业发展,以修正过分注重外在控制的幼儿教师专业发展理念。教师要关注自身主体意识的觉醒,批判性地检视自己的教育行为、教育信念以及教育环境,从而达到更高层次的超越。

(二)人本主义理论

马斯洛是人本主义心理学的代表。他提出的需求层次理论认为,当一种较低的需要获得满足后,一种新的而且更高一级的需要便随之出现。自我实现的需要是最高级的需要,是实现个人理想、抱负,最大限度地发挥个人能力的需要。它是人格形成、发展、成熟的驱动力。教育的目标就是激发人的潜能,培养自我实现的人。

追求自我实现是一种强烈的、高级的心理需要,它能够使幼儿教师产生积极的行为动机,全身心地投入到幼儿教育、教学和研究之中。本研究以人本主义理论为基础,对乡村幼师的专业能力现状进行调查研究,并结合访谈了解乡村幼师专业能力的现状。

(三)终身学习理论

随着生活水平的提高,人们自我实现的需要日益增强,不断更新自身知识观念以适应快速发展的社会生活。基于此,终身学习理念应运而生。1965年,保罗·朗格朗在联合国教科文组织主持召开的成人教育促进国际会议上首次提出终身教育的概念。在联合国教科文组织及其他有关国际机构的大力提倡、推广和普及下,1994年,首届世界终身学习会议在罗马隆重举行。如今,终身学习的理念在全世界广泛传播。

幼儿教师专业能力发展,是幼儿教师通过自身努力,不断利用外部资源进行优势积累的过程。这与终身学习理论是相通的。因此,终身学习理论也是幼儿教师专业能力发展的重要理论基础,能为幼儿教师专业能力发展指明前进方向。本研究基于终身学习理论,探究乡村幼师专业能力发展的现状,帮助乡村幼师树立终身学习意识。

四、川渝地区乡村幼师专业能力特点

作为幼儿园教育教学活动的主体之一,乡村幼师的专业能力直接影响到幼儿的学习和发展,并在很大程度上影响着乡村学前教育质量的好坏。为此,建设高质量的乡村幼师队伍成为乡村学前教育改革的重要方向。

(一)教师专业能力的特点

教师专业能力的发展是一个缓慢而艰难的过程,伴随着教师的教学生涯。总体而言,教师专业能力具有以下特点。

1.个体性

专业能力是教师的教学理念、知识及品格的综合表现,是教师长期学习、反思和选择的结果。一个成熟的教师,应善于在教学工作中扬长避短,逐步养成切合自身特点与教学实际的、良好的教学习惯与教学方法,逐步形成能反映自身特点的、独特的教学风格,具有一定的教学特色,并在实际教学工作中不断调整、更新与充实[1]。有学者对教师专业能力形成的时间做了研究,发现职前阶段的培养

---

[1] 李如密.教学艺术论[M].济南:山东教育出版社,1995:64.

对教师专业能力起着奠基作用,而发展最快的阶段则是职后。

在访谈中,一位教师所说,参加工作之初,她很喜欢模仿一位模范教师的教学行为和对待学生的态度。但是,她始终和那位模范教师有所不同。在真实的教学情境里,面对不同的学生和教学工作,教师必须根据实际情况进行调整。可见,教师的教学深受自身的思维、个性、知识以及场景等多方面因素的影响,具有很强的个性化色彩。因此,教师专业能力发展必须重视自身的成长需求,发现自我和展示自我,形成符合自身特点的教学风格[①]。

2.情境性

能力总是在具体的运用中体现,与实践相伴而生。教师专业能力反映了教师在学校中的教学行为模式,带有明显的情境性特点。教学情境具有偶发性、单一性等特点。教师要根据不同的教学条件、对象,对出现的问题及时做出判断,采取适合特定情境的教学方式。因此,教师专业能力不是技能技巧的堆砌,而是在关心、理解儿童的基础上,用专业知识和技能实施适当的教育[②]。师范院校既要重视培养学生的教学技能和方法,也要重视培养学生的价值素养,从而为教师专业能力的持续发展助力。

3.时代性

教师专业能力具有时代性。时代性是指教师的教学实践总是植根于特定的时代背景,必须根据时代的需要调整教学实践。随着信息时代的到来,知识以惊人的速度增长和变化,学生获取知识的途径也变得多样化,对教师专业能力提出了更高的要求。教师不能局限于书本知识,一成不变地讲授,而要不断更新专业知识。教师的教学过程应坚持以儿童为中心,基于儿童的知识和经验,采取多样化的教学方式,将知识与儿童的生活相联系,帮助儿童有效内化经验,获得发展。

时代性决定着教师专业能力处于不断发展的过程中,在不同的职业发展阶段需要具备不同的教学能力,因此,教师要根据发展情况,提升自己欠缺的知识和素养。这些知识和素养无法在职前培养或者职后的某个阶段完全掌握,必须伴随着职业生涯的前进而不断补充完善。

[①] 慕容勋,文雪,林叶舒.院校协作的小学教师专业能力的培养[M].武汉:武汉大学出版社,2018:97.
[②] 慕容勋,文雪,林叶舒.院校协作的小学教师专业能力的培养[M].武汉:武汉大学出版社,2018:98.

(二)乡村幼师专业能力发展的意义

1. 理论意义

(1)有利于丰富和发展乡村幼教理论

我国作为人口大国,农村人口占比较大。乡村教育能够促进乡村社会经济发展,在实现乡村教育现代化,助力乡村振兴,协调发展乡村社会物质文明、精神文明等方面具有重要价值。乡村学前教育事业是乡村基础教育的起点,影响着乡村幼儿的后续发展。乡村幼师专业能力的提升,能有效促进乡村学前教育事业的发展。

(2)有利于丰富和发展幼儿教师专业能力理论

目前,关于乡村幼师专业能力的研究较为薄弱,对乡村幼师的实际教学工作、心理需求涉及较少。为了促进乡村幼师专业能力发展,本研究从乡村幼师专业能力的内涵出发,以《专业标准》为依据,探索川渝地区乡村幼师专业能力的现实情况,分析存在的问题及其产生原因,丰富幼儿教师专业能力的理论研究。

2. 实践意义

(1)有利于促进我国乡村地区学前教育质量的提升

随着城市化进程日益加快,乡村人口资源流失严重,再加上家长不信任乡村学校的教育质量,乡村儿童流失率也十分严重,造成"教育贫困圈"无限循环。改善"教育贫困圈"的突破点之一,就是要创造良好条件提升教师专业能力,提高乡村学前教育质量。因此,研究如何提升乡村幼师专业能力对乡村学前教育质量的提高具有重要意义。

(2)为教育政策的制定和完善提供参考

求木之长,必固其根;欲流之远,必浚其源。党和国家十分重视乡村教育,并且始终将乡村教育的发展放在首要位置。近年出台的相关教育政策,从不同角度对乡村教育和乡村教师提出了要求。本研究通过对川渝地区乡村幼师的调查分析,力求准确、全面地反映川渝地区乡村幼师的专业能力发展现状,进而为川渝地区教育管理部门制定政策提供参考。

五、研究设计

(一)研究目的

本研究采用问卷调查法、访谈法对川渝地区乡村幼师专业能力进行审视和反思,以《专业标准》为依据设计问卷,对川渝地区乡村幼师专业能力进行现状调查,梳理问题,剖析原因,然后基于本研究的理论基础提出相关建议。

(二)研究内容

第一,现实样态。选取川渝地区乡村幼师进行调查,然后对调查问卷进行处理,得出问卷调查结果并进行分析,阐释乡村幼师专业能力的现实样态。

第二,问题表征。结合问卷和访谈,提炼川渝地区乡村幼师专业能力发展的困境。

第三,原因探寻。运用访谈法,结合理论基础对问题进行具体剖析,探寻川渝地区乡村幼师"下不去、留不住、教不好"的原因。

第四,解决措施。结合前期调查结果与分析,提出解决乡村幼师专业能力发展困境的措施。

(三)研究方法

1.问卷调查法

(1)调查对象

川渝两地是西南地区发展的重要力量,推动两地乡村幼师专业能力发展,对两地的人才培养和学前教育发展具有重要的支撑作用。因此,本研究选择重庆和四川的幼儿教师为研究对象,采取随机分层抽样的方式,选取城镇和乡村幼儿园发放问卷,涉及不同性别、年龄、教龄、学历和专业等人口学变量的幼儿园教师,共回收有效问卷1572份。其中,女教师1535人,男教师37人;年龄20岁及以下35人,21~30岁751人,31~40岁405人,41~50岁297人,51岁以上84人;教龄0~1年(含1年)98人,1~3年(含3年)226人,3~8年(含8年)643人,10年以上605人;公办园教师1317人,民办园教师255人;城市幼儿园教师555人,农村(含乡镇)幼儿园教师1017人;最终学历中专(含高中)125人,大专574人,本科853人,研究生20人;专业为学前教育的有1331人,其他专业有241人;中职学校有196人,幼师高专院校有559人,高职类院校144人,本科师范院校391人,其他类型院校282人;有教师资格证的1395人,无教师资格证的177人;有正式编制的818人,无正式编制的754人;职称是初级以下的734人,初级495人,中级287人,高级53人,正高级3人;月均工资水平2000元及以下的154人,2001～3000元的488人,3001～4000元的502人,4001～5000元的228人,5001元及以上的200人。

(2)调查工具

①问卷编制

本问卷依据《专业标准》中的7个维度,借鉴李寅(2021)、计金星(2021)等人硕士论文中的问卷,同时查询相关文献资料,咨询专家教授、幼儿园园长和教师的意见后形成29个题目,保证了本问卷的内容效度。

②问卷结构

问卷包括两大部分,即调查对象的基本信息和专业能力情况。问卷依据《专业标准》将专业能力分为7个维度,其中,"环境的创设与利用"共4道题;"一日生活的组织与保育"共4道题;"游戏活动的支持与引导"共4道题;"教育活动的计划与实施"共5道题,含2道反问题;"激励与评价"共3道题;"沟通与合作"共5道题,含1道反向题;"反思与发展"共4道题,含1道反向题。问卷采用Likert五点计分法,每个条目从1(完全不符合)到5(完全符合)计分。

③问卷信效度

问卷信度采用Cronbachp's Alpha进行分析,Cronbachp's Alpha=0.94;问卷效度采用KMO进行分析,KMO=0.91。为进一步验证问卷的结构效度,借助相关性分析对题目进行分析,结果表明,各题项间相关系数在0.50～0.85之间,充分表明该问卷信效度较好,如表6.1—表6.3所示。

表6.1 问卷总体信度分析

Alpha	基于标准化项的克隆巴赫 Alpha
0.94	0.97

表6.2 问卷总体效度分析

KMO	显著性
0.91	0.00

表6.3 问卷各维度相关性

	环境的创设与利用	一日生活的组织与保育	游戏活动的支持与引导	教育活动的计划与实施	激励与评价	沟通与合作	反思与评价
环境的创设与利用	—	0.88	0.85	0.55	0.78	0.67	0.64
一日生活的组织与保育	0.88	—	0.88	0.55	0.80	0.69	0.63
游戏活动的支持与引导	0.85	0.88	—	0.53	0.84	0.68	0.70
教育活动的计划与实施	0.55	0.55	0.53	—	0.53	0.67	0.58
激励与评价	0.78	0.80	0.84	0.53	—	0.69	0.68
沟通与合作	0.67	0.67	0.68	0.67	0.69	—	0.63
反思与发展	0.64	0.63	0.70	0.58	0.68	0.63	—

(四)研究过程

研究者与川渝两地幼儿园联系,请相关地区园长配合,将问卷以问卷星的形式通过网络链接发放。问卷收取时间为一周。问卷回收后,研究者对反向题进行重新编码,并对填写不完整的问卷予以剔除,最后采用相关软件进行分析。

(五)数据处理

本研究主要运用SPSS26.0对数据进行相关性分析、独立样本t检验、单因素方差分析和回归分析。相关性分析主要考察人口学变量与幼儿教师专业能力的相关性;独立样本t检验和单因素方差分析主要检验单因素或多因素水平下,一个或多个独立因变量均值是否存在显著差异以及存在怎样的差异;回归分析主要验证相关自变量对幼儿教师专业能力是否产生影响。

第二节 川渝地区乡村幼师专业能力现实样态

幼儿教师是学前教育改革的重中之重,而教师专业能力是衡量教师专业发展的重要尺度。[1]在幼儿教师的专业发展问题上,专业能力是核心。因此,搭建

---

[1] 张鹏,蒋荣辉.近15年来我国幼儿教师专业素养研究的进展与反思[J].陕西学前师范学院学报,2017(5):93-98.

具有较高专业能力的乡村幼师队伍,是提升乡村学前教育质量迫切需要解决的问题,也是落实全面发展学前教育的基础条件。目前,国家已出台《专业标准》作为衡量幼儿园教师专业水平的重要依据。本研究基于此文件,对川渝两地乡村幼师专业能力的发展进行调查,发现川渝两地乡村幼师专业能力在教龄、学历、办园性质、园所地区、毕业院校、编制、工资收入等方面存在显著差异。

一、川渝地区幼儿教师专业能力总体水平

如表6.4所示,川渝地区幼儿教师的专业能力整体处于中等偏上水平(总分均分=4.39)。各维度平均分由高到低依次为:一日生活的组织与保育、环境创设与利用、游戏活动的支持与引导、激励与评价、沟通与合作、教育活动的计划与实施、反思与发展。由此可见,川渝地区幼儿教师一日生活的组织与保育能力和环境创设能力相对较高,教育活动的设计与实施能力、反思与发展能力较低。

表6.4 川渝地区幼儿教师专业能力总体及各维度描述性统计

	M	SD
环境创设与利用M	4.56	0.60
一日生活的组织与保育M	4.59	0.56
游戏活动的支持与引导M	4.52	0.61
教育活动的计划与实施M	4.12	0.62
激励与评价M	4.51	0.60
沟通与合作M	4.39	0.55
反思与发展M	4.12	0.62
问卷总分	4.39	0.50

二、川渝地区幼儿教师专业能力的相关性分析

为更好地了解川渝地区幼儿教师专业能力与人口学变量之间是否存在关系,本研究对相关内容进行了相关性检验。具体结果如表6.5所示:

表6.5 川渝地区幼儿教师专业能力的相关性检验

	1	2	3	4	5	6	7	8	9	10	11	12	13	14	15	16	17	18	19
1	—	0.74**	0.36**	0.05	0.13**	0.19**	−0.08*	0.31**	0.08*	−0.09**	0.28**	0.11**	0.11**	0.11**	0.16**	0.12**	0.17**	0.13**	0.17**
2		—	0.43**	0.03	0.05	0.80**	0.10**	0.13**	−0.07*	−0.18**	0.39**	−0.13**	0.15**	0.14**	0.18**	0.18**	0.22**	0.16**	0.21**
3			—	−0.35**	−0.01	0.11**	0.47**	0.07*	−0.13**	−0.78**	0.68**	0.06*	0.10**	0.09**	0.08**	0.09**	0.09**	0.14**	0.11**
4				—	0.03	−0.11**	−0.31**	0.02	0.20**	0.46**	−0.23**	0.11	−0.06*	−0.07*	−0.01	−0.06	0.01	−0.08*	−0.05
5					—	−0.04	−0.20**	0.10**	0.10**	0.02	−0.13**	0.14**	−0.03	−0.03	−0.07*	−0.05	−0.04	−0.07*	−0.06*
6						—	0.22**	0.30**	0.06*	−0.11**	0.09**	0.08	−0.03	−0.04	0.01	−0.04	−0.03	0.01	0.02
7							—	−0.06*	−0.30**	−0.58**	0.46**	0.50**	0.06*	−0.00	0.01	0.04	0.00	0.07*	0.04
8								—	0.29**	0.03	0.03	0.87**	−0.02	−0.03	0.00	0.01	0.01	0.00	0.01
9									—	0.20**	−0.17**	−0.03	−0.06*	−0.03	−0.03	−0.05	−0.05	−0.05	−0.05*
10										—	−0.66**	−0.01	−0.06*	−0.03	−0.02	−0.03	−0.01	−0.07*	−0.04
11											—	0.06*	0.11**	0.08**	0.16**	0.10**	0.12**	0.12**	0.13**
12												—	0.86**	0.84**	0.50**	0.77**	0.63**	0.67**	0.82**
13													—	0.85**	0.52**	0.80**	0.64**	0.64**	0.82**
14														—	0.50**	0.83**	0.64**	0.71**	0.85**
15															—	0.50**	0.67**	0.60**	0.80**
16																—	0.65**	0.69**	0.82**
17																	—	0.62**	0.84**
18																		—	0.84**
19																			—

***P＜.001；**P＜.01；*P＜.05。注：1是年龄，2是教龄，3是职称，4是幼儿园性质，5是园所地区，6是毕业院校，7是最终学历，8是所学专业，9是教师资格证，10是教师是否在编，11是月均工资，12是环境创设与利用，13是一日生活的组织与保育，14是游戏活动的支持与引导，15是教育活动的计划与实施，16是激励与评价，17是沟通与合作，18是反思与发展，19是问卷总分。

由表6.5可知，教师年龄、教龄和职称均与教师的专业能力呈正相关($r=0.06\sim0.22$之间，$P<0.05$，$P<0.01$)；办园性质与教师的"一日生活的组织与保育""游戏活动的支持与引导""激励与评价""反思与发展"能力呈负相关($r=0.06\sim0.08$之间，$P<0.05$，$P<0.01$)；园所地区与教师的"环境创设与利用""教育活动的计划与实施""反思与发展"能力相关($r=0.07$，$r=0.14$，$P<0.05$，$P<0.01$)；教师学历与教师的"环境创设与利用""一日生活的组织与保育""反思与发展"能力呈正相关($r=0.05\sim0.07$之间，$P<0.05$，$P<0.01$)；教师所学专业与"环境创设与利用"能力呈正相关($r=0.87$，$P<0.01$)；是否持有教师资格证与教师的"一日生活的组织与保育"能力呈负相关($r=-0.06$，$P<0.05$)；教师是否在编与其"一日生活的组织与保育""反思与发展"能力呈负相关($r=0.06\sim0.07$之间，$P<0.05$，$P<0.01$)；教师的月均工资与幼儿教师各方面专业能力均呈正相关($r=0.06\sim0.12$，$P<0.05$，$P<0.01$)。

三、川渝地区幼儿教师专业能力差异性分析

根据相关性分析结果，本研究进一步考察教师人口学变量与其专业能力存在的具体差异。由于年龄、教龄、职称三者之间具有紧密的依存关系，本研究假设三者中某一维度的差异性结果会使其他维度差异结果相同。通过SPSS分析，发现假设成立，故而只对教龄、办园性质、学历、园所地区、毕业院校、专业、是否取得教师资格证、是否在编以及月均工资等9个人口学变量进行详细分析。

（一）川渝地区不同教龄的幼儿教师专业能力差异分析

已有研究指出，教龄越长的教师专业能力越强。本研究以教师的教龄为自变量，教师专业能力为因变量，进行单因素方差分析及事后比较，所得结果与已有研究一致，教龄长的教师专业能力也较高。另外，"环境创设与利用""一日生活的组织与保育""游戏活动的支持与引导""激励与评价"等维度的方差齐性检验的结果为$P<0.05$，违反方差同质性假设，故改用Tamhane's T2检验法进行检验。具体结果如表6.6所示：

表6.6 川渝地区不同教龄的幼儿教师专业能力差异分析

检验变量	教龄	平均数	标准差	F	LSD
环境创设与利用	0~1年（含1年）(A)	4.43	0.60	12.80***	
	1~3年（含3年）(B)	4.48	0.61		
	3~8年（含8年）(C)	4.50	0.63		
	10年以上(D)	4.67	0.54		
一日生活的组织与保育	0~1年（含1年）(A)	4.42	0.58	13.60***	
	1~3年（含3年）(B)	4.53	0.57		
	3~8年（含8年）(C)	4.53	0.59		
	10年以上(D)	4.70	0.50		
游戏活动的支持与引导	0~1年（含1年）(A)	4.39	0.61	10.54***	
	1~3年（含3年）(B)	4.46	0.59		
	3~8年（含8年）(C)	4.46	0.64		
	10年以上(D)	4.52	0.57		
教育活动的计划与实施	0~1年（含1年）(A)	3.99	0.56	16.33***	D>A>B>C
	1~3年（含3年）(B)	4.00	0.61		
	3~8年（含8年）(C)	4.05	0.62		
	10年以上(D)	4.25	0.62		
激励与评价	0~1年（含1年）(A)	4.37	0.55	15.57***	
	1~3年（含3年）(B)	4.41	0.62		
	3~8年（含8年）(C)	4.45	0.62		
	10年以上(D)	4.64	0.56		
沟通与合作	0~1年（含1年）(A)	4.18	0.53	25.328***	
	1~3年（含3年）(B)	4.27	0.54		
	3~8年（含8年）(C)	4.32	0.55		
	10年以上(D)	4.53	0.52		
反思与发展	0~1年（含1年）(A)	4.10	0.56	17.13***	
	1~3年（含3年）(B)	4.04	0.60		
	3~8年（含8年）(C)	4.03	0.63		
	10年以上(D)	4.26	0.59		

注：***$P<.001$；**$P<.01$；*$P<.05$

(二)川渝地区不同办园性质的幼儿教师专业能力差异分析

对川渝地区不同办园性质的幼儿教师专业能力各维度进行独立样本 t 检验,结果如表6.7所示,不同办园性质的幼儿教师在"游戏活动的支持与引导""激励与评价""反思与发展"三方面存在显著差异,具体表现为公办园教师这三方面的能力显著高于民办园教师。

表6.7 川渝地区不同办园性质的幼儿教师专业能力差异分析

检验变量	办园性质	平均数	标准差	t
环境创设与利用 M	公办园	4.56	0.60	0.66
	民办园	4.53	0.58	
一日生活的组织与保育 M	公办园	4.60	0.56	1.63
	民办园	4.54	0.54	
游戏活动的支持与引导 M	公办园	4.53	0.61	2.07*
	民办园	4.45	0.59	
教育活动的计划与实施 M	公办园	4.12	0.62	0.37
	民办园	4.10	0.63	
激励与评价 M	公办园	4.53	0.60	2.02*
	民办园	4.44	0.61	
沟通与合作 M	公办园	4.38	0.55	−0.36
	民办园	4.40	0.53	
反思与发展 M	公办园	4.14	0.61	3.18**
	民办园	4.01	0.61	

注:***$P<.001$;**$P<.01$;*$P<.05$

(三)川渝地区不同学历的幼儿教师专业能力差异分析

对川渝地区不同学历的幼儿教师专业能力各维度进行单因素方差分析及事后比较,结果如表6.8所示,不同学历的幼儿教师在"一日生活的组织与保育""反思与发展"两大专业能力上存在显著差异,其他维度不存在差异。通过进一步的事后检验发现,本科和大专学历的幼儿教师在这两方面显著高于中专(含高中)学历的教师。

表6.8 川渝地区不同学历的幼儿教师专业能力差异分析

检验变量	学历	平均数	标准差	F	LSD
环境创设与利用 M	中专(含高中)(A)	4.48	0.70	1.47	—
	大专(B)	4.56	0.59		
	本科(C)	4.57	0.59		
	研究生(D)	4.30	0.55		
一日生活的组织与保育 M	中专(含高中)(A)	4.46	0.72	3.67**	B>A,C>A
	大专(B)	4.57	0.56		
	本科(C)	4.62	0.53		
	研究生(D)	4.45	0.51		
游戏活动的支持与引导 M	中专(含高中)(A)	4.44	0.74	2.05	—
	大专(B)	4.51	0.60		
	本科(C)	4.55	0.59		
	研究生(D)	4.25	0.69		
教育活动的计划与实施 M	中专(含高中)(A)	4.08	0.64	0.21	—
	大专(B)	4.11	0.61		
	本科(C)	4.12	0.62		
	研究生(D)	4.04	0.72		
激励与评价 M	中专(含高中)(A)	4.38	0.72	2.68	—
	大专(B)	4.51	0.58		
	本科(C)	4.53	0.59		
	研究生(D)	4.30	0.67		
沟通与合作 M	中专(含高中)(A)	4.34	0.59	0.73	—
	大专(B)	4.39	0.55		
	本科(C)	4.39	0.54		
	研究生(D)	4.20	0.57		
反思与发展 M	中专(含高中)(A)	3.99	0.67	3.46*	C>A
	大专(B)	4.09	0.62		
	本科(C)	4.16	0.60		
	研究生(D)	4.30	0.47		

注：***$P<.001$；**$P<.01$；*$P<.05$

(四)川渝地区不同园所地区的幼儿教师专业能力差异分析

对川渝地区不同园所地区的幼儿教师专业能力各维度进行独立样本 t 检验,结果发现,不同园所地区的幼儿园教师"环境创设与利用""教育活动的计划与实施""激励与评价""反思与发展"四个方面的专业能力存在显著差异。具体而言,城市幼儿园的教师的"环境创设与利用""教育活动的计划与实施""激励与评价""反思与发展"能力均高于农村(含乡镇)幼儿教师。具体如表6.9所示。

表6.9 川渝地区不同园所地区的幼儿教师专业能力差异分析

检验变量	园所地区	平均数	标准差	t
环境创设与利用M	城市	4.60	0.54	2.03*
	农村(含乡镇)	4.54	0.62	
一日生活的组织与保育M	城市	4.62	0.52	1.90
	农村(含乡镇)	4.57	0.58	
游戏活动的支持与引导M	城市	4.55	0.57	1.26
	农村(含乡镇)	4.51	0.62	
教育活动的计划与实施M	城市	4.17	0.61	2.61**
	农村(含乡镇)	4.09	0.63	
激励与评价M	城市	4.56	0.54	2.53**
	农村(含乡镇)	4.49	0.63	
沟通与合作M	城市	4.42	0.54	1.81
	农村(含乡镇)	4.37	0.55	
反思与发展M	城市	4.18	0.62	2.58*
	农村(含乡镇)	4.09	0.61	

注:***$P<.001$;**$P<.01$;*$P<.05$

(五)川渝地区不同类型院校毕业的幼儿教师专业能力差异分析

对川渝地区不同类型院校毕业的幼儿教师专业能力各维度进行单因素方差分析及事后检验,结果如表6.10所示,不同类型院校毕业的幼儿教师在"环境创设与利用""激励与评价""沟通与合作"三个方面的专业能力存在显著差异。具体而言,本科师范院校毕业的幼儿教师在"环境创设"和"沟通与合作"两个方面的专业能力低于中职学校、幼师高专院校和其他类型院校毕业的幼儿教师;"激励与评价"能力低于幼师高专院校和其他类型院校毕业的教师。

表6.10 川渝地区不同类型院校毕业的幼儿教师专业能力差异分析

检验变量	毕业院校	平均数	标准差	F	LSD
环境创设与利用M	中职学校(A)	4.60	0.59	2.60*	A,B,E>D
	幼师高专院校(B)	4.58	0.58		
	高职类院校(C)	4.53	0.69		
	本科师范院校(D)	4.48	0.61		
	其他类型院校(E)	4.60	0.55		
一日生活的组织与保育M	中职学校(A)	4.61	0.58	1.35	—
	幼师高专院校(B)	4.61	0.55		
	高职类院校(C)	4.59	0.60		
	本科师范院校(D)	4.53	0.58		
	其他类型院校(E)	4.61	0.52		
游戏活动的支持与引导M	中职学校(A)	4.55	0.60	1.81	—
	幼师高专院校(B)	4.56	0.59		
	高职类院校(C)	4.52	0.66		
	本科师范院校(D)	4.45	0.64		
	其他类型院校(E)	4.53	0.56		
教育活动的计划与实施M	中职学校(A)	4.14	0.58	1.73	—
	幼师高专院校(B)	4.11	0.62		
	高职类院校(C)	4.05	0.60		
	本科师范院校(D)	4.08	0.63		
	其他类型院校(E)	4.19	0.64		
激励与评价M	中职学校(A)	4.51	0.62	3.06*	B>D,E>D
	幼师高专院校(B)	4.56	0.57		
	高职类院校(C)	4.51	0.65		
	本科师范院校(D)	4.43	0.62		
	其他类型院校(E)	4.53	0.58		
沟通与合作M	中职学校(A)	4.44	0.52	3.36**	A,B,E>D
	幼师高专院校(B)	4.41	0.55		
	高职类院校(C)	4.36	0.59		
	本科师范院校(D)	4.30	0.57		
	其他类型院校(E)	4.43	0.53		

续表

检验变量	毕业院校	平均数	标准差	F	LSD
反思与发展M	中职学校（A）	4.05	0.62	1.09	—
	幼师高专院校（B）	4.15	0.61		
	高职类院校（C）	4.13	0.62		
	本科师范院校（D）	4.12	0.62		
	其他类型院校（E）	4.11	0.61		

注：$^{***}P<.001$；$^{**}P<.01$；$^{*}P<.05$

（六）川渝地区有无编制的幼儿教师专业能力差异性分析

对川渝地区有无编制的幼儿教师专业能力各维度进行独立样本t检验，结果发现，川渝地区有无编制的幼儿教师在"一日生活的组织与保育""反思与发展"两个方面的专业能力存在显著差异，有正式编制的教师显著高于无正式编制的教师。具体如表6.11所示。

表6.11 川渝地区有无编制的幼儿园教师专业能力差异性分析

检验变量	有无编制	平均数	标准差	t
环境创设与利用M	有	4.56	0.59	0.41
	无	4.55	0.60	
一日生活的组织与保育M	有	4.62	0.54	2.27*
	无	4.56	0.58	
游戏活动的支持与引导M	有	4.53	0.61	0.89
	无	4.51	0.60	
教育活动的计划与实施M	有	4.13	0.61	0.92
	无	4.10	0.63	
激励与评价M	有	4.53	0.60	1.03
	无	4.50	0.61	
沟通与合作M	有	4.39	0.55	0.27
	无	4.38	0.55	
反思与发展M	有	4.17	0.61	2.92**
	无	4.07	0.62	

注：$^{***}P<.001$；$^{**}P<.01$；$^{*}P<.05$

(七)川渝地区不同月均工资的幼儿教师专业能力差异性分析

对川渝地区不同月均工资的幼儿教师专业能力各维度进行单因素方差分析及事后检验,结果如表6.12所示,不同月均工资的幼儿教师在专业能力的各方面均存在显著差异。具体而言,工资4000元以上的幼儿教师各方面专业能力均显著高于4000元以下的幼儿教师,尤其是"一日生活的组织与保育""教育活动的计划与实施""沟通与合作""反思与发展"四个方面的差异非常显著。

表6.12 川渝地区不同月均工资的幼儿教师专业能力差异性分析

检验变量	月均工资	平均数	标准差	F	LSD
环境创设与利用M	2000元及以下(A)	4.51	0.67	3.10*	D>A,B,C
	2001~3000元(B)	4.53	0.61		
	3001~4000元(C)	4.53	0.59		
	4001~5000元(D)	4.66	0.55		
	5001元及以上(E)	4.62	0.55		
一日生活的组织与保育M	2000元及以下(A)	4.49	0.67	6.44***	D>A,B,C;E>A,B
	2001~3000元(B)	4.53	0.59		
	3001~4000元(C)	4.59	0.54		
	4001~5000元(D)	4.71	0.50		
	5001元及以上(E)	4.67	0.48		
游戏活动的支持与引导M	2000元及以下(A)	4.49	0.67	2.84*	D>A,B,C
	2001~3000元(B)	4.47	0.62		
	3001~4000元(C)	4.51	0.59		
	4001~5000元(D)	4.62	0.57		
	5001元及以上(E)	4.57	0.60		
教育活动的计划与实施M	2000元及以下(A)	4.03	0.63	5.69***	D>A,B,C;E>A,B,C
	2001~3000元(B)	4.06	0.62		
	3001~4000元(C)	4.10	0.61		
	4001~5000元(D)	4.21	0.62		
	5001元及以上(E)	4.26	0.63		

续表

检验变量	月均工资	平均数	标准差	F	LSD
激励与评价 M	2000元及以下（A）	4.44	0.69	4.73**	D>A,B,C；E>A,B
	2001~3000元（B）	4.46	0.61		
	3001~4000元（C）	4.51	0.57		
	4001~5000元（D）	4.64	0.58		
	5001元及以上（E）	4.58	0.58		
沟通与合作 M	2000元及以下（A）	4.30	0.58	6.83***	D>A,B,C；E>A,B,C
	2001~3000元（B）	4.34	0.55		
	3001~4000元（C）	4.36	0.54		
	4001~5000元（D）	4.49	0.54		
	5001元及以上（E）	4.52	0.51		
反思与发展 M	2000元及以下（A）	4.10	0.67	8.58***	D>A,B,C；E>A,B,C
	2001~3000元（B）	4.04	0.59		
	3001~4000元（C）	4.08	0.62		
	4001~5000元（D）	4.27	0.63		
	5001元及以上（E）	4.26	0.57		

注：***$P<.001$；**$P<.01$；*$P<.05$

第三节 川渝地区乡村幼师专业能力差异表征

教学能力的形成与发展离不开个人的努力和有利环境的支持。无论是职前还是职后阶段，教师的教学能力一直是教师培养工作的重点之一。但有学者指出，无论怎么设计现代大学的教师教育课程，还是制定怎样的教师专业标准，都回避不了教师的教育教学能力的培养，并且在一定程度上，教育教学能力对于教师专业能力的重要性日益突显。我们需要在现代大学的教师教育课程体系中设置必要的教育教学能力培养的课程，并且重建以教育教学能力为目标取向的教学体系。[1]但是，目前幼儿教师教育教学能力的培养仍比较注重知识性和学术

---

[1] 朱旭东.论我国教师教育体系的重建[J].教师教育研究，2009，21(6)：1-9.

性,实践性和体验性的内容较为缺失,尤其是乡村学前教育受多方面因素的阻碍,导致教师专业能力提升仍然存在许多困难。本节根据访谈结果,分别对乡村幼师专业能力存在的人口学差异进行解析。

一、乡村幼师专业能力存在教龄差异

辛星将教师发展分为新手教师(0~2年)、熟练新手教师(3~5年)、胜任型教师(6~9年)、业务精干型教师(10~15年)、专家型教师(16~20年)、杰出教师(21年及以上)六个阶段。[①]幼儿教师专业能力一方面与理论知识相关,另一方面与实践经验紧密联系。由于0~1年(含1年)的教师属于新手教师,虽有相关的理论知识,但缺乏丰富的实践经验,无法有效地将理论与实践紧密结合,因而其专业能力最低。10年以上的教师属于业务精干型或专家型教师,从教经验丰富,对幼儿和幼儿园都有深刻的见解,各方面专业能力都较高。尤其是在"环境创设与利用""一日生活的组织与保育"两个方面,10年以上教龄的幼儿教师经验更为丰富,其能力也明显地高于新手教师。0~1年的新手教师处于职业的适应期,主要任务是熟悉幼儿园各项活动的基本流程,缺乏将理论知识有效运用于教育活动的经验,因此在"教育活动的计划与实施"方面得分最低。

二、乡村幼师专业能力存在办园性质差异

本研究发现,公办园幼儿教师的相关能力显著高于民办园幼儿教师,尤其是在"游戏活动的支持与引导""激励与评价""反思与发展"三个方面。近年来,国家对幼儿园投入的财力、物力逐步增加,园长的理念得到及时更新和优化,幼儿教师的自我提升意识逐步增强,因而公办园幼儿教师的各类专业培训、讲座等培训资源逐渐丰富,有效地帮助公办园幼儿教师发展自身能力。民办园幼儿教师受制度、经济等因素的影响,参加培训的机会少,再加上民办园师生比不平衡,班级工作烦琐,幼儿教师负担重,降低了参加培训进修的相关机会。

公办园和民办园的生存稳定性,直接影响着职前幼儿教师的选择倾向。专业能力较高的幼儿教师涌向公办园,并在后期教学实践中积极运用所学知识实

[①] 辛星.上海市小学教师职业倦怠现状调查及思考——以对上海市365名小学教师的调查研究为例[D].上海:华东师范大学,2005:16.

施教育活动,专业能力提升更快。同时,公办园的评价机制相对完善,可以及时督促幼儿教师关注自身存在的问题,从而发现和解决问题,促进自身发展。

三、乡村幼师专业能力存在学历差异

本研究表明,本科和大专学历的幼儿教师专业能力显著高于中专(含高中)学历的幼儿教师,且在"一日生活的保育与组织""反思与发展"两个方面存在显著差异。目前,国内对大专学生的培养定位是应用型人才,课程设置方面强调知识适用、实用,注重实践性教学。因此,大专学生在校期间的学习以应用为主,任课教师也会融入丰富的实践案例,强调学生的模拟试教、教案撰写、教学技能等。学校也比较重视学生的实习实训,在不同阶段会安排不同类型的集中实习,配备相应的指导老师,旨在帮助学生日后进入岗位能较好、较快地适应相关工作。

本科院校近年来的培养目标逐渐从侧重理论素养转变为理论和实践并重,课程设置也逐渐重视实训课程,关注学生对幼儿园一日生活的了解和熟悉。同时,本科院校的实践资源也比较丰富,专家、教授的讲座会列举许多来自一线的实践案例。如此一来,学生既可以有效地掌握理论知识,也可以学习实践案例,及时运用理论分析实践内容。本科生会积极关注自身素养,及时了解学前教育的前沿观点,反思自身教学的优缺点,及时改变自己的教育行为,因此其反思能力明显高于中专和大专学历的幼儿教师。

四、乡村幼师专业能力存在毕业院校差异

调查结果表明,本科院校毕业的幼儿教师在"环境创设与利用""激励与评价""沟通与合作"三个方面的专业能力普遍低于幼师高专院校和其他类型院校毕业的幼儿教师,其中"环境创设"和"沟通与合作"能力还低于中职院校毕业的幼儿教师。

一方面,不同类型院校人才培养目标定位不同。本科院校侧重研究型、理论型人才的培养,强调能够以扎实的理论基础来指导实践,并由实践探索回归理论研究。在校培养期间,本科院校侧重于培养学生对儿童的认知、对学科整体知识的认知、对行业一线实践现状与问题的认知,重视与幼儿成长相关的生活活动、游戏活动、教学活动的设计与组织,忽略幼儿园中与幼儿教育活动息息相关的环

境创设、家长沟通等工作内容的教学与实践,忽略具体实践中细节知识的把握与细微能力的训练。中职、高职专科层次的学校则定位于培养应用型人才、实践型人才,在课程设置方面突出能力、技能培养,注重实践教学,强调学生岗位匹配性与适应性,进入幼儿园工作岗位后往往能较快协调好各方面工作内容,特别是能较快熟悉环境创设等操作型、家长沟通等交流型工作内容。

另一方面,不同类型院校毕业的学生就业岗位有所不同。本科院校毕业生往往优先选择城市幼儿园和公办幼儿园,很少会主动选择进入农村幼儿园。中职院校与高职专科院校毕业生大部分就业于农村幼儿园或民办幼儿园。本次调查的对象大部分属于乡村幼师,因此调研结果在此维度上可能倾向于高职高专院校与中职院校毕业生。不同类型院校毕业生职业发展目标不同。本科院校毕业的幼儿教师在职业发展上多兼顾内在和外在的发展,既重视职称、职务的上升,也注重专业知识与能力的提升,除了完成本职工作外,也非常关注儿童、探究儿童,喜欢思考儿童行为背后的原因与理论支撑,喜欢围绕儿童发展开展活动。而高职高专、中职院校毕业的幼儿教师在职业发展中较注重外在的发展目标,即岗位与职称的晋升,因此对幼儿园的事务性工作,如环境的创设、人员沟通合作、激励与评价等积极性较高,完成得较好。

五、乡村幼师专业能力存在编制差异

调查结果表明,川渝地区有无编制的幼儿教师在"一日生活的组织与保育""反思与发展"两方面存在显著差异。有正式编制的教师显著高于无正式编制的教师。

首先,编制本身就包含幼儿教师能力水平的筛选功能。当前我国幼儿园存在多种办园形式,公办园所占比例并不高,因此编制名额较少,编制考试竞争激烈,能考上的幼儿教师都是优中选优,基础知识扎实,专业能力突出,学习能力强,个人综合素质较高,在进入工作岗位后也很可能表现出较高的专业能力。

其次,有编制教师的工作考核要求较高。相对于无编制教师,有编制的教师需要接受幼儿园和教育行政部门的多重考核,例如对师德学习、继续教育学时的要求等都高于无编制教师。有编制教师在完成考核的过程中,需要不断积累知识、实践锻炼,从而提升自身专业能力。

最后，有编制意味着有稳定的工资收入，只要保质保量完成岗位工作任务，就能按时获得相应的收入，保障了基本物质生活。因此，有编制教师有更多的精力专注于职业发展与职业理想的实现。同时，有编制还意味着有较明确的职称晋升方向，也就有了个人专业发展的方向。职称晋升所带来的收入增加、专业地位提升，也是激励幼儿教师不断提升专业能力的重要因素。

六、乡村幼师专业能力存在月均工资差异

调查结果表明，不同月均工资的幼儿教师在专业能力的各方面均存在显著差异。

首先，工资水平本身就是教师专业能力的一种体现。无论公办幼儿园还是民办幼儿园，幼儿教师的工资都会随工龄、职称的变化而变化，经验越丰富、能力越强、教学成果越丰富、职称越高，工资自然也越高，与幼儿教师专业能力呈正相关。

其次，工资是直接的激励要素。幼儿教师工资普遍较低，川渝地区幼儿教师工资水平大多处于2000～3000元。4000及以上工资水平，意味着对幼儿教师专业能力要求要稍高一些。这激励着幼儿教师努力进取，提升专业能力，以获得较高的工资报酬。

最后，财政投入的保障作用。较高的工资水平意味着政府较高的财政投入，或幼儿园较好的经济效益。相应地，幼儿教师专业能力发展方面的经费投入也会更多。幼儿教师的专业能力发展有了资金保障，也就有了更多提升的机会，专业能力水平也就更高。

第四节 川渝地区乡村幼师专业能力提升困境

一、专业意识淡薄

专业意识是良好教育行为的先导，也是教学能力的基础。通过对幼儿教师专业知识的调查，我们发现，乡村幼师由于工作任务重，导致知识储备量逐渐弱化。部分乡村幼师学历较低，及时更新教育观念的意识比较淡薄，忽视多样化的

教学对幼儿发展所具有的重要价值。目前已有研究也指出,乡村幼师对活动课堂的重视度较低,课堂导入、学习兴趣的激发、游戏化教学等方面意识都较为缺乏。[1]部分年轻的乡村幼师由于刚离开学校不久,教育知识储备较为丰富,但与理想中的工作水平存在差距。从现实来看,乡村幼儿的认知范围较有限,接受能力偏弱;乡村家长大部分思想较为守旧,希望幼儿学习更多的知识。出于以上原因,乡村幼师与家长之间难以进行有效沟通。乡村幼师的热情逐渐淡化,提升专业能力的意识也随之被削弱。

二、培训的针对性和实践性较弱

职后多样化培训是幼儿教师专业能力发展的助推剂。本研究发现,目前乡村幼师专业能力相关的培训存在针对性和实践性较弱的问题。部分受访者表示,幼儿教师的培训多数时候是与中小学教师一同进行的,专门针对乡村幼师专业能力发展的培训数量很少,导致乡村幼师不能对相关内容进行深入的学习和研讨。而且,即便有培训的机会,乡村幼儿园也无法让所有的教师都参加。参加培训的教师回到幼儿园之后,也因工作事务繁忙,难以全面地与其他教师一起交流培训的内容,大多是泛泛而谈。乡村幼师在实践中遇到的难题没有得到解决。

受访者也提到,目前关于幼儿教师的培训缺乏实践性。乡村幼师特别乐于参加学前教育领域专家出席的培训讲座,可以及时获取新知识,开阔眼界。然而,这种培训往往理论站位较高,更多呈现的是理想化的幼儿园教学,对于乡村幼师解决一日生活中出现的各种问题,较少提供直观、直接、可迁移的经验,导致乡村幼师即使参与培训也难以有效提升专业能力。

三、相关机制有待健全

有研究发现,由于人具有自然的钝性,如若没有相关机制发挥警示与激励作用,那么教师无法在整个职业生涯中恒久保持专业发展的动力。[2]

---

[1] 裴生辉.乡村教师专业能力现状的调查研究——以Q市G县为例[D].哈尔滨:黑龙江大学,2017:33.
[2] 付敬雯.幼儿园对幼儿教师专业能力发展的影响研究——基于《幼儿园教师专业标准(试行)》的视角[D].沈阳:沈阳师范大学,2014:41.

乡村幼师的教育场所较为偏远,相关政策的严谨性和严厉度也较弱。一方面,由于地理位置的原因,政府投入的财政支持难以有效落地。乡村幼儿园常苦于资金不足,物质材料难以得到保障。久而久之,乡村幼师也不愿积极主动地思考自身的专业发展。另一方面,乡村幼儿园的警示机制较为欠缺。在编制的加持下,部分乡村幼师习惯于吃"大锅饭",对教学工作也是应付了事,不会深入思考教学中出现的问题,对自身专业能力也缺乏深入思考。

第五节　川渝地区乡村幼师专业能力解困措施

教育的关键在于教师,教师的素质和能力在很大程度上决定着教育的质量。要建设一支高素质的乡村幼师队伍,充分发挥乡村幼师的作用,需要有针对性地进行改革。

本研究发现,乡村幼师专业能力发展与年龄、教龄、职称、学历、所学专业、办园性质、园所地区、是否持有教师资格证、是否在编以及月均工资皆存在相关。近年来,政府颁布了一系列学前教育政策法规,持续增加学前教育财政投入,加强学前教育质量监管,取得了显著成效。但是,在出生人口减少导致的幼儿入园数量骤减、乡村学前教育面临诸多困境的背景下,乡村学前教育高质量发展迫在眉睫。乡村幼师是乡村学前教育高质量发展的关键要素,然而,目前乡村幼师能力水平参差不齐,总体上还不能满足学前教育高质量发展的需求。本节将从职前培养、职后培养和自主发展三方面入手,提出提升乡村幼师专业能力的建议。

一、建立健全职前培养体系

(一)建立健全协同育人机制

培养能够扎根乡村的幼儿教师,需要政府、高校、幼儿园多方形成合力协同育人。但是,由于各育人主体在地域空间上分离,工作内容各不相同,且在长期的实践中形成了各自的运行规则,导致培养主体间的交流较少,实现长期通力合作的难度较大,在幼儿教师的培养过程中彼此疏离。协同育人机制需要政府、高校、幼儿园等培养主体以各自的优势资源和需求为基础,围绕共同的育人目标,紧密联系与合作,共同参与人才培养全过程、全方面,培育出满足幼儿园实际需要的高素质人才。[①]

政府要切实整合地区学前教育发展资源,根据乡村幼师需求,制定符合实际的乡村幼师培养计划、支持政策与保障制度;搭建政校园协同育人平台,便于培养主体充分发挥各自优势协同育人,保障育人成效;对高校育人过程持续进行督导;等等。高校作为直接培养主体,要在政策指引下深入行业一线,了解当前学前教育发展真实境况与迫切需求,制定适宜的人才培养方案,依据人才培养方案推进教学改革,探索"三全育人"模式,与幼儿园合作建立实习实训基地,在幼儿园选定校外导师进行有针对性的指导,聘请经验丰富的幼儿教师兼职教学。幼儿园要为高校学前教育师范生提供实践教学平台,整合当地教育资源,与高校合作进行教学。三方须对育人过程与效果进行评价反思,总结有效的方法,分析问题与原因,为下一轮幼儿教师培养奠定坚实基础。

(二)完善职前培养的课程体系

1.完善学前教育专业核心课程

学前教育专业核心课程主要包括教育理论课程、五大领域课程、基本技能课程和教育创新课程。对幼儿教师专业能力具有奠基意义的、专业属性最强的五大领域活动课程应实现整合,帮助师范生形成全面的理解,避免重复学习。高校教师应当立足于幼儿教师的专业发展实施教学法课程,注重师范生试教能力、实践案例分析能力的培养,使他们掌握幼儿教学、班级管理等知识。

2.完善学科专业课程

根据加德纳的多元智能理论,每个人在解决现实生活中的具体问题时,都应该竭尽全力利用多元智力,创造性地处理问题,从而具备灵活解决困难的能力。学科专业课程中的艺术修养课程,对幼儿教师专业能力的提高具有支持作用。专科层次的学前教育应重视技能培养,尤其是技能运用的灵活性和多样性。学前教育专业院系宜自行设置包含美术、音乐等在内的学前教育艺术课程,而不是简单地将这些课程交给艺术系的教师安排,更不能将这些学科专业课程理解为

[①] 王高峰.新时代下政校企"三位一体"协同育人模式的探索与研究[J].现代职业教育,2023(11):177-180.

学会唱几首儿歌或者临摹几幅画就可以了。要处理好学科专业知识和技能训练的关系,使学生形成表达美、展示美以及创造美的能力,获得职业发展的不竭动力。

3.完善教育实践类课程

国内外的研究成果都表明,职前教师的实习、见习能够帮助其形成专业能力。因此,高等院校应建立和幼儿园的合作伙伴关系,将幼儿园作为培养基地,实施学前教育师范生的教育实践课程。要合理地安排教学实践时间,增强实践的力度。高校教师应定期或不定期地到幼儿园带班教学,或到幼儿园开展工作,与幼儿园管理人员共同承担起培养幼儿教师的责任,充分发挥高校的理论优势和幼儿园的实践优势,在平等交流的基础上共享教育资源,互动合作,增强高校教学能力,提升幼儿园教学质量,有针对性地提高幼儿教师的专业能力。

师范生的实践过程可以灵活化,在不同的阶段选择不同的主题。要明确实习目的,让师范生在实习的过程中进入不同年龄阶段的班级,了解不同年龄、不同班级的幼儿状况,获得不一样的成长感悟,从而保持优势、弥补劣势,扬长避短,快速提升自己。

二、完善职后培训机制

(一)政府细化政策,优化职后培训体系

教育部门出台的教育政策具有较强的导向作用和规范作用,为幼儿教师的专业发展奠定了政策基础。[①]当前,各级各类幼儿园的幼儿教师职业地位差距大、招聘要求与薪资待遇差距大,教师流动性与流失率高,工作强度大,使得部分幼儿教师出现职业认同感较低、职业倦怠感较强、师德理念边界不清等现象。因此,权威的、可操作的政策法规的制定与落实必不可少,这就需要政府在原有政策基础上细化政策内容,精准提供政策保障。

首先,继续推进学前教育立法工作,从法律层面对幼儿教师职业性质、社会地位进行明确界定,增强幼儿教师职业身份认知与认同感。

---

① 翟曼宁,李岩.乡村振兴战略背景下农村幼儿教师专业发展之调查研究[J].西部学刊,2023(15):141-144.

其次,持续推进普惠园支持与建设,各地政府依据当地实际情况合理增加编制名额,为有能力的幼儿教师提供入编机会,为普通的幼儿教师提供努力的方向。

再次,持续加大学前教育投入力度,普遍提升幼儿教师的薪资待遇,特别是民办幼儿园与农村幼儿园教师待遇,细化落实津贴补助,确保幼儿教师基本物质生活。

最后,优化幼儿教师职后培训体系,建设多层次、多维度的幼儿教师培训体系,覆盖或辐射农村偏远地区、贫困地区幼儿教师,满足不同类型、不同能力水平的幼儿教师专业能力发展需要,确保职后培训的实用性、适宜性、有效性。

(二)幼儿园科学管理,深度开展园本培训

幼儿教师专业能力提升需要良好的平台与发展环境,如高素养的幼儿园管理者、科学规范的管理、高效的园本培训等。幼儿园教育质量的提升,依赖于高质量教师队伍建设;幼儿教师专业能力的提升,依赖于所在幼儿园的发展环境与支持力度。幼儿园是教师成长的平台,要通过营造良好的环境、提供有力的支持,充分调动教师内在的发展意愿,促进其能力提升。

首先,幼儿园管理者应提高自身综合素养,树立科学的管理理念、掌握科学的管理方法、提升科学管理能力。科学的管理理念与管理方法体现在:遵守基本管理制度与规范,为幼儿教师营造宽松自由、平等民主、团结进取的文化氛围,鼓励幼儿教师参与管理,拓宽教师参与管理的途径,培养其主人翁精神。幼儿园管理者要根据幼儿教师的实际情况,积极鼓励幼儿教师做好职业规划,为其职业能力的提升提供制度、经济保障等,提升幼儿园教师队伍的稳定性。同时,幼儿园管理者要能关注到教师真实发展需求,激发教师发展的内在动力,在合理范围内尽可能提供提升能力的途径。

其次,优化幼儿园的管理制度。建立健全幼儿园各方面的规章制度,完善幼儿园管理体制,例如经费保障机制、工资福利待遇制度等,规范幼儿园的运行流程,保护幼儿教师的合法权益,为其专业成长解决后顾之忧。建立健全幼儿教师考核制度与标准,定期对幼儿教师的专业理念、师德、专业知识、专业能力进行考核,对专业能力发展停滞、落后的教师及时进行帮扶,发挥团队优势,取长补短,提升教师专业能力。

最后,建立健全园本培训制度,提高培训有效性。利用现代信息技术拓宽学习途径,丰富学习资源,充分利用线上学习资源提升幼儿教师专业能力;围绕幼儿教师教学实践中的问题,聘请园外专家、名师来园指导,有针对性地解决实践难题;支持幼儿教师外出学习培训,了解学前教育前沿理论与发展动态,加强与其他幼儿园教师的沟通交流,实现专业能力持续发展。

(三)加强集中反馈的监督管理

幼儿教师专业能力的发展具有不平衡性。为了保证培训的有效性,要利用教育行政部门的管理、教师之间的相互监督以及家长等第三方的评价,通过电话回访、亲临实践现场等形式,关注幼儿教师的成长变化。每次培训结束后,要组织集中的效果反馈活动。一方面,督导委员会可以经常到各级别的园所进行调研,强化管理;另一方面,在园内设置督导小组,贯彻执行有关制度,不定期组织家长、幼儿教师访谈会。督导小组成员每天不定时巡园,发现幼儿教师日常工作中的问题要记录、整理并总结,及时提出整改意见。

三、调动主体自主发展积极性

(一)发挥主观能动性,实现专业自主发展

提升幼儿教师的专业能力,除了营造良好的成长环境,关键还在于其自身主观能动性的发挥。

首先,明确认知,做好规划。幼儿教师要正确认知自身专业能力水平,了解自身存在的不足与短板,在此基础上做好专业发展规划,在日常工作中有目的、有针对性地学习与实践相应能力。例如,幼儿教师认识到自身在沟通交流方面存在不足,就要主动学习沟通交流的技能技巧,在日常工作中,积极抓住每次机会与家长、幼儿、同事等交流,在实践中逐渐提升自身的沟通能力。

其次,主动学习,优化结构。专业能力的提升需要以专业知识为支撑,幼儿教师要主动学习专业基础知识,优化并拓展专业知识结构。例如,每天坚持阅读专业书籍、报刊、文章,及时掌握行业发展动态;每次讲座积极向专家请教,解决专业上的困惑与问题;主动参与各类专业能力竞赛,在比赛中提升专业能力;

聚焦实践问题,虚心向身边有经验的老教师、名师、园长等请教,如一日生活的组织、家园联系技巧等。

最后,积极反思,反哺实践。反思是幼儿教师专业能力发展的重要途径。幼儿教师应善于剖析自身专业能力发展的不足,制定专业发展规划,分阶段、分步骤地实施。在这个过程中,幼儿教师要不断增强反思意识,提升反思能力,结合日常保教活动进行经验总结,理性认识自己的保教行为,并将反思成果应用于实践,优化实践效果。

(二)提高反思能力,制定清晰合理的职业发展规划

教师反思是教师个体在工作实践中不断总结经验教训,从而不断提升教学水平的过程。教师反思能力的提升,对于教师的专业发展具有关键作用。一线教师要充分利用各种途径提高自身反思能力。

教师可以自觉加强对学前教育相关政策文件和理论的学习,在教学实践中,做到具体问题具体分析,针对幼儿发展、园所活动、自身工作写反思日记,并向其他教师学习,总结经验,互相讨论,全面客观地进行自我评价,及时反思、不断成长。

科学合理的职业规划也有助于个体专业能力的发展。合理的职业规划要根据自身的性格、特长和对未来的期望来制定。职业生涯的初期,在熟悉掌握基本的教学常规工作外,还要观摩经验丰富的优秀教师的典型课例,把教学知识不断地转化为教学能力,逐渐认同幼儿教师的职业责任与使命,从而过渡到职业生涯的熟手阶段。

21世纪的发展离不开教育,学前教育作为奠基性阶段尤为重要。高质量的幼儿教师则是学前教育高质量发展的前提,及时了解幼儿教师专业能力现状、采取有针对性的措施,是学前教育不断发展的重要保障。

第三篇

川渝地区乡村幼师人才培养调查研究

  乡村学前教育高质量发展对振兴乡村教育、建设教育强国、推进中国式现代化具有重要意义。进入新时代以来，我国不断提升对乡村学前教育的重视。乡村学前教育的发展离不开专业的乡村幼儿园教师，更离不开社会各层面的支持。

  建设高素质专业化教师队伍是建设高质量学前教育体系的重要内容。目前，农村教育发展的短板主要在学前教育方面。二十大报告中提出强化学前教育发展，加快教育城乡一体化。2020年9月，教育部等六部门印发《关于加强新时代乡村教师队伍建设的意见》，提出要造就一支热爱乡村、数量充足、素质优良、充满活力的乡村教师队伍。幼儿师范院校要培养专业化的乡村幼师，才能更好地推动乡村学前教育事业的高质量发展。

第七章　川渝地区乡村幼师人才培养现状调查研究[①]

培养乡村幼师是满足乡村教育高质量发展需求、破解乡村教育边缘化困境的关键,既有利于稳定乡村幼师队伍,又有利于乡村学前教育的健康发展。近年来,随着学前教育迅速发展,各地乡镇中心园与村级园数量增多,解决了"入园难"的问题,大量教师也被补充进来,但乡村幼儿园的教学质量还有待提升。乡村幼师是乡村学前教育持续发展的动力,形成乡村幼师"下得去、留得住、干得好"的有效策略,不仅有利于乡村学前教育健康发展,在更大程度上满足乡村幼儿身心健康发展的需要,也能为乡村振兴赋力。地方高职高专院校作为培养乡村幼师的主阵地,其人才培养与社会需求有效衔接是社会关注的热点。

第一节　绪　论

在当前的教育改革浪潮中,全社会越来越重视学前教育。乡村幼师的培养,不论是从政策上看,还是从城乡统筹的现实情况来看,都是很有必要的。幼儿教师的专业能力是提高学前教育质量的关键,促进幼儿教师专业发展成为当今社会的迫切需要。在乡村全面振兴背景下,乡村群众对幼儿教育有了更高的要求。乡村幼师和乡村幼儿是两个紧密联系的群体。乡村幼师只有不断提高自身专业水平,才能更加科学地教育乡村幼儿,从而促进乡村学前教育的发展。因此,进行有针对性的乡村幼师培养是很有必要的。

一、研究背景

(一)培养乡村幼师的政策机遇

《国务院关于当前发展学前教育的若干意见》中提出,各级政府要加大对农村学前教育的投入,实施推进农村学前教育项目,重点支持中西部地区;地

[①] 本篇由重庆幼儿师范高等专科学校完成。撰写人:郑龙香。本文系重庆市2023年教育科学规划课题年度规划一般课题"三峡库区幼小双向衔接教育协同发展机制及路径研究"(K23YG3040332)成果之一。

方各级政府要安排专门资金,重点建设农村幼儿园。对长期在农村基层和艰苦边远地区工作的公办园幼儿教师,按国家规定实行工资倾斜政策。要加大面向农村的幼儿教师培养力度,扩大免费师范生学前教育专业招生规模。国务院办公厅印发的《乡村教师支持计划(2015—2020年)》提出,要加强贫困地区乡村教师队伍建设,缩小城乡师资水平差距,让乡村孩子都能接受公平的教育,培养乡村幼儿教师队伍对学前教育事业的发展有不可忽视的作用。2020年,为全面贯彻习近平总书记关于教育的重要论述和全国教育大会精神,深入落实《中国教育现代化2035》和《中共中央、国务院关于全面深化新时代教师队伍建设改革的意见》,教育部等六部门印发《关于加强新时代乡村教师队伍建设的意见》,提出要努力造就一支热爱乡村、数量充足、素质优良、充满活力的乡村教师队伍。

重庆市在实施第三期学前教育行动计划时提出,要切实加强幼儿园师资队伍建设,完善学前教育师资培养培训体系,合理调整学前教育专业人才培养规模,提高培养层次,提升培养质量。同时,鼓励高校优秀学前教育专业毕业生到农村幼儿园任教,重点办好在渝师范类高校学前教育专业,开展中专(职高)学前教育专业办学质量评估,提高学前教育师资培养质量。①

以上政策都强调了培养乡村幼师的必要性和可能性。地方高职高专院校应肩负起培养高质量乡村幼师的使命。

(二)高职高专院校成为培养乡村幼师的主阵地

随着国家政策的支持和人们观念的转变,乡村学前教育获得了前所未有的发展机遇,越来越多的人关注乡村幼师的培养。地方高校作为培养乡村幼师的主阵地,更应该关注社会需求,考虑人才培养的针对性。②高职院校一般指高等职业学校,是高等职业教育的实施机构,在我国的职业教育体系中处于核心地位。高等职业学校毕业生能获得国家认可的高等学校文凭,并享受普通大学毕业生的待遇。高职学前教育专业是在高等职业学校中开设的专业,培养能在学

---

① 重庆市人民政府关于第三期学前教育行动计划的实施意见[EB/OL].(2017-11-28)[2023-09-21]. http://cq.gov.cn/zwgk/zfxxgkml/wlzcxx/hmlm/whszf/201711/t20171129_8805762.html.
② 徐莉莉.地方高校学前教育专业课程改革探析——以农村幼儿教师培养为视角[J].绍兴文理学院学报(教育版),2017,37(10):69-73.

前、托幼、保育等相关机构承担保教、科研、管理工作,具有学前教育专业知识的技能型人才。

高职高专院校在制定或修订人才培养方案时,要明确人才培养方案的定义。本研究涉及的人才培养方案,是指三年制高职高专院校学前教育专业对准幼儿教师实施人才培养所制定的计划,是三年制高职高专院校学前教育专业人才培养的纲领性文件。人才培养方案的制订要考虑科学合理性,要深入行业,了解就业市场规律,及时调整课程内容,满足岗位需求,结合学前教育的特点与乡村教育的特殊性制定培养目标,培养符合社会发展需求的高素质幼儿教育人才,这是高职高专院校的任务与责任。[①]培养专业化的幼儿教师以提高学前教育质量,是当前学前教育改革的重点。为适应社会发展和国家政策对学前教育的新要求,满足高职高专院校提升学前教育专业人才培养水平的内在需求,进行人才培养方案改革是当前和未来相当长一段时期的紧迫任务。

(三)城乡统筹背景下实现幼儿教育公平的现实需要

实现教育现代化的薄弱环节在乡村,发展乡村教育,帮助乡村孩子学习成才,阻断贫困代际传递,是功在当代、利在千秋的大事。党和国家高度重视乡村教师队伍建设,在稳定和扩大规模、提高待遇水平、加强培养培训等方面采取了一系列政策举措,乡村教师队伍的面貌发生了巨大变化。但受城乡发展不平衡、交通地理条件不便、学校办学条件欠账多等因素影响,当前乡村教师队伍仍面临职业吸引力不强、补充渠道不畅、优质资源配置不足、结构不尽合理、整体素质不高等突出问题,制约了乡村教育持续健康发展。

乡村学前教育发展水平不仅关系到乡村基础教育的质量,更关系到城乡统筹背景下幼儿教育的公平问题。现阶段,我国农村人口仍占多数。在国家的大力扶持下,"入园难"问题得到了一定程度的缓解,但由于区域局限性,乡村幼儿园的办学条件差,教师专业素质参差不齐,不能满足社会需要。

大力发展职业教育,培育本土的高素质学前教育人才是提升农村幼儿园教育质量的关键之举。[②]作为本研究的样本抽选地,四川和重庆在西南地区极具代

---

① 胡秋云.高职学前教育专业人才培养模式的改革与实践研究——以漳州城市职业学院为例[D].厦门:厦门大学,2013:2.
② 张晓霞.欠发达地区高职院校学前教育专业人才培养模式优化研究——以四川凉山为例[D].广州:广东技术师范大学,2021:2.

表性。重庆属于大城市带大农村,城乡二元经济结构突出。因此,对川渝地区乡村幼师人才培养的现状进行调查研究,有利于促进农村学前教育的发展。[①]

二、理论基础

(一)高校职能理论

高等学校职能是指高等学校为适应社会分工和社会发展而需要承担的社会任务。随着社会的发展,高等院校的职能变得越来越丰富。通常,人们认为高等学校具备三种职能:第一,培养专门人才;第二,发展学科知识;第三,为社会服务。

培养专门人才是高等学校的核心职能。高校通过开展教育教学活动培养社会所需要的人才,随着社会的发展变化,依据时代需求调整人才培养规格。发展学科知识对应的工作是科学研究。高校应重视科学研究,开展科研活动。科研活动与教学活动相辅相成,才能不断促进高校的发展。为社会服务是指高校以其教育资源满足社会需求,服务社会。[②]

根据高校职能理论,高职高专院校应树立为地方办学的理念,确立培养热爱乡村、情系乡村、具有深厚乡村教育情怀的乡村幼师的目标,发挥传承地方文化的作用,为乡村教育贡献力量。

(二)人的全面发展理论

马克思主义认为,人的全面发展是人以一种全面的方式,也就是说,作为一个完整的人,占有自己的全面的本质。[③]人的全面发展具有十分丰富的内涵,具体如下:

第一,人的需要的全面发展。人的需要是人的本性,是人从事一切活动的动力。同时,人的需要会随着社会的发展而不断变化。因此,高职高专院校作为培养乡村幼师的主要力量,既要了解学生当下的需要,又要了解乡村幼师的需要,及时调整培养方案。

[①] 宋慧.川渝地区农村幼儿园课程资源配置的现状调查研究[D].重庆:重庆师范大学,2015:1.
[②] 潘懋元.新编高等教育学[M].北京:北京师范大学出版社,1996:42.
[③] 马克思恩格斯全集:第42卷[M].中共中央马克思恩格斯列宁斯大林著作编译局,译.北京:人民出版社,1979:123.

第二,人的能力的全面发展。人的能力包括体能、智能、技能等诸多方面的内容,人的能力全面发展是人的全面发展的核心。因此,高职高专院校在乡村幼师的培养过程中,不仅要培养专业知识和专业技能,还要注重思想道德、身体素质以及实践能力的培养,使其更好地为乡村教育服务。

第三,人的个性的全面发展。个性全面发展是人的全面发展的综合体现,是人的全面发展的最高水平。每个学生都是独立的个体,因此,学校要尊重学生的个体差异,因材施教,培养多种多样的人才。

马克思主义关于人的全面发展的理论,为我国学前教育专业人才培养目标的确立指明了方向,同时也是高职高专院校人才培养的标准。

三、文献综述

笔者以"学前教育专业""高职院校""乡村幼师"以及"人才培养"等为关键词,在中国知网(CNKI)和万方数据知识服务平台进行搜索,发现目前关于高职学前教育专业人才培养模式的研究成果主要集中在普通期刊。研究方向主要有四个方面:一是关于现状、问题和对策的研究;二是对人才培养模式的相关要素进行分析;三是关于构建合理人才培养模式的相关研究;四是关于乡村幼师人才培养的研究。

(一)关于现状、问题和对策的研究

刘文胜、丁燕认为,高职院校学前教育专业人才培养应该在课程设置、专业技能训练和实践学习上有所调整。[①]田菲菲指出,高职学前教育专业存在课堂效果不明显,招生与教育发展脱节,人才培养目标缺乏对市场需求的考虑,兄弟院校之间缺乏合作与交流,教育理念与实施不一致等问题。[②]

学者们对当前高职院校人才培养的现状进行了调查研究,发现存在的问题并分析原因,提出了具有可行性的建议。这说明学者们开始关注学前教育专业人才培养模式是否合理,应该如何进行调整才能满足社会的需求,培养出合格的幼儿教师。

---

① 刘文胜,丁燕.高职院校学前教育专业人才培养策略——基于儿童发展的需要[J].黑龙江高教研究,2013,31(8):92-93.
② 田菲菲.课改深化背景下高职院校学前教育专业人才培养的困境和思考[J].课程教育研究,2019(19):22-23.

(二)对人才培养模式的相关要素进行分析

在分析高职院校人才培养模式的相关要素时,大部分学者比较关注培养目标、培养过程、培养制度和培养评价四个方面。

其一,培养目标。徐立娟指出,高校人才培养目标存在笼统不具体、同质性高、方向不明确、定位不清晰、与岗位真实需求脱节等问题,并提出要明确县镇和农村的培养目标分流培养,更新教育理念,明确专业化、技能型人才的定位等策略。①

其二,培养过程。文萍等通过问卷抽样调查,发现高职院校存在学校对学生的选择没有给予足够重视,理论和实践比例失调,课程设置与保教能力培养脱节,师资力量薄弱,教学资源不丰富,教学场地设施设备不齐全,课程教学模式缺乏创新等问题。②

其三,培养制度。曹绍炼指出,高职院校都非常注重校、园合作,通过校、园合作模式,确保学前教师质量的提升。③

其四,培养评价。李玲玲指出,当前高职院校学前教育专业培养评价缺乏多元化,评价标准有待商榷,大多采用"一刀切"的方式。她认为,教学评价应模块化,涵盖技能水平、就业质量、产教融合、职业道德及校企合作水平等。④

(三)构建合理人才培养模式的研究

张加朝、覃军采用文献法、调查法和个案研究法,从"岗课赛证"融通的视角对人才培养模式改革的经验进行探究。结果发现,当前部分高职院校在学前教育专业人才培养过程中还存在"岗课赛证"融通关系未厘清、人才培养方案制定不合理、课程与教学资源建设滞后、教学模式单一、"园校"深度合作不够以及考核评价机制不健全等现实困境。⑤

---

① 徐立娟.高职学前教育专业人才培养目标的优化研究——以对《C校2017版人才培养方案》的研究为例[J].湖北开放职业学院学报,2019,32(2):27-29.
② 文萍,黄日健,佘雅斌.高职学前教育专业课程设置问题的调查分析——基于选择性教育理念的视角[J].教育导刊,2018(12):80-84.
③ 曹绍炼.高职"校""园"合作人才培养模式改革探究[J].厦门城市职业学院学报,2017,19(2):65-69.
④ 李玲玲.新时代高职院校学前教育专业人才培养对接社会需求研究[J].就业与保障,2020(2):110-113.
⑤ 张加朝,覃军.高职院校学前教育专业人才培养模式改革探索:"岗课赛证"融通的视角[J].成都师范学院学报,2023,39(9):29-37.

冯国荣提出了"1+2+3"校企合作人才培养模式,"1"是一条主线,即"德育首位、能力本位"为主体,贯穿人才培养全过程;"2"是"课岗对接"+"课证融通";"3"是学前教育专业校企合作人才培养过程分三个阶段实施,呈现阶梯状、递进式发展。①

郑洪利等打破传统的人才培养观念,提出"三方协同、四维一体"的培养模式,即学校、企业和政府三方均作为培养主体,协同合作培养,以身心、品行、技能、知识作为学前教育专业人才培养的核心素养,为深化高职学前教育专业人才培养模式改革提供了理论依据。②

孔宝刚、张有根针对高职学前教育专业办学定位模糊,校、园表象合作的问题,提出了"三位一体"的人才培养模式,要求重构"三位一体"的人才培养目标体系、课程体系和培养机制保障体系。③

(四)关于乡村幼师人才培养的研究

从搜索结果来看,针对乡村幼师人才培养的研究还有待丰富。

周端云、谢勇认为,从政策上看,乡村幼师有很好的前景,但从实践上看却存在着问题。学前教育人才培养目标中缺乏服务乡村幼儿园的指向,课程设置中缺乏与乡村教育相关的内容,关于乡村教育情怀的少之又少。在教学实践环节,忽视让学生深入乡村幼儿园,因此,学生缺乏对乡村幼儿园的了解,不熟悉真正的乡村幼儿园现状,导致学生不愿意去乡村幼儿园任教。他们提出,在人才培养目标上应明确指出为乡村学前教育服务,在课程设置上增加一些地方性课程,培养乡村教育情怀,实践教学要富有乡村特色。④

蒋平等认为,地方高职院校仍存在协同育人机制不畅、需求契合度不高和师范生教学能力不强等问题。这是由于农村幼儿园有很大部分学生是留守儿童,因此,在培养乡村幼师时,要增加心理保健、身体保育和家庭指导等方面的内容。

---

① 冯国荣.高职学前教育专业校企合作人才培养模式的构建与探索——以陕西职业技术学院为例[J].职教论坛,2020(2):138-142.
② 郑洪利,张驷宇,孙会扬."三方协同、四维一体"的学前教育专业人才培养模式的探索与实践[J].中国职业技术教育,2017(26):5-9.
③ 孔宝刚,张有根.高职学前教育专业教学做"三位一体"人才培养模式的构建[J].教育与职业,2016(24):87-89.
④ 周端云,谢勇.人才培养模式视角下乡村幼儿教师补充的困境与出路[J].教师教育论坛,2017,30(1):70-75.

另外,在职前培养上,要通过"三教"改革培养乡村高质量幼小师资实践育人体系,注重培养学生的创新能力,引导学生结合农村幼儿园的生态、环境条件,利用现有自然资源开发课程,注重灵活性和变通性,以促进乡村教育高质量发展。①

通过文献计量及可视化分析,笔者发现学前教育师资培养研究的文献数量总体呈上升趋势,研究热点主要集中在学前教育师资培养层次的差异与定位、高职院校学前教育师资培养的困境与出路、农村学前教育师资培养的重点与方向、学前融合教育师资培养的问题与价值等方面。综上所述,笔者认为目前的研究具有如下特点:

第一,从研究对象上看,学者们在对乡村幼师进行研究时,往往针对的是已经在乡村幼儿园工作的新手教师,对学前教育专业在校学生的调查比较少。

第二,从研究方法上看,学者们主要运用问卷调查法、文本分析法,辅之以访谈法,从而发现问题并提出建议;或者通过内容分析法对相关院校的人才培养方案进行质性研究,对比其相同和不同,从而获得启发。

第三,从研究内容上看,重点关注"学前教育""高职院校""课程设置与教学""现状、对策、改革""培养模式""中高职衔接"等问题,大多围绕培养目标、课程设置、培养过程、培养评价进行研究。

总体来看,已有研究的不足主要表现在:一方面,较少以在校学生为研究对象,没有深入学生群体,了解他们的真实需要;另一方面,较少把焦点集中在乡村情怀或乡村知识和能力上。因此,以在校学生为研究对象,对乡村幼师人才培养进行有针对性的研究是有必要的。

第二节 研究设计

为深入贯彻成渝地区双城经济圈建设重大决策部署,落实川渝两地教育协同发展战略,更好服务于川渝地区学前教育普惠优质发展,重庆幼儿师范高等专科学校和川南幼儿师范高等专科学校等学校发起成立成渝地区双城经济圈职业

---

① 蒋平,卢玲,王箭飞.地方高职院校师范专业培养乡村高质量幼小师资的实施路径[J].教育与教学研究,2023,37(9):59-66.

院校学前教育发展联盟,由两校牵头,协同兄弟院校、幼儿园、学前教育研究机构、行业机构共300余所,近50个教育行政部门,以提质培优、增值赋能为目标,以校企合作、"三教"改革为抓手,充分发挥"协同、创新、开放、共享"理念,深度开展人才培养、科学研究、文化交流、社会服务、国际合作等方面的项目融合和品牌打造,推动川渝两地的学前教育高质量发展。

随着国家对乡村学前教育的支持逐渐增强,乡村幼师的质量提升成为地方高职高专院校人才培养的着力点。为了更好地了解川渝地区乡村幼师人才培养的现状,笔者设计了有针对性的调查问卷,对川渝地区高职高专院校学前教育专业在校学生进行调查。

一、研究目的

本研究通过对川渝地区乡村幼师人才培养的现状进行调查,了解高职高专院校学前教育专业人才培养方案在培养目标、课程设置、教学方法、培养评价、师资队伍、实践教学六个维度上的差异与问题,根据社会发展和幼教改革的要求,结合川渝地区乡村幼儿园的特点,尝试提出相应的对策和建议,为当前高职高专院校学前教育专业人才培养方案深化改革提供现实依据和理论支撑。

二、研究思路

首先,明确研究的目的与意义,选择研究方法并制订有效的研究工具。

其次,对文献进行整理,分析现实情况和研究需要,确定研究内容,明确研究立场,制订研究计划。

再次,通过随机抽样对川渝地区高职高专院校在校学生进行问卷调查,了解川渝地区乡村幼师人才培养现状。

最后,结合实际,提出改善乡村幼师人才培养的建议。

三、研究内容

本研究主要围绕三个方面展开:

第一,川渝地区高职高专院校乡村幼师人才培养的现状,包括培养目标、课程设置、教学方法、教学资源、师资队伍、实践教学等方面。

第二,川渝地区乡村幼师人才培养中存在的问题,通过对乡村幼师人才培养现状的调查,分析和揭示高职高专院校乡村幼师人才培养中存在的问题。

第三,川渝地区高职高专院校乡村幼师人才培养的对策。针对高职高专院校乡村幼师人才培养中存在的问题,提出改善的对策。

四、研究方法

(一)文献法

通过互联网和馆藏资料检索等途径,搜集国内尤其是川渝地区高职高专院校有关学前教育人才培养的文献资料、国内有关学前教育的政策文本,从总体上把握研究现状和不足,并结合相关理论基础,分析川渝地区对乡村学前教育专业人才的要求。

(二)问卷调查法

1.问卷调查目的

了解川渝地区高职高专院校学前教育专业人才培养的现状,发现在乡土情怀培养、专业理念与师德、专业知识、专业能力、认知与评价等方面存在的问题。

2.问卷调查对象

本研究通过随机抽样,随机抽取川渝地区6所开设学前教育专业的高职高专院校作为研究样本,选取在校学生作为调查对象,通过问卷星进行问卷调查,共收回问卷2210份,其中有效问卷为2112份,有效回收率为95.56%。调查对象的基本情况如表7.1所示。

表7.1 调查对象总体情况分布

	选项	频率(人)	百分比(%)	有效百分比(%)
性别	A.男	95	4.5	4.5
	B.女	2017	95.5	95.5
生源	A.农村	1680	79.5	79.5
	B.城市	432	20.5	20.5

续表

	选项	频率(人)	百分比(%)	有效百分比(%)
家庭人均月收入	A.2000元以下	661	31.3	31.3
	B.2000~3000元	886	42.0	42.0
	C.3000~5000元	425	20.1	20.1
	D.5000元以上	140	6.6	6.6

根据统计分析可以看出，选择就读学前教育专业的学生以女生为主，在2112份有效问卷中，男生只有95名，占有效调查总数的4.5%；女生有2017名，占有效调查总数的95.5%，这也是幼儿教师队伍以女性为主、缺少男性幼儿教师的主要原因。有79.5%的学生来自农村，20.5%的学生来自城市，且93.4%的学生家庭人均月收入在5000元以下，这可能是因为调研地区集大城市、大农村、大山区、大库区于一体而形成的结果。

3.问卷调查工具

本研究在文献阅读、政策文本分析的基础上，依据《幼儿园教师专业标准（试行）》和教育部关于职业院校专业人才培养方案制订与实施工作的指导意见，结合专家咨询，最终形成了《川渝地区乡村幼儿教师人才培养现状调查问卷（学生卷）》。问卷分为两部分，第一部分是学生基本信息，第二部分为自我评估。该量表由一组陈述组成，每条陈述有"完全不同意、基本不同意、不确定、基本同意、完全同意"五种回答，分别记为1,2,3,4,5分。问卷结构如表7.2所示：

表7.2 调查问卷的结构

维度	项目	对应题项
乡土情怀	责任	1,2
	爱	3,4,5
专业理念与师德	专业理念	6,7,8
	师德	9,10,11
专业知识	发展性知识	12,13,14
	保教知识	15,16,17
	通识性知识	18,19,20

续表

维度	项目	对应题项
专业能力		21,22,23,24,25,26,27
认知与评价	培养目标	28,29,30
	课程内容	31,32,33,34
	教学方法	35,36,37,38
	培养评价	39,40,41
	实践教学	42,43,44

(1)问卷信度分析

信度代表量表的稳定性及一致性。本研究采用克隆巴赫α系数的同质性信度检验方法来检验信度。量表的α系数值越高,表示信度越高,测量误差值越小。具体如表7.3所示。

表7.3 各维度信度分析

一级维度	Cronbach's Alpha	基于标准化项的Cronbach's Alpha	项数
乡土情怀	0.881	0.880	5
专业理念与师德	0.703	0.717	6
专业知识	0.950	0.951	9
专业能力	0.951	0.951	7
认知与评价	0.909	0.922	17
总体	0.962	0.967	44

从表7.3可以看出,该调查问卷中各维度对应的标准化系数值均高于0.6,内部具有一致性,问卷总的信度系数是0.962,具有较高的信度,可以保证本研究的调查质量。

(2)问卷效度分析

结构效度是指测量某种结构与测量值之间的对应程度。KMO和Bartlett的球形检验用于因素分析的适用性。KMO值越大,表示变量间的共同因素越多,越适合进行因子分析。在做因子分析时,要求Bartlett球形检验结果的值必须达到显著水平,即 $P<0.05$,若 $P>0.05$,则表明该数据不适合做因子分析。[①]具体分析见以表7.4。

表7.4 各维度效度分析

一级维度	KMO	Bartlett的球形度检验		
		近似卡方	df	Sig.
乡土情怀	0.803	6423.594	10	0.000
专业理念与师德	0.697	2716.233	15	0.000
专业知识	0.944	17213.119	36	0.000
专业能力	0.937	13996.208	21	0.000
认知与评价	0.944	25341.617	136	0.000
总体	0.974	76355.382	946	0.000

表7.4显示,此处的KMO值为0.974,并且Bartlett球形检验结果都小于0.05,具有显著水平,适合进行因子分析。通过主成分因素萃取法,采取最大变异转轴后,得到的每个维度解释总变异量分别为67.836%、61.400%、71.835%、77.475%、67.318%,解释总变异量大于60%,可知问卷具有良好的结构效度。

（3）数据处理

本次调研所得的量化数据,根据研究的需要分别采用Excel和SPSS21.0进行统计和分析。

第三节 研究结果

通过数据处理和分析,本研究发现学生的乡土情怀、专业理念与师德、专业知识和专业能力水平不一。因此,我们需要了解学生对人才培养方案中的培养目标、课程设置、教学方法、教学资源、师资队伍、实践教学的认识,从学生的角度出发,分析高职高专院校乡村幼师人才培养中存在的问题。

[①] DAREEN GEORGE,PAUL MALLERY.心理学专业SPSS13.0步步通[M].北京:世界图书出版公司,2006:256.

一、对乡土情怀的评价

表7.5　对乡土情怀的评价

	均值	标准差	方差
1.我毕业后愿意成为一名乡村幼儿教师	3.28	0.924	0.854
2.我愿意投身乡村,致力于发展乡村学前教育	3.36	0.928	0.861
3.我能向他人自豪地介绍自己是一名乡村幼儿教师	3.59	0.963	0.928
4.我能对乡村学生充满关怀和关爱	4.08	0.859	0.738
5.我非常热爱乡村的自然生态和人文环境	4.03	0.876	0.767
总体	3.66	0.749	0.562

从表7.5可以看出,乡土情怀由责任和爱组成。从调研的结果来看,调研的学生中有79.5%来自农村,对家乡的自然生态和人文环境是充满热爱的(题5均值4.03＞3.66),能对乡村学生充满关怀与关爱(题4均值4.08＞3.66),但是毕业后不愿意回农村工作,不愿意投身乡村为乡村学前教育振兴而努力,更多的是想走出乡村,留在城市发展(题1均值3.28＜3.66,题2均值3.36＜3.66,题3均值3.59＜3.66)。从人才培养方面来说,这是高职高专院校的人才培养目标、课程内容和实践教学缺乏乡村性导致的,没有对学生进行引领。当然也有学生个人因素,有些学生在选择专业之前没有进行深入了解,找工作时又通过多方途径打听到乡村幼师薪资待遇不高,生活不方便,工作任务又杂又多,因而打了退堂鼓,不愿意从事乡村幼师工作。

二、对专业理念与师德的评价

表7.6　对专业理念与师德的评价

	均值	标准差	方差
6.我非常热爱学前教育事业	3.74	0.921	0.848
7.我非常了解幼儿教育方面的政策及法律法规	3.56	0.866	0.749
8.我认为幼儿园教师就是"保姆"	3.91	1.14	1.30
9.我能尊重幼儿人格,维护幼儿合法权益,平等对待每一位幼儿	4.43	0.782	0.611

续表

	均值	标准差	方差
10.我工作压力较大时,偶尔可能会高声喝斥幼儿	4.12	1.04	1.09
11.我重视自身日常态度言行对幼儿发展的重要影响与作用	4.26	0.816	0.666
总体	4.00	0.594	0.354

由表7.6可知,大部分学生具有良好的师德,知道以身作则的重要性,注意自己日常的言行举止。但学生的专业理念还有待加强,具体表现为对与学前教育相关的法律法规缺乏了解,缺乏学习的主动性与积极性,对乡村幼师的认识还不到位,没有认识到乡村幼师也是履行教育教学工作的专业人员。

三、对培养方案的认识

关于学生了解学前教育专业人才培养方案的情况,统计结果显示:15.44%的学生选择"完全符合",49.67%的学生选择"基本符合",30.26%的学生选择"不确定",3.88%的学生选择"基本不符合",0.76%的学生选择"完全不符合"。从数据上看,大部分学生对培养方案比较了解,说明高职高专院校对人才培养方案的解读工作做得比较扎实。但仍然有小部分的学生对培养方案不了解,不知道培养方案的内容,甚至没看过人才培养方案。

(一)对培养目标的认识

关于学生对人才培养目标的认识,统计结果如表7.7所示。

表7.7 对培养目标的认识

	均值	标准差	方差
29.我认为学校人才培养的目标定位能满足乡村幼儿教师岗位需求	3.82	0.759	0.576
30.我认为学校的学前教育专业的人才培养方案符合时代和社会对幼儿教师的要求	3.92	0.723	0.522
总体	3.87	0.694	0.482

学生对培养目标的掌握情况,会直接影响其成长。高职高专院校制定明确的培养目标,是培养合格毕业生的第一步,要让学生对培养目标有全面的理解和

深刻的认识。从表7.7的数据来看,高职高专院校学前教育专业的学生普遍认为学校的人才培养方案符合时代和社会对幼儿教师的要求。这说明院校在制定人才培养方案时考虑了社会需求(题30均值3.92＞3.87),以培养复合型人才为主。但是,大部分学生认为学校人才培养的目标定位不能满足乡村幼师岗位需求(题29均值3.82＜3.87)。一方面,学生对本专业的培养目标掌握得不够全面,对人才培养规格不够了解,仅根据个人的理解来解读人才培养目标。这就需要学校在学生入学之时就做好人才培养目标解读工作。另一方面,学校的人才培养方案中忽视了乡村幼师的特殊之处,对乡村幼师应该具备的知识、能力没有做具体说明,在乡村教育情怀及乡村资源开发能力的培养上有所欠缺。

(二)对课程设置的认识

为了解学生对课程设置的认识,本研究从课程结构和课程内容两个方面进行了调查。

表7.8 对课程设置的认识

	均值	标准差	方差
31.我对专业理论课与专业实践课的设置比例感到满意	3.84	0.753	0.567
32.我所学的的课程中有关于乡村情怀培养的内容	3.73	0.838	0.702
33.我所学的课程中有关于乡村知识培养的内容	3.69	0.851	0.725
34.我所学的课程中有关于乡村保教知识能力的内容	3.71	0.849	0.721
总体	3.74	0.739	0.546

表7.9 学生对专业知识的掌握

	均值	标准差	方差
12.我熟悉有特殊需要幼儿的身心发展特点及教育策略	3.90	0.813	0.661
13.我了解幼儿发展中容易出现的问题与适宜的对策	3.85	0.771	0.595
14.我掌握了促进幼儿全面发展的策略与方法	3.82	0.767	0.588
15.我已经掌握幼儿园各领域教育的学科特点与基本知识	3.77	0.761	0.579
16.我能根据幼儿的身心发展特点来进行幼儿园环境创设	3.88	0.744	0.554
17.我已经掌握意外事故和危险情况下幼儿安全防护与救助的基本方法	3.81	0.747	0.557

续表

	均值	标准差	方差
18.我已经具有幼儿教师应有的自然科学和人文社会科学知识	3.77	0.767	0.589
19.我具有幼儿教师应有的艺术欣赏与表现知识	3.91	0.716	0.513
20.我已经掌握运用多媒体辅助教学的方法	3.89	0.756	0.571
总体	3.84	0.643	0.414

表7.10 对专业能力的掌握

	均值	标准差	方差
21.如果现在工作,我能够合理利用资源,为幼儿提供和制作适合的玩教具和学习材料	3.89	0.728	0.530
22.如果现在工作,我能够合理安排和组织幼儿一日生活的各个环节	3.85	0.745	0.555
23.如果现在工作,我能够充分利用资源,变废为宝,让幼儿充分游戏	3.88	0.732	0.536
24.如果现在工作,我能够制订阶段性的教育活动计划和具体活动方案	3.79	0.748	0.560
25.如果现在工作,活动中我能注重对幼儿进行及时的、肯定的评价	3.93	0.714	0.510
26.如果现在工作,我能经常有效地与家长就幼儿发展方面的问题沟通意见	3.81	0.766	0.587
27.如果现在工作,我能做到经常进行反思,改进保教工作	3.94	0.720	0.518
总体	3.86	0.647	0.420

结合表7.8、表7.9和表7.10所示,学生对专业理论课与专业实践课的设置比例感到满意(题31均值3.84＞3.74),对幼儿发展知识、幼儿保育教育知识和通识性知识掌握得较好,符合《专业标准》的要求。地方高职高专院校目前开设的课程能满足大部分学生的需要。但是,目前开设的课程中没有涉及乡村情怀、乡村知识、乡村保教能力等方面的内容,说明地方高职高专院校没有充分利用地方资源,内容缺乏针对性。

学生的环境创设与利用能力较强(题21均值3.89＞3.86),但还不能合理安排和组织一日生活的各个环节,将教育灵活地渗透到一日生活中(题22均值3.85

＜3.86）；对幼儿游戏活动的支持与引导能力较强（题23均值3.88＞3.86），但教学活动的计划和实施能力还有待加强（题24均值3.79＜3.86）；激励与评价能力较好（题25均值3.93＞3.86），但是沟通与合作能力特别是与家长的沟通能力较差（题26均值3.81＜3.86）；反思能力较好（题27均值3.94＞3.86），但是实践能力较差。综上，高职高专院校应该在课程中增加实践内容和实用知识，例如怎样与留守儿童及其监护人沟通等，增强学生的沟通技巧。

（三）对教学方法的认识

表7.11　对教学方法的认识

	均值	标准差	方差
35.在课堂上，大部分时间是由老师讲述，我们听	3.41	0.989	0.978
36.老师在教学中经常通过提问等方式引导我们积极思考	4.02	0.693	0.480
37.老师经常让我们分小组进行讨论	4.09	0.716	0.512
38.老师熟练使用教学信息平台（MOOC、职教云等）	4.02	0.755	0.571
总体	3.88	0.569	0.325

如表7.11所示，教师在教学过程中，能够熟练使用教学信息平台（MOOC、职教云等），也会通过提问等方式引导学生积极思考，并分小组进行讨论（36题均值4.02＞3.88、37题均值4.09＞3.88、38题均值4.02＞3.88），说明教师已经意识到学生的主体地位，但是教师讲、学生听的教学形式依旧存在，且使用频率较高，没有发挥学生的积极性。

（四）对培养评价的认识

表7.12　对培养评价的认识

	均值	标准差	方差
39.老师对我们采取过程性评价和总结性评价相结合的方式	4.01	0.724	0.524
40.老师在对我们进行评价时，只使用过程性评价	2.85	1.05	1.11
41.老师对我们进行评价时采取学生、教师和行业教师的综合评价	3.92	0.730	0.533
总体	3.59	0.512	0.262

由表7.12可知,教师在对学生进行评价时,会把过程性评价和总结性评价相结合(题39均值4.01>3.59),进行综合性评价。过程性评价由出勤、课堂表现、作业完成情况等构成,总结性评价是期末的考查或考试。评价结果以数字的形式展示,学生只能看到自己是否通过,但不能了解自己在学习过程中的进步或者需要改进的地方。

评价的主体由教师的单一评价转变为学生、教师和行业教师的综合评价(题41均值3.92>3.59),评价主体增多。但是,学生缺乏评价经验,更多的是主观性评价;行业教师的评价往往流于形式,实质性的评价较少。

(五)对实践教学的认识

表7.13 对实践教学的认识

	均值	标准差	方差
42.我对学校提供的教学实践机会感到满意	3.87	0.762	0.581
43.我对学校教学实训室的基础设施条件感到满意	3.81	0.821	0.674
44.学校会安排我们去乡村幼儿园实践教学	3.44	0.894	0.799
总体	3.70	0.689	0.475

由表7.13可知,学生对学校提供的教学实践感到满意(题42均值3.87>3.70),高职高专院校的合作幼儿园、托育机构能满足学生实践教学的需要。学生对学校教学实训室的基础设施条件也感到满意(题43均值3.81>3.70),校内实训室有奥尔夫实训室、蒙台梭利实训室、仿真幼儿园实训室、绘本实训室、建构实训室、钢琴教室、舞蹈教室等。但是,很多院校不会安排学生去乡村幼儿园实践教学(题44均值3.44<3.70)。这可能是由于培养目标的定位不清晰,乡村指向性不强,导致在安排学生见习、实习时缺乏乡村元素,学生对乡村幼儿园的发展水平不了解,也不了解未来的就业环境,不愿意服务乡村。

第四节 川渝地区乡村幼师人才培养存在的问题

通过对川渝地区乡村幼师人才培养现状的调查,本研究发现川渝地区高职高专院校存在一些共同的问题。院校之间在培养目标定位、课程内容、教学方法和评价体系等方面都存在同质化现象,忽视学生自身基础和个性化需求,难以突出地方特色,也难以为本地乡村幼儿园输送合格人才。

一、培养目标定位不清晰,缺乏指向性

职业院校学前教育专业人才培养目标是依据国家教育方针和政策,结合专业特点与社会对职业院校学前教育专业人才需求而制定的、有计划的学前教育专业人才培养指南,[①]通常包括培养定位、培养规格和培养特色等方面。

培养目标是人才培养方案中的核心要素,它不仅决定了人才培养的规格,而且对课程、教学等要素起着统领的作用。[②]通过对调研院校人才培养方案的文本分析,本研究发现,很多院校在设置培养目标时没有体现自身优势和办学特色,没有结合学生已有经验和基础,也不具有地方性。多数人才培养方案仅仅是为了回应政策,追求同质化的教育,无法满足学生多样化的需求,很难为乡村幼儿园输送适合的人才。

目前,高职高专院校学前教育专业的人才培养目标定位以复合型人才为主,培养德智体美劳全面发展,具有良好师德修养和幼教情怀,掌握学前儿童学习与发展的基本理论与知识,具备科学实施幼儿园保教活动能力,具备反思意识和可持续发展潜力,能胜任各类学前教育机构保育、教育工作的幼儿教师。这样的目标设置不具针对性,指向不明确。高职高专院校学生的就业岗位更多的是面向农村,这样的目标设置不能满足乡村幼师的岗位需求。培养目标不清晰,会使教师在课程设置和教学内容上出现偏差,影响人才培养质量。

人才培养的目标定位存在"离农轻乡"问题,一方面是因为高职高专院校对国家重点发展乡村学前教育、优先培养乡村幼师的政策理解不够、落实不足;另一方面,是因为多数开设学前教育专业的院校未深入乡村幼儿园调研,导致人才培养方案不能满足乡村幼师的岗位需求,难以培养学生的乡村情怀,难以培养能胜任乡村幼儿园课程建构、资源创设、家长引导、班级管理的专门人才。

[①] 王伟华.职业院校学前教育专业人才培养方案满意度研究——基于广东某几所职业院校的现状调查[J].广西教育学院学报,2022(4):201-210.
[②] 李康.学前教育本科生专业能力培养问题及对策研究——以×大学为例[D].锦州:渤海大学,2018:41.

二、课程设置不科学,内容缺乏针对性

课程设置是按照学前教育专业培养目标和培养规格,选择课程内容,确定学科门类与相关活动,确定教学时数,编排教学顺序,并规定学习要求与考核方式,最终构建合理课程体系的过程。[1]课程内容的科学性、实用性,课程结构的合理性、关联性和顺序性,是优化课程设置的主要影响因素。[2]通过调研,本研究发现高职高专院校的课程设置呈现出明显的城市化倾向,缺乏乡土性,涉及乡村情怀、乡村知识、乡村保教能力的内容比较少。

导致此现象的原因,一方面是因为任课教师缺乏对乡村幼儿园现状的了解,没有深入乡村幼儿园进行实践,与乡村幼师缺乏联动,对乡村学前教育情况的了解不全面、不准确,因而难以培养符合乡村幼儿园需要的人才;另一方面,由于教师缺乏乡村幼儿园教学实践经验,在教学过程中也就不能教给学生乡村幼儿园所需的教育理念、知识和技能。课程内容与岗位需求脱节,不仅造成课时浪费,还脱离了乡村教育实际,使学生缺乏乡村教育情怀,不愿意去乡村幼儿园工作。

三、教学方法有形无实,师资队伍建设不足

通过调研,本研究发现教师虽然在课堂上的教学形式有了改变,尝试使用多种教学方式,案例分析、小组讨论、模拟教学等都有所涉及,但实际上占比很小,教学效果不明显。在整个教学过程中,还是以教师的讲授为主,灌输式教育仍然存在,且占比较大。长此以往,学生缺乏独立思考和解决问题的能力,不利于学生对专业知识技能和实践内容的掌握。

"双师型"教师队伍建设有助于人才培养目标的实现。通过调研,本研究发现"双师型"教师严重匮乏。出于国家政策的要求以及现实的需要,高职高专院校也聘请校外教师进行指导和教学。但总的来说,"双师型"教师队伍还是很匮乏,亟需进行补充。

---

[1] 王伟华.职业院校学前教育专业人才培养方案满意度研究——基于广东某几所职业院校的现状调查[J].广西教育学院学报,2022(4):201-210.
[2] 曹鹤.高校学前教育专业本科人才培养模式研究——以辽宁省为例[D].沈阳:沈阳师范大学,2015:21.

通过访谈,笔者了解到,虽然高职高专院校会安排教师去幼儿园进行行业实践,但是大部分教师由于工作任务多,去幼儿园更多的是完成任务,没有进行深入的思考与研究,实践能力还有待加强。

四、培养评价体系单一,考核标准不全面

培养评价是一种客观的评价方式,基于诸多计划如培养目标、课程设置等来评估人才培养的质量和有效性,并根据评价结果对人才培养模式的矛盾进行调节,以到达优化的作用。[①]

本研究通过调研发现,期末考试是高职高专院校主要的评价方式,采用传统的标准化测验,有考试和考查两种形式,没有从根本上脱离分数化的评价标准。测验内容以理论知识为主,学生只需死记硬背,通过考试即可。这种片面的评价方式会使学生缺乏实践能力,在面对现实问题时无从下手。

在整个评价过程中,高职高专院校虽然已经把过程性评价和总结性评价相结合,但是占主导的依旧是总结性评价。这从侧面反映了高职高专院校更加强调评价结果的选拔和甄别功能,忽视了评价过程的反馈与调整功能。测验结果主要用作学生评优评先的工具,因此,学生只要按时出勤,完成教师布置的任务,顺利通过期末考试,就能获取高分。然而,这并不能衡量学生掌握知识和运用技能的能力,也不能说明学生的适岗性和竞争能力。

在实践活动的评价上,高职高专院校主要以学生完成实习工作手册或提交教育案例的情况来判定成绩,忽视了学生的日常表现,评价具有主观性。单一的评价内容和固化的评价方式,导致培养评价的作用得不到全面发挥,进而造成培养目标与实际效果产生偏差。

五、实践教学体系不完善,乡村化亟待加强

为了满足社会对学前教育学生实践能力的需求,高职高专院校将实践性教学列为人才培养方案的重要内容,通过校内实训和校外实训两种方式来实施。很多学校设置有多种校内实训室,满足了课程实践、活动实践和教育实践的需

---

① 张晓霞.欠发达地区高职院校学前教育专业人才培养模式优化研究——以四川凉山为例[D].广州:广东技术师范大学,2021:41.

要。校外实训主要是与托幼机构、幼儿园进行合作,将理论知识与专业技能转化为实践能力。

本研究通过调研发现,高职高专院校都拥有数量不一的校外实训基地,能提供充足的见习、实习岗位,满足学生校外实践的需求,学生对学校提供的教育实践机会比较满意。但是,高职高专院校的教育实践主要集中在实习环节,学生教育实践的机会不足,导致理论与实践脱节,实践能力难以有效生成。

高职高专院校在安排学生出去见习和实习时,更多考虑的是就近原则,大多数集中在城镇幼儿园,很少安排学生去乡村幼儿园进行教育实践,教育见习和实习的乡村化有待加强。教育见习时间较短,一般为一周。见习期间,学生也不能独立上课,只能旁听,影响了教学能力的提升。此外,有的院校由于准备不充分,缺乏对实际情况的调查,给学生安排的见习任务多,学生在一周内无法完成,于是在网上搜索资料应付,影响了教育见习的质量。

教育实习的时间较长,一般为一学期,但依旧主要安排在城市,去乡村幼儿园的机会少。这不利于学生对乡村文化的了解、对乡村幼师的认同,更不利于乡村教育情怀的培养。

第五节　川渝地区乡村幼师人才培养策略

要实现学前教育城乡一体化发展,就必须破瓶颈、强弱项,紧紧抓住乡村幼师培养这个突出问题,大力推进乡村幼师队伍建设,对地方高职高专院校学前教育专业的发展和人才培养进行正确引导。本研究试图结合川渝地区乡村幼儿园的发展状况,提出川渝地区高职高专院校培养乡村幼师的策略,为我国乡村学前教育事业的发展贡献力量。

一、厚植乡村教育情怀,激发服务乡村的内生动力

(一)厚植乡村教育情怀

从调研结果来看,高职高专院校的师范生缺少乡村教育情怀,更多的人想在城市工作。作为培养乡村幼师的主阵地,地方高职高专院校要坚持以乡村学前

教育需求为导向,强化教育实践和乡土文化熏陶,促进师范生职业素养的提升和乡村教育情怀的养成。高校教师在日常教学工作中可以融入时政热点,融入课程思政,以优秀人物为榜样,充分结合当地风土文化,跨学科开发校本教学资源,引导学生立足乡村大地,做乡村振兴和乡村教育现代化的推动者和实践者,厚植乡村教育情怀。

(二)多途径激发服务乡村的内生动力

政府要提高乡村幼师的地位和待遇,让其享有应有的社会声望,同时还要提高生活待遇,薪酬、福利以及职称评审等要对乡村幼师进行适当倾斜。外部条件的改善能激发学生到乡村幼儿园就业的意愿。

高职高专院校要注重培养学生到乡村幼儿园就业的内生动力。内生动力纯粹是出于对事物本身价值的重视,而不是希望从中获得什么。当人们在内生动力的推动下实现了目标时,幸福感就会获得明显提升。内生动力的持续性较强,能让人们迎难而上,不会轻易被阻止或打断。

二、明确人才培养的目标定位,突出针对性

(一)明确人才培养的目标定位

人才培养的目标定位体现人才培养的特征,规定人才培养的质量。有了明确的培养目标,教师才能有所侧重地选择课程内容,采用合适的教学方法,让学生有的放矢地进行学习。高职高专院校作为培养乡村教育人才的主阵地,要深入乡村,探寻乡村资源,设置特色鲜明的人才培养目标。地方高职高专院校在培养目标的设置上应面向地方,着眼于乡村,在制定目标时明确指向培养乡村幼师,这样学生就会更加明确就业方向。人才培养的目标定位还要结合院校自身办学条件,体现自身办学特色。培养目标及规格作为培养方案的核心,对培养方案其他内容的制定起着重要作用。[①]在设置培养目标时,应将培养热爱乡村教育事业、具有乡村教育情怀明确写进去。只有制定明确又具体的培养目标,才能落实整个培养方案。

---

① 孙明书.地方师范院校支持乡村教育的师资培养研究[D].桂林:广西师范大学,2022:43.

(二)深化培养目标认识

作为教学过程中的两大主体,教师和学生都应该了解本专业的培养目标。但是在调研中,我们发现部分任课教师和学生不了解本专业人才培养方案。因此,深化相关人员对培养目标的认识至关重要。

首先,培养目标的制定主体应多元化。我们通过调研发现,院校在制定或修订人才培养方案时会深入行业,与用人单位、一线乡村幼师进行交流,了解行业需求,但是对学生的调研却浮于表面。在制定或修订人才培养方案时,要考虑各利益相关方的意见,不能忽视院校实际情况和学生学情。要经过各利益相关方共同协商,进而修订形成最终方案。

其次,要采取多样化的方式对培养目标进行宣传。地方高职高专院校在开展入学教育时,应该通过专业带头人说专业、说人才培养方案的活动,让教师和学生对培养目标都有完整的认识。

最后,借助互联网技术,利用学生喜欢玩手机的特点,在学校公众号发布培养目标等相关信息,或者线下开展绘本比赛等活动,让学生把培养目标用绘本等多种形式展示出来,在创作和评比的过程中,加深教师和学生对培养目标的理解。

三、科学设置课程,优化课程结构

课程是人才培养的关键因素。课程设置是否合理,在很大程度上决定了人才培养是否符合社会需求。根据目前的课程设置来看,学生所学的专业知识缺乏培养乡村幼师的针对性。工作环境、接触对象的变化,所学专业知识与岗位实际工作有偏差,都会使毕业生到乡村幼儿园工作的适应期延长。

(一)调整课程内容,增强课程的应用性

为了让课程更具针对性,高职高专院校在学前教育专业课程改革上还需要突出实践性、乡村性和现代性等特点。这样才能满足乡村学前教育发展对乡村幼师专业发展的要求。[1]

---

[1] 徐莉莉.地方高校学前教育专业课程改革探析——以农村幼儿教师培养为视角[J].绍兴文理学院学报(教育版),2017,37(1):69-73.

一是要强调实践性。学前教育专业课程除了讲述系统的学科知识外,还应融合岗位要求相关的内容,增强知识的实用性,进而提高学生的竞争力。如在学前卫生学课程中,讲授疾病与护理板块时,可以让学生模拟常见的护理技术;讲授儿童营养与膳食板块时,可以增加实训课时,让学生尝试根据幼儿膳食特点和配制原则安排幼儿食谱。在学前教育学课程中,增加一些辅助性内容,比如怎样与留守儿童及其监护人沟通等。

二是要突出乡村性。要关注农村教育环境,依托本地特有的自然资源和人文资源,对课程进行乡村化的调整。如在学前儿童发展心理学课程中,结合幼儿心理发展特点融入留守儿童心理健康等内容;在幼儿园环境创设课程中,融入如何挖掘乡村课程资源、如何利用本土化的材料进行环境创设等内容。

三是要突出现代性。教育是随着社会的发展而发展的。课程设置要在传承优秀传统文化的基础上,渗透飞速发展的现代科技成果。要关注学科发展,根据学科的发展变化,不断修订和调整课程,如在计算机基础课程中,让学生学会利用现代教育技术进行教学。这样,通过"增"和"融"的方式完善相关课程体系,因地制宜地培养具备专业学科知识、教育学及心理学知识,又兼具地方性知识、跨文化能力和乡土情怀三方面素养的幼儿教师。[①]

(二)整合课程结构,拓宽选修课范围

生活即教育,乡村教育离不开乡村生活。因此,要对高职高专院校的教育内容进行改革,使之与乡村生活相联系,突出乡村特色,提高学生入职后对乡村教育教学的适应性,培养学生的职业认同感,树立正确的职业观。

高职高专院校要立足地方,挖掘本土的自然和人文资源,将院校所处的地域环境作为学前教育专业学生了解地域特征、感受风土人情的平台,增强学生对乡村文化的理解、热爱与尊重。川渝地区有着悠久的历史和文化,为了满足乡村学前教育多元化的需求,可以开设地方课程。地方课程可以培养学生的地方情怀和社会责任感,开课的形式也相对灵活,可采用选修课或讲座的形式。选修课的内容可以适当拓宽,根据地方特色灵活开课,例如方言儿歌的传承与创新、三峡艺术、

---

① 石媛,杨依里,李泠,等.广西民族地区乡村幼儿教师的素养及培养路径——以地方性知识、跨文化能力和乡土情怀三方面素养的培养为例[J].广西教育,2022(12):71-74.

川渝地区民歌等课程,让学生了解地方特色文化,掌握地方性知识和技能;可以在艺术课程中融入地方戏曲、民间舞蹈和民间工艺美术,让学生感受民族文化的底蕴和魅力;还可以开设与当地农村生态、农耕文化结合的课程,让学生感受历史变迁和民俗文化,满足学生对本土语言的使用需求,在课程学习中获得认同感。[1]

四、融合多种教学方法,重视师资队伍建设

(一)坚持以学生为主体,以实践为核心

不同的教学方法对学生的学习、理解及能力等方面产生的效果是不同的。教学方法的选择和应用受到特定教学内容的影响与制约,所以,教学方法要与课程内容有机结合。为教学内容服务的教学组织方式才有利于学生有效掌握专业基础知识与技能,并且形成实践应用能力。[2]

高职高专院校学前教育专业的教师除了传道受业解惑,还要关注学生的生存与发展。在了解学前教育教学活动的属性和特点的基础上,教师要将情感渗透、课程思政、知行合一等理念贯穿在教育教学活动之中,拉近师生间的距离,建立良好的师生关系。

教师要更新教学方法,把课堂还给学生,改变传统的"教师讲、学生听"的形式,不把上课地点局限于教室,不把课程内容局限于书本。我们通过调研发现,大部分教师在新课程理念的影响下,摒弃了以讲授为主的"满堂灌"的教学形式,这是一种好现象。但是,不同课程适用的教学方法也不一样,因此,教师要能熟练使用多种教学方法,通过情境创设、角色扮演、案例分析、项目教学、翻转课堂等形式,发挥学生的主动性和积极性,使学生真正参与到课堂中来,把课堂还给学生,注重学生的体验,坚持以学生为主体,以实践为核心。同时,在信息化大背景下,教师要充分利用现代教学技术手段的优势,集中学生的注意力,利用MOOC、职教云等教学资源库,借助多媒体教学设备,打破时间和空间的壁垒,使学生能够了解到专业相关信息。

---

[1] 徐莉莉.地方高校学前教育专业课程改革探析——以农村幼儿教师培养为视角[J].绍兴文理学院学报(教育版),2017,37(1):69-73.
[2] 曹鹤.高校学前教育专业本科人才培养模式研究——以辽宁省为例[D].沈阳:沈阳师范大学,2015:26.

(二)重视师资队伍,完善师资队伍建设

培养合格的乡村幼师,离不开地方高职高专院校良好的师资。我们通过调研发现,高职高专院校普遍存在"双师型"教师匮乏的情况。因此,培养实践型师资,加强"双师型"教师团队建设是社会发展的要求,也是多元化时代高职高专院校师资队伍建设的大势所趋。

首先,要拓宽"双师型"教师引进渠道。高职高专院校可以聘请乡村幼儿园的管理者或者一线老师为兼职教师,他们能给师范生带来融入当地传统民俗文化的课程,同时,他们具有丰富的教育实践经验,掌握了与留守儿童及其监护人沟通交流的技巧,还具有灵活处理突发事件的能力,不仅可以让师范生获得实践性知识,还能够提高校内教学团队的实践水平与教学能力。

其次,深入行业开展实践教学培训。高职高专院校教师要深入一线,融入幼儿园的各种活动中,积累实践教学经验,提高教学质量;要了解一线教师的诉求和行业最新信息,感受幼儿园真实的日常生活与教学情境,以便在教学过程中把收集到的鲜活案例讲述给学生,创设真实的情境,让学生在真实的情境中轻松且主动地学习。通过深入乡村幼儿园,教师能切身感知乡村幼儿园的教育教学,从而增强现代乡村意识,坚定培养乡村幼师的信念,提高人才培养与乡村幼儿园需求的契合度。

最后,教师要善于进行自我反思,在反思中成长。教师要对观察到的现象和问题进行剖析与研究,从而增强发现问题、分析问题和解决问题的能力。

五、培养评价多元化,完善评价体系

培养评价是人才培养体系当中不可或缺的环节,是判断学生是否达到培养标准、学校是否完成培养目标、人才质量是否符合社会需求的一个重要评价工具。

(一)扩展评价主体,评价主体多元化

调查结果显示,高职高专院校学前教育专业的培养评价存在主体单一的问题,更多的是教师评价,实践教学的成绩是由教育实习和见习园所的教师(占

70%)和校内指导教师(占30%)打分。但是,校外实训基地只是在学生见习和实习期间参与评价,且评价较为随意。教师作为评价学生的唯一主体,会导致评价的主观性和片面性。因此,高职高专院校学前教育专业应该增加评价主体,将学生见习实习的相关单位加入考核评价主体当中。

学生作为学习活动的主体,也可以成为自评和互评的主体,一方面可以提高学生学习的自主性,培养学生的独立性;另一方面,在实践教学期间,见习园所基地的老师能更加直观地发现学生的见习和实习存在的问题,以及不同学生在面对问题时的态度与处理方法,进而做出有针对性的指导与评价。

(二)完善评价方式,强调发展性评价

根据调研结果来看,大多数院校在评价时仍然重视期末考试、作业和出勤情况,唯分数主义依旧存在,忽视了教学中的过程性评价。为了发挥培养评价在人才培养过程中的导向、调节和激励作用,培养满足社会需求的乡村幼师,高职高专院校亟须完善评价方式,建立科学的评价体系,除了期末对学生进行考核外,在学期中进行过程性评价也是必要的。在对学生的知识、技能和态度做出评价之后,要了解学生存在的问题,时刻关注学生的发展,将评价的功能从筛选人才转变为促进学生发展。

六、加强教育实践,构建"全实践"教学体系

(一)调整教育实践的内容

教育实践是教师培养的核心内容之一,教育实践课程的设置对帮助师范生了解教师职业,提高从教能力,从而成为合格的教师至关重要。[1]我们通过调研发现,学生认为教育实践是必要的,能够自觉地把在学校内学到的知识用于实习,积累实践经验,提升自身能力,为自己的择业、就业打基础。学前教育专业的教学实践基地分校内和校外两种,从调研结果可知,学生对校内校外实训基地都比较满意,认为它们能够支撑学习与实践的需要。

---

[1] 谢山莉.小学全科教师培养课程设置研究——以河南省八所高等院校为例[D].郑州:河南大学,2018:54.

高职高专院校都重视教育实践,希望学生能够学以致用,提升实践能力,为今后的教学奠定基础。但是,我们在调研中也发现,学生对专业理论课和实践课的比例存在争论。因此,高职高专院校应改进教育实践课程。

一方面,要加强已经开展的实践课程的有效性,例如幼儿园教育活动指导课程中,理论和实践各占一半,虽然学时已经足够,但是有效性还有待提升。教师可以采用发放实训手册的方式,规范五大领域活动的实践任务,让学生自评、互评,使每一次教育实践都能有所反馈,让学生在反馈中成长。

另一方面,要加强教育实践的针对性。如在幼儿园班级管理课程中,适当开展一些针对乡村幼师需求的实践,通过角色扮演、模拟课堂等活动,帮助学生逐步积累班级管理和课堂调控经验,这也是乡村幼师在教学工作中所需要的。还可以利用"三下乡"活动,让学生深入乡村,了解实际情况。

(二)构建"全实践"教学体系

在人才培养的过程中,教育实践应该是一个整体,要进行统筹安排,构建"全实践"教学体系。

第一,合理规划教育见习与实习活动,制定见习手册和实习手册,帮助学生明晰实践任务。例如,参加教研活动、协助创设环境和独立进行试教等,让学生在见习和实习中发现问题,分小组进行讨论、交流、反思与总结,提高解决问题的能力。

第二,增加学生走进乡村的机会。为了增加教育实践的有效性和针对性,教育实践地点应该增加乡村幼儿园,增进学生对乡村幼儿园的了解和对乡村教育工作的掌握。

第三,在实践时间方面,可延长教育见习时间,从一周延长为两周,让学生在进行职业体验时,有充足的时间了解教学活动开展的整个流程。

第四,在学生教育见习和实习期间,高职高专院校教师也要走进幼儿园,了解学生见习和实习情况,倾听幼儿园的反馈。同时,要让园方了解见习或实习活动的具体流程与需求,让幼儿园的教师对学生在见习和实习期间存在的问题进行指导,认真对学生的见习和实习情况做出评价。

知识型社会需要高质量的学前教育,高质量的学前教育需要卓越的幼儿教师。幼儿教师是学前教育事业发展的基石。培养高素质、专业化的乡村幼师,需要多方共同努力。我们要培养学生具有高尚的师德,始终以师德为先、以幼儿为本、以能力为重,培养学生终身学习的习惯,在职前和职后能通过多种途径不断提高自身素质。要充分利用教育见习和教学实习的机会,引导学生把乡村教育情怀落实到具体的行动上。

第八章　川渝地区学前教育公费师范生培养现状[①]

在川渝地区，学前教育公费师范生培养得到了高度重视和积极推进。政府出台了一系列政策，鼓励优秀学生报考学前教育公费师范生，并提供奖学金、补贴等经济支持。在职前培养中，川渝地区的高等学校根据实际情况开设相关专业课程，注重培养学生的教育理念、教学技能和实践能力。学生在校期间要多次进行见习和实习，深入了解乡村幼儿教育的特点和需求。同时，川渝地区还加强了对学前教育公费师范生的师德教育，强调教师的职业责任和社会使命。

第一节　师范生公费教育发展沿革

一、公费师范生的发展概况及意义

我国的师范教育产生于清朝末年，当时的学费制度就是以公费制为主。清政府出台的《奏定初级师范学堂章程》中明确规定：初级师范学校的各种费用应由各地自行筹集，不得向学生本人收取任何费用；分类科学专业的学生和公共科学专业的学生的一切费用均由官费支付。可见，清政府积极支持教师教育，除自费学生以外，其他学生一律免收学费。

中华民国成立之初，也出台了一系列政策和法令，比如"壬子癸丑学制"和《师范教育令》等。这些政策和法令坚持了师范生免费培养的教育模式，由培养学校支付伙食费和其他杂费，大力推进师范生培养工作。但是，这种状况没有维持太久。北洋政府在1922年取缔了师范生免费培养的优惠政策，出台了《学校系统改革案》。直到1938年，师范生免费培养的模式才得以恢复，当时颁布的《战时各级教育实施方案纲要》《师范学院规程》等文件中提出免收所有师范学生的学

---

① 本篇由重庆幼儿师范高等专科学校完成。撰写人：孙天鹏。本文系重庆市2023年教育科学规划课题年度规划一般课题"三峡库区幼小双向衔接教育协同发展机制及路径研究"（项目编号：K23YG3040332）成果之一。

费、伙食费和杂费。

中华人民共和国成立后,党和各级政府更加重视师范生培养工作的开展情况,相继颁布一系列法令文件,鼓励师范教育事业的迅速发展。[①]为了进一步形成尊师重教的浓厚氛围,培养大批的优秀教师,2007年,国务院办公厅转发教育部等部门《教育部直属师范大学师范生免费教育实施办法(试行)》,要求从2007年秋季开始,择优、提前批次录取一批热爱教育事业、有志于终身或长期从事教育的品学兼优高中毕业生,由中央财政统一支付经费,对这一批学生免除学费、免交住宿费,补助生活费,由6所部属师范大学公费培养。这批免费师范生要先与培养院校和生源所在地省级教育行政部门签订合同,约定在其毕业后,至少到基础教育学校服务十年以上;如在城镇中小学任职的,要先到农村中小学服务至少两年。如果没有履行合同中的相关内容,就要按照合同规定补交读书期间免除的一切费用,并按合同约定的金额支付违约金。

2018年3月,教育部等五部门印发的《教师教育振兴行动计划(2018-2022年)》中提出,为了更好地推进和完善我国的师范生免费教育政策,将"免费师范生"更名为"公费师范生",并调整了其履约任教服务的年限,由十年降为六年。

2018年7月30日,国务院办公厅转发教育部等部门《教育部直属师范大学师范生公费教育实施办法》,改进和完善了公费师范生培养政策内容,主要包括:一是确立了师范生公费教育制度,国家公费师范生享受免缴学费、住宿费和补助生活费"两免一补"公费培养;二是调整履约任教年限,将公费师范生履约任教服务年限调整为六年,同时体现倾斜支持农村地区教师队伍建设,规定到城镇学校工作的公费师范生应到农村学校服务一年;三是改进履约管理政策,明确要求制定在校期间非公费师范生进入、公费师范生退出的具体办法,以及公费师范生进行二次专业选择的具体规定;四是加大政策保障力度,通过改进招生选拔方式、完善学习激励机制、整合集中优质培养资源、政府或社会出资奖励、加大师范专业支持力度等激励措施,吸引优秀人才报考公费师范生,提升师范生培养质量,并制定优惠政策和保障措施,鼓励支持公费师范生毕业后到农村学校任教服务。

随着中国教育事业的不断发展,师范生公费教育政策也得到了越来越多的

---

① 赵俊.我国"免费师范生"教育研究综述及其对公费师范生教育研究的启示——基于对十年来文献的计量和内容分析[J].西部素质教育,2019,5(21):12-14.

关注和重视。师范生公费教育政策的实施,其重要意义主要包括以下方面:

第一,提高教师队伍素质。

教师是教育事业的中坚力量,他们的素质直接影响到教育质量。因此,提高教师队伍素质是教育事业发展的重要任务之一。师范生公费教育政策可以为社会培养更多优秀的教育人才,提高教师队伍的素质。在师范生公费教育体系中,学生可以接受系统的教育理论和教育实践的培训,提升教学知识和技能。这些知识和技能可以为他们日后的教育工作提供支持,使他们更好地完成教育任务。师范生公费教育政策还可以为教师提供更多的培训机会,帮助他们不断提高自身知识和技能。

第二,推动教育事业的发展。

教育事业是国家未来发展的基石,因此,推动教育事业发展是国家的重要任务之一。师范生公费教育政策可以为我国的教育事业培养更多的优秀教育人才,从而推动教育事业的发展。师范生公费教育政策还可以促进教育教学改革,推进教育信息化建设,不断提高教育质量和水平。

第三,提高教育的公平性。

教育公平是指不同背景的学生在受教育机会和受教育质量方面享受平等的权利,是教育事业发展的重要目标之一,也是实现社会公平与和谐发展的重要途径之一。师范生公费教育政策的实施,可以为不同背景的学生提供平等的受教育机会,使更多的学生有机会接受优质教育,从而提高教育的公平性。

二、川渝地区师范生公费教育政策的推进

我国农村学前教育的发展速度与城镇相比较为缓慢,并且存在一些突出的问题,主要包括以下几个方面:第一,资金短缺,农村学前教育的发展需要大量资金投入,但是目前农村财政薄弱,很难满足学前教育的投入需求;第二,师资缺乏,农村学前教育的师资力量相对较弱,教师素质参差不齐,缺乏专业化的培训和管理;第三,教育资源不足,农村学前教育设施和玩教具等方面存在着一定的短缺;第四,区域差异明显,不同地区的农村学前教育发展水平存在较大差异,偏远地区的学前教育条件相对较差。此外,乡村幼师薪资待遇低、工作压力大、家

庭困难等问题也严重影响到农村学前教育的发展。

2007年,教育部直属6所师范大学开始实行师范生公费教育。但是这6所学校招生数量有限,毕业后到各地农村任教比例较低,也没有专门培养学前教育师资。地方师范生公费教育政策是各省(自治区、直辖市)对教育部师范生免费教育政策的模拟与推广,是依照各省农村教育的实际需求制定并逐步实施的教师补充政策,目标是优化乡村教师质量,其主要手段是通过师范生免费教政策,吸引、培养大批优秀教师,保证乡村教师的供给,促进城乡教师资源的均衡配置。

2010年是在中国农村学前教育发展史上具有里程碑意义的一年,《国家中长期教育改革与发展规划纲要(2010—2020年)》将发展农村学前教育尤其是中西部贫困地区的学前教育列为工作重点。长期以来,幼儿教师队伍是制约学前教育事业发展的突出问题之一。很多地方政府在制定教师编制和相关待遇时,仅针对中小学教师,未将幼儿教师列入其中,导致幼儿教师缺编、无编的问题较为严重。《国家中长期教育改革与发展规划纲要(2010—2020年)》提出要依法落实幼儿教师地位和待遇,不断改善教师的工作、学习和生活条件,吸引优秀人才长期从教、终身从教;依法保证教师平均工资水平不低于或者高于国家公务员的平均工资水平,并逐步提高。

2013年,四川省教育厅发布《关于开展免费师范生培养工作的实施意见》,提出2013年在四川省开展免费师范生培养工作,培养目标是选拔乐教适教的优秀学生免费攻读师范类专业,为四川省艰苦地区农村公办义务教育学校、幼儿园和特殊学校定向培养一批师德高尚,专业水平高,"下得去、留得住、干得好"的教师,着力解决农村师资紧缺矛盾,改善师资结构,提升教育教学水平,促进基础教育均衡发展。[1]

2014年,重庆市教育委员会颁布《重庆市教育委员会关于2014年学前教育免费师范生定向培养工作的实施意见》,明确提出:重庆市学前教育免费师范生的定向培养工作,是为重庆市各区县幼儿园培养一群热衷于幼教事业,在德、智、体、美、劳方面能够全面发展,能够熟练掌握并运用学前教育基础理论知识,在创造和使用学前教育环境中,具有较强的学前教育实践教学和保育能力,能够专业

---

[1] 任楠欣,张杰.学前教育公费师范生专业认同的现状初探——来自四川省内某高校的调查[J].成都师范学院学报,2020,36(2):35-42.

地组织和指导游戏活动的幼儿教师。[1]

自2013年起,川渝两地开始培养农村公费幼儿师范生已将近10年。这10年间,公费幼儿师范生培养状况如何？有什么优势值得借鉴？这些都是值得我们关注的问题。

第二节　师范生公费教育的困境

师范生公费教育在实践中面临着一些困境,包括政策落实不到位、招生标准不够严格、培养机制不够完善、评估机制不够完善以及评估结果的利用不够充分等。这些问题影响了政策效果和教育质量。解决这些问题,需要加强政策制定、实施和评估的科学性和规范性,同时加强对师范生的培养和管理,提高教育质量。[2]

目前,我国针对乡村学前教育的公费师范生政策也面临一系列问题和困境,包括生源性别比例失衡、职业信念不坚定、缺乏乡土情怀以及学习动机不强等。要改善乡村学前教育的现状,就要加强乡村学前教育资源的配置,提升乡村幼师的素质,提高学前教育的普及率,缩小城乡差距。同时,也要加强对面向乡村学前教育的公费师范生的培养和管理,提高他们的职业信念和乡土情怀,激发他们的学习动机,为乡村学前教育的发展做出贡献。[3]

一、师范生公费教育政策存在的问题

随着经济的快速发展和国家对教育事业的高度重视,师范生公费教育政策也得到了广泛关注,取得了一定的成效,但在实践中仍然面临着一些问题,这些问题不仅影响了政策的效果,也制约了教育事业的发展。

第一,政策落实不到位。确保政策能够落实到位是制定政策的关键。然而,

---

[1] 田艳娟.学前教育公费师范生培养现状调查研究[D].重庆:重庆师范大学,2019:1.
[2] 苏尚锋,常越.地方公费师范生政策与乡村教育的"留住机制"[J].河北师范大学学报(教育科学版),2020,22(2):73-79.
[3] 王中华,周洁方.乡村卓越幼儿教师核心素养构成及其培养[J].陕西学前师范学院学报,2021,37(1):81-90..

师范生公费教育政策在实际操作中,落实并不到位。地方政府和政策执行部门对政策的理解和实施存在不一致的情况,导致政策的落实存在偏差,从而影响了政策的效果。有些地方的教育部门在公费师范生的就业问题中缺乏沟通和交流,使一部分公费师范毕业生对自己的工作岗位并不满意,产生一定的负面情绪;公费师范生在攻读教育硕士时,部属师范大学的课程设置、生活保障以及教学方法都没有征求他们的意见,使得一些公费师范生对学校并不满意。[1]

第二,招生标准不够严格。公费师范生教育政策的实施,需要有严格的招生标准,以确保培养出来的师范生具备较高的教育能力和职业素养。然而在实际操作中,由于招生标准不够严格,导致一些不合格的学生进入教育系统,影响了教育质量。

第三,培养机制不够完善。师范生公费教育政策的实施需要完善的培养机制,以确保培养出来的师范生具备较高的专业能力。然而在实际操作中,由于培养机制并不够完善,导致师范生走上教学岗位后,在教学实践中存在一些问题,影响了教育质量。

第四,评估机制不够完善。师范生公费教育政策的实施需要完善的评估机制,以确保政策实施的效果。然而在实际操作中,由于评估机制还不够完善,评估的指标和方法不够科学,评估结果的可靠性和有效性存在问题,影响了政策的效果和质量。[2]

第五,评估结果的利用不够充分。师范生公费教育政策的实施需要对评估结果加以有效利用,以利于政策的调整和改进。然而在实际操作中,由于对评估结果的利用并不充分,政策调整和改进的效果不够明显,影响了政策的实施效果。

综上所述,我国目前的师范生公费教育政策还面临着一些困境。为了解决这些困境,政府要加强政策制定、实施和评估的科学性和规范性,确保政策的落实。同时,也要加强对师范生的培养和管理,提高教育质量。

二、乡村学前教育存在的问题

---

[1] 田艳娟.学前教育公费师范生培养现状调查研究[D].重庆:重庆师范大学,2019:8.
[2] 夏天保.学前教育专业公费师范生教育信念的变化及其影响因素研究[J].教育观察,2021,10(36):97-100.

目前,我国的乡村学前教育相对于城市来说,也存在一些问题。首先,学前教育资源不足,质量参差不齐。由于城乡发展不平衡,农村地区的学前教育资源相对于城市来说比较匮乏,学前教育设施不完善,教师队伍相对薄弱,这导致了农村地区学前教育质量参差不齐的情况。其次,学前教育普及率较低,很多农村儿童没有机会接受学前教育,这也影响到他们未来的学习和发展。最后,学前教育城乡差距明显。由于城乡发展不平衡,农村地区的学前教育与城市相比,存在着一定的差距,这也会影响到农村儿童未来的发展。

川渝地区自2013年开始实施学前教育专业师范生公费教育政策以来,取得了一定的成效,但也面临着一系列问题。

1. 生源性别比例严重失调

长期以来,受传统观念影响,学前教育领域一直是女性的天下。有学者以海南省为例,对学前教育专业公费师范生进行了研究。在海南省已录取的483名学前教育专业公费师范生中,男性仅占总数的5.17%,可见女性公费师范生占绝大多数,生源性别比例严重失调。

学前教育公费师范生生源性别比例失衡的后果,会在他们走上工作岗位后逐步凸显。作为乡村幼师队伍的重要组成部分,学前教育专业公费师范生性别比例的失衡,容易导致乡村幼儿尤其是男孩子缺少阳刚教育,会在一定程度上影响幼儿人格的健全发展。

2. 职业信念不坚定,缺乏乡土情怀

乡村幼师是乡村学前教育的骨干力量。实施学前教育专业公费师范生政策的初衷是为乡村学前教育培养高水平的师资队伍,进而改善教育资源配置失衡的现状,促进教育公平。因此,地方师范院校学前教育专业公费师范生的培养协议中都会规定服务期限。以海南省为例,学前教育专业公费师范生签订的协议中,会承诺毕业后回定向培养市县(区)的乡镇中心幼儿园任教,服务期不少于5年。5年乡镇幼儿园服务期满后,应继续在本省从事教育工作不得少于5年。但部分学前教育专业公费师范生的职业信念并不坚定,有调查显示,9%的学生会考虑留在城市任教,4.7%的学生甚至表示愿意为更好的工作机会支付较高的违约金。此外,部分院校学前教育专业公费师范生的培养方案与非公费师范生的培养方案无异,缺少对公费师范生乡土情怀的培养。[1]

3.学习动机不强

培养学前教育公费师范生的目地,是为乡镇公办幼儿园免费培养一批"下得去、留得住、干得好"的"一专多能"的乡村幼师。学前教育专业公费师范生入学前就已与定向培养市县(区)教育局签订协议,只要正常获得毕业证和教师资格证,便能以定编定岗的形式到培养市县(区)乡镇公办幼儿园任教。可以说,学前教育公费师范生的一只脚已经踏进了工作岗位。因此,很多公费师范生认为自己工作无忧,大学学习生涯的目标仅局限在获得相应的证书,对知识的学习和能力的提升缺乏兴趣,无形之中降低了对自己的要求,学习动力明显不足。据相关调查显示,公费师范生的学习动机在内部动机和外部动机方面普遍低于非公费师范生。[2]

第三节　川渝地区学前教育公费师范生培养模式分析

一、招录目标

重庆市的公费师范生由重庆市教育委员会等部门根据市委市政府的安排部署,结合区县岗位实际和工作需要确定培养计划,选择办学实力强的高校进行培养,由市级财政承担其在校期间学费、住宿费并给予生活费补助。重庆市学前教育公费师范生重点面向优秀高中、初中毕业生招生,纳入全市普通高中招生录取工作,由市教委统一组织,重点考察学生的综合素质、职业倾向和从教潜质,择优选拔乐教、适教的优秀高中、初中毕业生进行公费培养。

四川省的学前教育公费师范生也是选拔乐教适教的优秀学生公费攻读师范类专业,为四川省农村公办义务教育阶段学校、幼儿园和特殊教育学校定向培养

---

[1] 熊彩云,付华.卓越乡村幼师职前师德培养实践探索——以学前教育公费师范生培养为例[J].科学咨询(教育科研),2021(11):6-9.
[2] 沙鑫冲.地方师范院校学前教育专业公费师范生培养的困境与应对策略——以海南省为例[J].创新创业理论研究与实践,2020,3(10):108-109.

师德高尚，专业水平较高，"下得去、留得住、干得好"的教师，着力解决农村学校师资紧缺问题，改善师资结构，提升教育教学水平，促进基础教育均衡发展。

二、招生对象

重庆市从2014年开始招收学前教育公费师范生，培养学历为专科层次，招生对象为优秀的中等学前教育"3+2"专业学生。2017年，重庆市新增三年制学前教育公费师范生，招生对象为具有重庆市户籍且参加了重庆市2017年普通高校招生艺术类专业考试的考生。为提高学前教育专业生源质量，重庆市从2019年开始，学前教育公费师范生定向培养的招生对象逐步调整为初中应届优秀毕业生，也就是初中起点五年一贯制。

四川省从2013年开始招收学前教育公费师范生，专科层次的学前教育公费师范生从省内五年制高职师范院校学前教育专业学满三年的优秀学生中选拔，通过省统一考试择优录取，进入本科师范院校公费学习两年。

三、相关政策

重庆市学前教育公费师范生在5年修读年限内，免缴学费，免缴住宿费并补助生活费。市级财政按照年初预算招生人数，分年度向承担培养任务的院校下达资助经费预算。学前教育公费师范生在1—3年级学习阶段，不得同时享受现行中职学生免学费、住宿费、生活费等资助政策。学前教育公费师范生毕业后，通过公开择优考核，招聘到签订协议区县（自治县）政府举办的幼儿园工作，最低任教服务期限为6年。学前教育公费师范生1—3年级注册为中职幼儿保育专业学籍，4—5年级注册为高职专科学前教育专业学籍，在校学习期间不得转学或转专业。学前教育公费师范生在第六学期参加转段考试，纳入当年普通高等教育招生统筹管理。学前教育公费师范生在协议规定的服务期内，不得脱产攻读本科和研究生学历，但可在职攻读本科及以上学历。

学前教育公费师范生未满服务期，不得向本区县外其他单位流动；服务期满3年，按人事管理权限审批，可在签订协议区县（自治县）政府举办的幼儿园间流动。学前教育公费师范生在校学习或服务期内，未能履行协议的，按违约处理，要按相关规定退还所享受的公费教育费用并缴纳违约金,并及时办理解约。

四川省学前教育公费师范生在校期间免缴学费、住宿费,并享受在校期间每学年十个月生活补助(600元/生·月)。省财政对招收公费师范生的学校按照每生每学年1.1万元(其中:学费4000元、住宿费1000元、生活补助费6000元)的标准予以补助。优秀公费师范生按有关规定,可同时享受奖学金资助政策。

除不可抗力因素外,不能在规定年限内完成学业并取得相应毕业证书、学位证书和教师资格证,或违反学校相关规定被退学或开除学籍的公费师范生,不再享受公费师范生相应的就业政策,并需向培养学校退还免缴的学费、住宿费和生活补助费。退还的学费、住宿费和生活补助费由培养学校上缴省财政。

四川省公费师范生实行服务期制度。凡录取考生应按相关规定签订定向就业培养协议,已录取考生未签订协议视为放弃录取资格,招生学校取消其入学资格,不予注册学籍。公费师范生与培养学校、生源地市(州)或报考服务地市(州)教育行政部门签订三方协议,承诺毕业后回生源地市(州)或报考服务地市(州)所属的实施范围县(市、区)内从事教育教学工作时间不低于6年。其中,在县(市、区)以下农村义务教育学校或农村幼儿园工作时间不低于5年。鼓励公费师范生长期执教、终身从教。公费师范毕业生在协议服务期内不能脱产提升学历。支持、鼓励公费师范生在职提升学历。

四川省公费师范生毕业当年须在农村公办义务教育阶段学校或幼儿园、特殊教育学校从事教育教学工作。特殊教育师范生可在县(市、区)级特殊教育学校任教。每年7月31日前,培养高校须将公费师范毕业生学籍档案寄回其签约服务市(州)教育行政部门,公费师范毕业生持毕业证书、学位证书和教师资格证到签约服务地报到。

第四节 川渝地区学前教育公费师范生职前培养现状

本研究通过文本分析法、问卷调查法,对川渝地区学前教育公费师范生的职前培养现状进行分析,旨在归纳川渝地区学前教育公费师范生培养过程中的经验、不足及其影响因素,并提出相应的改进策略,为学前教育公费师范生的培养工作提供参考意见。

本研究从乡土情怀、专业理念与师德、专业知识、专业能力、认知与评价五个方面,调查研究了川渝地区学前教育公费师范生的职前培养现状。

一、研究方法

1.研究对象

本研究是关于川渝地区学前教育公费师范生培养现状的研究,从培养工作涉及到的各个方面出发,围绕培养对象(学生)、培养院校和影响因素开展研究。本研究选取了重庆2所、四川1所以学前教育为主要专业的职业学校为研究对象。

2.研究工具

本研究的研究工具为《学生问卷调查表》,在查阅关于学前教育公费师范生的文献资料后,以教育部、重庆市教育委员会、四川省教育厅颁发的有关公费师范生培养的相关文件为指导,自制了调查问卷及访谈提纲。

3.研究程序

按照研究计划,我们与重庆、四川相关职业学校的学前教育专业负责人进行沟通,再根据他们的建议对研究计划进行调整。

在相关职业学校学前教育专业负责人的配合下,我们对600名学前教育公费师范生进行了问卷调查。本研究共发放问卷调查表600份,回收率100%。通过对问卷进行仔细筛查,剔除无效问卷47份,有效问卷共553份,有效率为92%。对有效问卷进行整理后,我们利用SPSS17.0对数据进行统计及处理分析。

二、研究结果

(一)基本信息

1.性别

在调查的553名公费师范生中,男生人数为70人,占13%;女生人数为483,占87%。男女比例非常不平衡,说明男生在学前教育公费师范生中所占的比例非常低,可能会对学前教育质量和效果产生影响。因为男女教师在性别意识、教育方法等方面存在差异,如果男性教师比例太低,就可能导致教育效果不够全面。

女生在学前教育公费师范生中的比例非常高,这可能与女性更喜欢从事教育行业有关。从历史上看,女性从事教育行业的比例也一直高于男性。因此,有必要鼓励更多男生参与到学前教育领域中来,从而平衡性别比例。可以通过宣传和教育,鼓励更多男生从事学前教育。还可以通过政策和经济手段,提高男性幼师的工资和福利待遇,吸引更多的男性教师进入幼儿园工作。这样可以平衡性别比例,提高教育质量。

2.生源地

在调查的553名公费师范生中,来自农村的学生人数为266人,占48.1%;来自城市的学生人数为287,占51.9%。数据显示,来自农村和城市的学生在公费师范生中的比例较为接近,说明公费师范生的生源地比较分散,不同地区的学生都有机会获得学前教育师范生公费教育的机会。这也反映了公费师范生的招生政策比较公平和开放,不存在生源地的差异。

学前教育公费师范生的培养和就业,对农村地区的教育发展具有重要意义。来自农村地区的公费师范生数量比例较高,意味着他们将来有更多的机会回到家乡或到其他农村地区,为农村教育事业做贡献。因此,政府应该加大对农村地区公费师范生的培养,鼓励他们回到农村,发挥自己的能力和影响力,促进农村地区教育发展。

3.家庭人均月收入

在调查的553名公费师范生中,家庭人均月收入2000元以下的为66人,占11.9%;2000~3000元的为140人,占25.3%;3000~5000元的为213人,占38.6%;5000元以上的为134人,占24.2%。其中,家庭人均月收入在2000元以下的占比较低,而家庭人均月收入在3000元以上的占比较大,反映了公费师范生家庭的整体收入水平相对较好。

不过,这份调查只针对公费师范生,不能代表整个学前教育专业学生的家庭收入状况。因此,需要进一步研究和探讨学前教育专业学生家庭的整体收入水平及其影响。虽然学前教育公费师范生的家庭收入相对较好,但仍有一定比例的家庭收入较低,需要给予关注和支持。

4.所就读的年级

在调查的553名公费师范生中,中专一年级的为81人,占14.6%;中专二年级的为166人,占30%;中专三年级的为157人,占28.4%;大学一年级的为133人,占24.1%;大学二年级的为16人,占2.9%。

5.报考原因

在对553名公费师范生进行报考原因调查时,喜欢幼儿教师而报考的人数是123人,占22.2%;因家庭经济不好,公费师范生可以减轻家庭经济负担而报考的为75人,占13.6%;因毕业以后有工作保障而报考的为292人,占52.8%;因家长要求而报考的为39人,占7.1%;因其他原因报考的为24人,占4.3%。

教育事业是国家和社会的重要支柱,对儿童的成长和发展有着至关重要的作用。学前教育是教育事业的基石,需要更多有爱心、有责任感的人才来从事这份工作。因此,政府和社会应加强对教育事业的关注和支持,为教育事业提供更好的发展环境。

学前教育公费师范生是推动学前教育事业发展的重要力量。他们在学习期间不仅接受了专业的教育培训,还会接触到实际的教学工作,具备一定的教学经验。毕业后,他们可以直接从事教育工作,对于缓解教育人才短缺问题,尤其是农村地区师资缺乏问题,有着重要的作用。

从调查结果可以看出,大部分学前教育公费师范生是因为毕业后有工作保障而报考,这与当前社会对学前教育的需求和政府对教育事业的重视有关。同时,也有一部分学生是因为家庭经济原因而报考,这也说明了教育事业对于家庭和社会的重要性。还有一部分学生是因为喜欢幼儿教师这个职业而报考,他们更有可能投入到教育事业中,为幼儿的成长和发展做出贡献。另外,还有一部分学生是因为家长要求而报考,说明社会对教育事业也相当重视。

(二)乡土情怀

对于学前教育公费师范生而言,乡土情怀的重要性不容忽视。乡土情怀有助于学前教育公费师范生更好地传承和发扬当地的文化和传统。在教育工作中,教师需要通过各种方式来传承和发扬当地的文化和传统。如果教师自己对这些文化和传统缺乏了解和热爱,那么他也很难将其传递给孩子们。

不同地区的教育环境和文化背景有所不同,教师如果对当地的文化背景和教育环境没有一定的了解和认同,就很难适应当地的教育工作。乡土情怀可以帮助教师更好地适应和融入当地的教育环境,为幼儿教育事业做出更大的贡献。

在乡土情怀中,责任意识是一种重要的表现。如果学前教育公费师范生具备了责任意识,那么他们在教育工作中会更加认真,更加尽心尽力,为孩子们的成长和发展做出更多的贡献。爱是乡土情怀的另一种重要表现,是对家乡和本土文化的热爱。如果学前教育公费师范生具备了爱,那么他们就会更加热爱自己的工作,更加关注孩子们的成长和发展。

乡土情怀中的责任和爱是相互关联的。责任意识促使教师更加认真负责,爱让教师更加投入,为孩子们的成长和发展做出更多的贡献。

1. 乡土情怀总体分析

在本研究中,调查问卷使用两个维度(责任与爱)、六个问题来调查学前教育公费师范生的乡土情怀。

表8.1 乡土情怀

	N	均值	标准差
乡土情怀	553	4.11	0.66
责任	553	3.95	0.75
爱	553	4.27	0.68

从表8.1可以看出,学前教育公费师范生对乡土情怀有较高的认同感,大部分公费师范生的乡土情感较为强烈。从责任和爱两个维度来看,爱的平均分高于责任的平均分,说明学前教育公费师范生更倾向于从情感的角度去看待乡土,而不是将其视为一种责任。这可能与公费师范生的个人经历和情感体验有关。在他们的成长过程中,家乡的文化和环境对他们产生了深刻的影响,这种情感是基于对家乡的热爱和感激之情而产生的。责任感是基于承担社会责任和义务而产生的,需要更多的时间和精力来培养。

2. 乡土情怀差异性分析

本研究分别从学生的性别、生源地、家庭人均月收入、就读年级、报考原因等方面来进行独立样本t检验和单因素方差分析,结果如下所示:

表8.2 乡土情怀的性别差异

	性别	均值	标准差	t	显著性
乡土情怀	男	4.14	0.63	0.319	0.75
	女	4.11	0.67		
责任	男	3.95	0.70	-0.35	0.972
	女	3.95	0.76		
爱	男	4.32	0.67	0.656	0.512
	女	4.27	0.69		

从表8.2可以看出,男生和女生在乡土情怀、责任和爱三个方面的差异不是非常显著。具体来说,在乡土情怀方面,男生的均值稍高一些,但t值为0.319,差异不显著;在责任方面,男生和女生的均值相同,t值为-0.35,差异不显著;在爱方面,男性的均值稍高一些,但t值为0.656,差异不显著。因此,在这个样本中,男生和女生在乡土情怀、责任和爱三个维度上表现出的差异不大,说明性别对公费师范生的乡土情怀没有显著影响。

表8.3 乡土情怀的生源地差异

	生源地	均值	标准差	t	显著性
乡土情怀	农村	4.12	0.63	0.429	0.668
	城市	4.10	0.69		
责任	农村	3.97	0.70	0.470	0.639
	城市	3.94	0.80		
爱	农村	4.28	0.65	0.316	0.752
	城市	4.26	0.71		

从表8.3可以看出,在乡土情怀方面,农村生源的均值高于城市生源的均值,但t值为0.429,差异不显著;在责任方面,农村生源的均值稍高一些,但t值为0.470,差异不显著;在爱方面,农村生源的均值稍高一些,但t值为0.316,差异不显著。因此可以认为,在这个样本中,生源地对公费师范生的乡土情怀影响不

大,无论是来自城市还是农村的公费师范生,都对乡土文化有着较高的认同感和热爱。

表8.4 乡土情怀不同家庭人均月收入差异

	家庭人均月收入	均值	标准差	F	显著性
乡土情怀	2000元以下	4.12	0.70	0.153	0.928
	2000~3000元	4.09	0.62		
	3000~5000元	4.13	0.65		
	5000元以上	4.09	0.71		
责任	2000元以下	4.02	0.80	0.654	0.581
	2000~3000元	3.94	0.65		
	3000~5000元	3.98	0.73		
	5000元以上	3.88	0.85		
爱	2000元以下	4.23	0.67	0.225	0.879
	2000~3000元	4.25	0.69		
	3000~5000元	4.28	0.68		
	5000元以上	4.30	0.70		

从表8.4可以看出,在乡土情怀方面,不同家庭人均月收入水平的公费师范生的均值相差不大,F值为0.153,差异不显著;在责任方面,不同家庭人均月收入水平的公费师范生的均值相差不大,F值为0.654,差异不显著;在爱方面,不同家庭人均月收入水平的公费师范生的均值也相差不大,F值为0.225,差异不显著。因此可以认为,在这个样本中,家庭收入对公费师范生的乡土情感认同和表现的影响不大,无论家庭收入水平高低,公费师范生都对乡土文化有着较高的认同感和热爱。

表8.5 乡土情怀不同就读年级差异

	就读年级	均值	标准差	F	显著性
乡土情怀	中专一年级	4.39	0.53	18.472	0.000
	中专二年级	4.20	0.65		
	中专三年级	4.21	0.63		
	大学一年级	3.73	0.64		
	大学二年级	3.99	0.60		
责任	中专一年级	4.21	0.64	14.828	0.000
	中专二年级	4.03	0.75		

续表

	就读年级	均值	标准差	F	显著性
	中专三年级	4.08	0.70		
	大学一年级	3.55	0.75		
	大学二年级	3.90	0.58		
爱	中专一年级	4.57	0.55	16.543	0.000
	中专二年级	4.38	0.62		
	中专三年级	4.34	0.71		
	大学一年级	3.91	0.65		
	大学二年级	4.08	0.73		

从表8.5可以看出,在乡土情怀得分方面,不同就读年级的公费师范生在乡土情感认同和表现方面的均值存在显著差异。中专一年级和中专二年级的公费师范生对乡土情感认同和表现的均值较高,而大学一年级和大学二年级的公费师范生对乡土情感认同和表现的均值较低。在责任方面,不同就读年级的公费师范生的均值也存在显著差异,F值为14.828。中专一年级和中专二年级的公费师范生的均值较高,而大学一年级和大学二年级的公费师范生的均值较低。在爱方面,不同就读年级的公费师范生的均值也存在显著差异,F值为16.543。中专一年级和中专二年级的公费师范生的均值较高,而大学一年级和大学二年级的公费师范生的均值较低。因此可以认为,在这个样本中,就读年级对公费师范生的乡土情感认同和表现有显著影响,这可能与不同年级的公费师范生在学习和实践中接触到的乡土文化内容和形式不同有关。

表8.6 乡土情怀不同报考原因差异

	报考原因	均值	标准差	F	显著性
乡土情怀	喜欢教师这个职业	4.4756	0.49757	14.42	0.000
	家庭经济条件不好,公费师范生可以减轻家庭经济负担	4.0089	0.65238		
	毕业以后工作有保障,有编制	4.0371	0.64146		
	家长要求	3.7863	0.86851		
	其他	4.0139	0.62538		
责任	喜欢教师这个职业	4.3415	0.59669	12.67	0.000
	家庭经济条件不好,公费师范生可以减轻家庭经济负担	3.8667	0.68005		

续表

	报考原因	均值	标准差	F	显著性
	毕业以后工作有保障,有编制	3.8482	0.75235		
	家长要求	3.6325	0.92336		
	其他	3.9722	0.65877		
爱	喜欢教师这个职业	4.6098	0.5187	12.21	0.000
	家庭经济条件不好,公费师范生可以减轻家庭经济负担	4.1511	0.73785		
	毕业以后工作有保障,有编制	4.226	0.64387		
	家长要求	3.9402	0.89466		
	其他	4.0556	0.75927		

从表8.6可以看出,不同的报考原因在乡土情怀、责任和爱三个方面的得分均值存在显著差异。以喜欢教师这个职业为例,其在乡土情怀、责任和爱三个方面的得分均值分别为4.4756,4.3415和4.6098,而其他报考原因的得分均值普遍低于这个原因的得分均值。这说明,喜欢教师这个职业的学生更容易在乡土情怀、责任和爱三个方面表现出较高的得分。同时,其他报考原因的得分均值也存在一定的差异,说明不同的报考原因可能会影响学生在乡土情怀、责任和爱三个方面的表现。

总的来说,这些数据表明,对于想要成为一名乡村幼师的学生来说,报考原因可能会影响其在乡土情怀、责任和爱三个方面的表现。喜欢教师这个职业的学生更容易在这些方面表现出较高的素养。

(三)专业理念与师德

专业理念与师德是教师专业素养的两个重要方面。专业理念是指教师对教育事业、教育目标、教育方法等的基本认识和信念,是教师职业发展和教育教学实践的指导思想。师德则是指教师在职业行为中应当遵循的道德规范和职业操守,是教师职业行为的准则。

对于学前教育公费师范生而言,专业理念与师德的重要意义在于:

第一,指导学生的职业发展。学前教育公费师范生是未来的教育工作者,应该具备正确的教育理念和高尚的职业道德,为自己的职业发展打下坚实的基础。

具有正确的专业理念和高尚师德的教师,能够更好地开展教育教学工作,提高教育质量,促进学生的全面发展。

第二,引导学生爱国爱民,培养责任感和爱心。具有正确的专业理念和高尚师德的教师,能够更好地引导学生树立爱国爱民的理念,形成责任感和爱心,为学生的成长和发展提供更好的支持和帮助。

第三,塑造良好的社会形象。具有正确的专业理念和高尚师德的教师,能够为教育事业做出积极贡献,塑造良好的社会形象,提高公众对教育事业的认识和支持。

除此之外,具有正确的专业理念和高尚师德的教师,能够让学生更好地认识和了解教育事业的意义和价值,增强他们对教育事业的认同感和归属感;增强学生的社会责任感,让他们在成长过程中逐渐承担起社会责任,为社会的发展和进步做出贡献。

1.专业理念与师德总体分析

表8.7 专业理念与师德总体得分

	均值	标准差
专业理念与师德	4.3493	0.51409
专业理念	4.1193	0.66894
师德	4.5793	0.49899

从表8.7可以看出,学前教育公费师范生在专业理念与师德方面总体表现良好,得分均值为4.3493。其中,在专业理念方面得分均值为4.1193,在师德方面得分均值为4.5793。从得分情况来看,学生在师德方面表现更好,在专业理念方面仍有提升空间。

2.专业理念与师德的具体分析

本研究分别从学生的性别、生源地、家庭人均月收入、就读年级、报考原因等方面进行独立样本t检验和单因素方差分析,结果如下:

表8.8 专业理念与师德的性别差异

	性别	均值	标准差	t	显著性
专业理念与师德	男	4.26	0.60	−1.524	0.128
	女	4.36	0.50		
专业理念	男	4.08	0.72	−0.577	0.564
	女	4.13	0.66		
师德	男	4.45	0.61	−2.372	0.018
	女	4.60	0.48		

从表8.8可以看出,男生在专业理念与师德方面稍低于女生,但差异不显著。在专业理念方面,男生得分均值为4.08,女生得分均值为4.13。在师德方面,男生得分均值为4.45,女生得分均值为4.60。在师德方面,女生的得分略高于男生,并且差异显著(t=2.372,P=0.018)。这表明女生在师德方面表现更为优秀。但是需要注意的是,在专业理念方面,男女生的差异不显著,因此需要进一步探讨影响学生专业理念的因素。

表8.9 专业理念与师德的生源地差异

	生源地	均值	标准差	t	显著性
专业理念与师德	农村	4.27	0.55	−3.555	0.000
	城市	4.42	0.47		
专业理念	农村	4.01	0.68	−2.297	0.000
	城市	4.22	0.64		
师德	农村	4.53	0.54	0.316	0.022
	城市	4.63	0.46		

从表8.9可以看出,城市生源的学生在专业理念与师德方面得分稍高于农村生源的学生。在专业理念与师德方面,农村生源学生得分均值为4.27,城市生源学生得分均值为4.42。在专业理念方面,农村生源学生得分均值为4.01,城市生源学生得分均值为4.22。在师德方面,农村生源学生得分均值为4.53,城市生源学生得分均值为4.63。在师德方面,城市生源学生的得分略高于农村生源学生,但差异不显著(t=0.316,P=0.022)。

导致不同生源地的学生在专业理念与师德方面存在差异的原因包括:

第一,教育资源。城市的教育资源相对比较丰富,学校的师资力量和教学设施等方面都比农村更具优势。这会为城市生源学生提供更好的学习环境和学科素养,有利于提高其在专业理念与师德方面的表现。

第二,文化背景。城市和农村的文化背景不同,城市生源学生更容易接受和理解现代教育理念和师德要求,而农村生源学生可能需要更多的引导和培养。

第三,家庭背景。城市生源学生和农村生源学生的家庭背景不同,会影响学生对专业理念与师德的认识和实践。城市生源学生能受到更好的家庭教育和家庭环境的影响,有利于改善其在专业理念与师德方面的表现。

表8.10 专业理念与师德家庭人均月收入差异

	家庭人均月收入	均值	标准差	F	显著性
专业理念与师德	2000元以下	4.21	0.60	2.555	0.055
	2000~3000元	4.32	0.52		
	3000~5000元	4.37	0.47		
	5000元以上	4.41	0.52		
专业理念	2000元以下	3.96	0.77	2.46	0.062
	2000~3000元	4.05	0.67		
	3000~5000元	4.17	0.63		
	5000元以上	4.19	0.67		
师德	2000元以下	4.46	0.56	1.716	0.163
	2000~3000元	4.58	0.51		
	3000~5000元	4.58	0.46		
	5000元以上	4.63	0.51		

从表8.10可以看出,不同家庭人均月收入的学前教育公费师范生在专业理念与师德上存在一定的差异,但差异不显著。家庭人均月收入越高,学前教育公费师范生的得分也越高,但是经过事后检验,在显著性水平为0.05的情况下,只有家庭人均月收入为2000元以下的群体与其他群体存在显著差异。

在专业理念方面,家庭人均月收入越高,学前教育公费师范生的得分也越高,但是经过事后检验,在显著性水平为0.05的情况下,只有家庭人均月收入为2000元以下的群体与其他群体存在显著差异。

在师德方面,家庭人均月收入越高,学前教育公费师范生的得分也越高,但是经过事后检验,在显著性水平为0.05的情况下,各个群体之间并没有显著差异。

表8.11 专业理念与师德的就读年级差异

	就读年级	均值	标准差	F	显著性
专业理念与师德	中专一年级	4.53	0.45	11.954	0.000
	中专二年级	4.40	0.50		
	中专三年级	4.42	0.49		
	大学一年级	4.12	0.52		
	大学二年级	4.08	0.53		
专业理念	中专一年级	4.39	0.54	12.907	0.000
	中专二年级	4.19	0.67		
	中专三年级	4.18	0.64		
	大学一年级	3.80	0.67		
	大学二年级	4.02	0.61		
师德	中专一年级	4.67	0.45	7.332	0.000
	中专二年级	4.61	0.47		
	中专三年级	4.66	0.46		
	大学一年级	4.45	0.54		
	大学二年级	4.15	0.63		

从表8.11可以看出,学前教育公费师范生的专业理念与师德在不同年级之间存在差异。在专业理念与师德方面,中专一年级的学生得分最高,而大学一年级和大学二年级的学生得分最低。在显著性水平为0.05的情况下,不同年级之间的差异是显著的。在专业理念方面,中专一年级与其他年级之间的差异最明显,大学一年级和大学二年级之间的差异也比较显著。在师德方面,中专一年级与其他年级之间的差异相对较小,但大学一年级和大学二年级之间的差异比较明显。这表明,学前教育公费师范生的专业理念与师德在不同年级之间存在差异,这可能与不同年级的学生对教育事业的认识和理解不同有关。

首先,刚入学的学生会比较容易表现出对专业理念与师德的重视和认同,这是因为他们刚刚接触这个领域,对自己的角色和责任有着更为清晰的认识。在这个时候,学生比较容易接受学校和教师的教育和引导,更容易遵守相关规定和要求。

其次，随着年级的升高，学生的学习和实践经历也不断增加。他们可能会遇到更多的挑战和困难，对专业理念与师德的认识也会更加复杂和多元化。例如，学生可能会面临不同的实践教学环境和群体，需要根据不同的情况来调整自己的教学方法和策略。这会让学生开始思考和探索更深层次的教育问题，对自己的专业理念与师德也会有更多的思考。

最后，随着时间的推移，学生的兴趣和焦点也会发生变化。他们会更多地关注自己的职业发展和个人成长，而对专业理念与师德的评价可能会降低。例如，随着学生逐渐接近毕业，他们会更多地关注如何在职业生涯中取得成功，而对专业理念与师德的评价会相对不那么重视。

表8.12 专业理念与师德的报考原因差异

	报考原因	均值	标准差	F	显著性
专业理念与师德	喜欢教师这个职业	4.62	0.39	13.645	0.000
	家庭经济条件不好，公费师范生可以减轻家庭经济负担	4.15	0.59		
	毕业以后工作有保障，有编制	4.31	0.49		
	家长要求	4.27	0.56		
	其他	4.19	0.58		
专业理念	喜欢教师这个职业	4.51	0.48	17.376	0.000
	家庭经济条件不好，公费师范生可以减轻家庭经济负担	3.84	0.78		
	毕业以后工作有保障，有编制	4.07	0.63		
	家长要求	3.94	0.70		
	其他	3.93	0.66		
师德	喜欢教师这个职业	4.73	0.42	4.453	0.002
	家庭经济条件不好，公费师范生可以减轻家庭经济负担	4.46	0.55		
	毕业以后工作有保障，有编制	4.55	0.49		
	家长要求	4.61	0.52		
	其他	4.44	0.61		

从表8.12可以看出，不同报考原因的学前教育公费师范生在专业理念与师

德的得分上存在显著差异。就专业理念而言,喜欢教师这个职业的学生得分最高,而因家庭经济条件不好而选择公费师范生的学生得分相对较低。这是因为喜欢教师这个职业的学生更加关注专业本身,对专业理念与师德有着更深入的认识。考虑家庭经济因素而选择公费师范生的学生,对专业理念与师德的认识相对较低。

就师德而言,喜欢教师这个职业的学生得分最高,而家长要求的学生得分次之。这是因为喜欢教师这个职业的学生更加关注自身的职业素养和道德标准,对师德的认知更为深刻。而家长要求的学生可能更多地受到家庭和社会的影响,对师德的认知相对较低。需要注意的是,不同的报考原因可能会影响学生对专业理念与师德的认知,但这并不是评价学生综合素质的唯一标准,也不能用来判断学生的职业能力和潜力。

(四)专业知识

学前教育公费师范生的专业知识主要包括以下三个方面:发展性知识、保教知识和通识性知识。

学前教育公费师范生掌握了发展性知识和保教知识,能够更好地为儿童提供个性化、全面发展的教育和生活服务,提高学前教育的质量。在学前教育阶段,儿童的身体、智力、情感、社会、语言等方面的发展都非常重要,因此,师范生需要深入了解儿童的发展规律、特点和影响因素。掌握儿童教育的原理和方法,才能为儿童提供科学、有效的教育服务。同时,学前教育还需要关注儿童的生活、健康、安全等方面,师范生掌握的保教知识可以为儿童提供安全、舒适、健康的生活环境,保障儿童的身心健康。

学前教育公费师范生具备足够的通识性知识,才能为儿童提供多元化的学习和体验机会,促进儿童的全面发展。学前教育不仅仅是传授知识,还需要培养儿童的综合素质和能力。师范生具备广泛的通识性知识,包括语言、数学、科学、音乐、美术、体育等方面的知识和技能,才能促进儿童的身心全面发展。

学前教育是一项重要的公共事业,师资队伍的素质直接关系到学前教育事业的发展和质量。学前教育公费师范生掌握了足够的专业知识,才能提高师资队伍的整体素质和水平,提高教育质量和教育效果。

1.专业知识总体分析

表8.13 专业知识总体分析

	均值	标准差
专业知识总分	4.05	0.64397
发展性知识	4.08	0.71798
保教知识	4.01	0.68185
通识性知识	4.05	0.69008

从表8.13可以看出,学前教育公费师范生掌握的专业知识整体水平较高,均值为4.05。三个方面的知识中,发展性知识得分最高,均值为4.08;保教知识得分较低,均值为4.01;通识性知识得分与总体水平相当,均值为4.05。

这表明,学前教育公费师范生在发展性知识方面掌握得较为扎实,对儿童的身体、智力、情感、社会、语言等方面的发展规律、特点和影响因素有较深入的了解和认识;在保教知识方面还有一定的提升空间,需要加强对儿童保健、饮食、安全、心理健康等方面知识的掌握;通识性知识与总体水平相当,但也需要不断更新和拓展自己的知识面,为儿童提供更加多元化的学习和体验机会。

2.专业知识差异分析

本研究分别从学生的性别、生源地、家庭人均月收入、就读年级、报考原因等方面进行独立样本t检验和单因素方差分析,结果如下:

表8.14 专业知识的性别差异

	性别	均值	标准差	t	显著性
专业知识总分	男	4.09	0.73	0.601	0.548
	女	4.04	0.63		
发展性知识	男	4.14	0.78	0.722	0.471
	女	4.07	0.71		
保教知识	男	4.06	0.80	0.717	0.473
	女	4.00	0.66		
通识性知识	男	4.07	0.77	0.223	0.823
	女	4.05	0.68		

从表8.14可以看出，学前教育公费师范生在专业知识方面没有显著的性别差异，这表明男生和女生在学前教育专业知识方面的学习和掌握程度相当。

表8.15　专业知识的生源地差异

	生源地	均值	标准差	t	显著性
专业知识总分	农村	3.95	0.65	−3.322	0.001
	城市	4.13	0.63		
发展性知识	农村	3.98	0.76	−3.105	0.002
	城市	4.17	0.67		
保教知识	农村	3.93	0.67	−2.456	0.014
	城市	4.08	0.69		
通识性知识	农村	3.94	0.69	−3.634	0.000
	城市	4.15	0.67		

从表8.15可以看出，生源地对学前教育公费师范生的专业知识有一定的影响。城市生源的师范生在专业知识总分、发展性知识、保教知识和通识性知识方面均高于农村生源的师范生。其中，在专业知识总分、发展性知识和通识性知识方面，城市生源师范生与农村生源师范生的差异显著（$P<0.01$），在保教知识方面差异显著（$P<0.05$）。

这说明，城市生源的师范生在专业知识方面掌握得更加全面，能够为儿童提供更好的教育服务。这是因为城市生源的师范生教育环境更加优越，接触到的教育资源更加丰富，对教育的认知和理解更加深刻。而农村生源的师范生在专业知识方面相对较弱，是由于接受教育的机会和条件较为有限，对教育的认知和理解相对较浅。因此，应该加强农村生源师范生的教育和培训，提高他们的专业水平和教育服务能力。

表8.16　专业知识的家庭人均月收入差异

	家庭人均月收入	均值	标准差	F	显著性
专业知识总分	2000元以下	3.92	0.65	4.300	0.055
	2000~3000元	3.93	0.68		
	3000~5000元	4.08	0.61		
	5000元以上	4.17	0.64		

续表

	家庭人均月收入	均值	标准差	F	显著性
发展性知识	2000元以下	3.99	0.72	3.722	0.062
	2000~3000元	3.94	0.77		
	3000~5000元	4.13	0.68		
	5000元以上	4.20	0.69		
保教知识	2000元以下	3.83	0.68	3.159	0.163
	2000~3000元	3.94	0.69		
	3000~5000元	4.04	0.65		
	5000元以上	4.11	0.70		
通识性知识	2000元以下	3.93	0.69	4.831	0.003
	2000~3000元	3.92	0.74		
	3000~5000元	4.07	0.63		
	5000元以上	4.21	0.70		

从表8.16可以看出，学前教育公费师范生的专业知识水平与家庭人均月收入有一定的关系。家庭人均月收入越高，师范生的专业知识水平越高。在专业知识总分、发展性知识和通识性知识方面，家庭人均月收入5000元以上的师范生的均值最高，分别达到4.17、4.20和4.21，都高于家庭人均月收入2000元以下的师范生的均值。在保教知识方面，家庭人均月收入在3000~5000元的师范生的均值最高，达到4.04，高于家庭人均月收入2000元以下的师范生的均值。

总体来看，仅有通识性知识方面的差异显著（$P<0.01$），其他方面的差异均不显著。但我们仍然可以看出，家庭人均月收入越高，师范生的专业知识水平越高，这是因为家庭经济条件较好的师范生能接触到更多的教育资源，受到更好的教育，具有更好的教育基础。

表8.17 专业知识的就读年级差异

	就读年级	均值	标准差	F	显著性
专业知识总分	中专一年级	3.66	0.85	16.711	0.000
	中专二年级	4.25	0.62		
	中专三年级	4.15	0.56		
	大学一年级	3.88	0.49		
	大学二年级	4.19	0.44		

续表

	就读年级	均值	标准差	F	显著性
发展性知识	中专一年级	3.84	0.96	8.877	0.000
	中专二年级	4.27	0.66		
	中专三年级	4.17	0.63		
	大学一年级	3.88	0.63		
	大学二年级	4.08	0.61		
保教知识	中专一年级	3.60	0.85	15.933	0.000
	中专二年级	4.22	0.66		
	中专三年级	4.11	0.62		
	大学一年级	3.84	0.52		
	大学二年级	4.25	0.49		
通识性知识	中专一年级	3.54	0.92	20.696	0.000
	中专二年级	4.26	0.65		
	中专三年级	4.19	0.60		
	大学一年级	3.91	0.49		
	大学二年级	4.25	0.39		

从表8.17可以看出，学前教育公费师范生的专业知识水平与就读年级有一定的关系。在专业知识总分、发展性知识、保教知识和通识性知识方面，中专三年级和大学二年级的师范生的均值最高，中专一年级的师范生的均值最低。其中，在专业知识总分、保教知识和通识性知识方面，年级之间的差异显著（$P<0.01$）。

这说明，师范生随着年级的升高，专业知识水平也会逐渐提高。这是由于师范生在学习过程中积累了更多的知识和经验，对教育的认知和理解更加深入。另外，大学二年级的师范生在专业知识总分、发展性知识和保教知识方面均高于大学一年级的师范生，这是由于大学二年级的师范生已经有了一定的教育实践和实习经历，对教育的实践操作更加熟练。

表8.18 专业知识的报考原因差异

	报考原因	均值	标准差	F	显著性
专业知识总分	喜欢教师这个职业	4.18	0.70	2.795	0.026
	家庭经济条件不好,公费师范生可以减轻家庭经济负担	3.88	0.63		
	毕业以后工作有保障,有编制	4.03	0.60		
	家长要求	4.11	0.62		
	其他	3.96	0.83		
发展性知识	喜欢教师这个职业	4.25	0.76	2.454	0.045
	家庭经济条件不好,公费师范生可以减轻家庭经济负担	3.96	0.78		
	毕业以后工作有保障,有编制	4.05	0.67		
	家长要求	4.06	0.70		
	其他	3.96	0.85		
保教知识	喜欢教师这个职业	4.15	0.75	3.097	0.015
	家庭经济条件不好,公费师范生可以减轻家庭经济负担	3.82	0.70		
	毕业以后工作有保障,有编制	3.99	0.63		
	家长要求	4.09	0.63		
	其他	3.93	0.88		
通识性知识	喜欢教师这个职业	4.14	0.76	2.201	0.068
	家庭经济条件不好,公费师范生可以减轻家庭经济负担	3.87	0.63		
	毕业以后工作有保障,有编制	4.05	0.65		
	家长要求	4.16	0.70		
	其他	4.00	0.87		

从表8.18可以看出,不同报考原因的学前教育公费师范生在专业知识总分、发展性知识、保教知识和通识性知识方面的得分均存在一定的差异。

在专业知识总分方面,喜欢教师这个职业的师范生的得分均值为4.18,显著高于其他报考原因的师范生。在发展性知识方面,喜欢教师这个职业的师范生的得分均值为4.25,显著高于其他报考原因的师范生。在保教知识方面,喜欢教师这个职业的师范生的得分均值为4.15,显著高于其他报考原因的师范生。在通识性知识方面,喜欢教师这个职业的师范生的得分均值为4.14,略高于其他报考原因的师范生,但差异不显著。

综上所述,喜欢教师这个职业的师范生相对于其他报考原因的师范生,在学前教育专业知识方面表现更为出色。

(五)专业能力

专业能力是指在特定领域内具备的知识、技能和经验等方面的能力。对于学前教育公费师范生来说,专业能力的重要性不言自明。他们将成为幼儿园教师队伍的重要力量,需要具备一定的专业能力才能胜任工作。

具备较高专业能力的学前教育公费师范生,能够更好地掌握学前教育的理论知识和实践技能。较高的专业能力可以让学前教育公费师范生更加自信地面对教学工作,更好地引导幼儿的学习和成长,在就业市场上更具竞争力,更容易找到理想的工作。

1.专业能力的总体分析

表8.19 专业能力总体得分

	均值	标准差
专业能力	4.05	0.67

从表8.19可见,学前教育公费师范生的专业能力总体得分均值为4.05。可以看出,学前教育公费师范生的专业能力整体水平较高。

2.专业能力的差异分析

本研究分别从学生的性别、生源地、家庭人均月收入、就读年级、报考原因等方面进行独立样本t检验和单因素方差分析,结果如下:

表8.20 专业能力的性别和生源地差异

		均值	标准差	t	显著性
性别	男	4.09	0.71	0.575	0.566
	女	4.04	0.67		
生源地	农村	3.95	0.66	-3.38	0.001
	城市	4.14	0.67		

从表8.20可以看出,在性别方面,男生的专业能力得分均值为4.09,女生的专业能力得分均值为4.04。但是,通过t检验发现,两者之间的差异并不显著($t=0.575,P>0.05$)。

在生源地方面,农村生源师范生的专业能力得分均值为3.95,城市生源师范生的专业能力得分均值为4.14。通过t检验发现,两者之间的差异显著($t=-3.38,P<0.001$),说明城市生源师范生的专业能力整体水平更高一些。

表8.21 专业能力的家庭人均月收入、就读年级与报考原因差异

		均值	标准差	F	显著性
家庭人均月收入	2000元以下	3.88	0.67	5.835	0.001
	2000~3000元	3.92	0.69		
	3000~5000元	4.09	0.63		
	5000元以上	4.20	0.69		
就读年级	中专一年级	3.84	0.90	8.146	0.000
	中专二年级	4.19	0.70		
	中专三年级	4.16	0.56		
	大学一年级	3.86	0.52		
	大学二年级	4.24	0.50		
报考原因	喜欢教师这个职业	4.26	0.72	8.146	0.000
	家庭经济条件不好,公费师范生可以减轻家庭经济负担	3.81	0.64		
	毕业以后工作有保障,有编制	4.03	0.62		
	家长要求	4.12	0.69		
	其他	3.88	0.80		

从表8.21可以看出,在家庭人均月收入方面,3000元以上的学生专业能力得分均值最高,为4.09,明显高于家庭人均月收入2000元以下的学生。通过方差分析发现,差异显著($F=5.835,P<0.001$)。

在就读年级方面,大学二年级学生的专业能力得分均值最高,为4.24,明显高于中专一年级和大学一年级学生的专业能力得分均值。通过方差分析发现,差异显著($F=8.146,P<0.001$)。

报考原因方面,报考原因为喜欢教师这个职业的学生专业能力得分均值最高,为4.26,明显高于其他报考原因的学生专业能力得分均值。通过方差分析发现,差异显著($F=8.146, P<0.001$)。

3. 专业能力调查带来的启示

根据以上分析,我们认为,学校应该注重学生的专业能力培养,要针对不同的学生群体采取不同的培养策略。例如,针对家庭人均月收入较低的学生,可以加强基础知识的教学和实践能力的培养,以提高他们的专业能力水平;针对高年级的学生,可以提供更多的实践机会和课外活动,以增强他们的实践能力和综合素质。

学校应重视对学生的性别差异和生源地差异的研究,了解不同群体的学生在专业能力方面的特点和需求,以便更科学地制定人才培养方案。学校还要引导学生正确理解和认识教师职业,加强对学生的职业规划和发展指导,使学生更加积极地投身于学前教育事业。在专业能力评价方面,应该注重多维度的评价,不仅要考虑学生的理论知识和实践能力,还要考虑学生的综合素质和职业素养,更准确地评价学生的专业能力水平。

(六)认知与评价

学前教育公费师范生是国家为选拔优秀人才,培养未来的学前教育工作者而设立的特殊招生计划。因此,学前教育公费师范生对人才培养方案是否有准确的认知、教师是否按人才培养方案进行培养,对学前教育公费师范生的素质有着深刻的影响。

学前教育公费师范生要了解人才培养方案中设定的培养目标,包括掌握学前教育学、心理学、教育法律法规等方面的基本理论知识,学会学前教育的基本技能和方法,形成学前教育实践能力,以及具备批判思维和创新意识等。了解培养目标,有助于学前教育公费师范生更好地规划自己的学习和发展方向。

课程内容要符合培养目标。课程内容应该包括学前教育学、心理学、教育法律法规等基本理论课程,以及实践教学、教育技术等应用课程。课程内容的设置应该紧密结合培养目标,有助于提高学前教育公费师范生的专业素养。

教师的教学方法和评价方式应科学、全面。教师的教学方法应该灵活多样，注重培养学生的自主学习能力和创新思维能力。评价方式应该公正客观，注重发现学生的优点和存在的问题，帮助学生提高自身素养。

实践性教学的质量要过硬，尤其是乡村教学实践经验。实践性教学是培养学前教育工作者的重要途径，包括实习机会、实践性教学的内容和方式、实践性教学的评价方式等。

表8.22　认知与评价总体情况

	均值	标准差
培养目标	4.10	0.66
课程内容	3.99	0.81
教学方法	3.88	0.53
培养评价	3.95	0.63
实践教学	3.98	0.74

从表8.22可以看出，学前教育公费师范生对培养目标、课程内容、培养评价和实践教学的认知与评价都比较高。

这说明，学生对自己所学的专业知识、技能和实践经验都有一定的了解，并且对这些方面的要求也比较明确。同时，也可以看出对教学方法的评价相对较低，均值为3.88。这意味着教师在教学方法上还有一定的改进空间，需要用更加灵活多样的教学方法来满足不同学生的需求。

第五节　乡土情怀与专业发展调查的内在启示

本研究探讨了乡土情怀、责任感和爱与学前教育公费师范生的性别、生源地、家庭人均月收入、就读年级和报考原因等因素的关系，并发现这些因素对他们的乡土情怀和专业发展会产生明显的影响。因此，在教育实践中要关注学前教育公费师范生对教师职业尤其是乡村幼师的认知，鼓励他们树立爱国爱民的理念与对教师职业的责任感和爱。

一、乡土情怀调查带来的启示

从调查数据可以看出,性别、生源地、家庭人均月收入等因素对学生的乡土情怀、责任感和爱没有明显影响,而就读年级和报考原因有显著影响。这意味着,在教育实践中,我们应该更加关注不同年级的学生对教师职业的认知,同时也要了解学生报考公费师范生的原因,以便更好地满足他们的需求,提高培养质量。

针对就读年级对学生的乡土情怀、责任感和爱的影响,我们可以采取以下措施:第一,加强思政教学,在教学见习、教学实习等实践环节中融入奉献乡梓的理念,让学生形成服务地方、服务乡梓、报国利民的乡土情怀和责任感;第二,针对不同年级的学生,采取不同的教育措施,中专一年级的学生可以加强乡土文化的教育,帮助他们更好地了解和认识自己的家乡,大学一、二年级的学生可以加强社会实践,让他们更深入地了解社会和人民群众的需要;第三,加强对教师职业的宣传和教育,让学生逐渐认识到教师职业的重要性和意义,激发他们对教师职业的热爱和追求。

针对报考原因对乡土情怀、责任感和爱的影响,我们可以采取以下措施:第一,加强公费师范生的使命教育,让他们更好地了解和认识自己的责任;第二,加强与学生的沟通和交流,了解他们报考公费师范生的原因和期望,同时也让他们明白,培养公费师范生是要实现教师职业价值的社会认同,突出教师职业地位的再提升、职业形象的再塑造。

二、专业理念与师德调查带来的启示

第一,要加强农村生源学生的专业理念与师德教育。从调查数据中我们可以看出,农村生源学生在专业理念与师德上的得分普遍较低。这是因为农村生源学生对教师职业的认识和了解相对较少,缺乏对教育专业的理解和认同。因此,学校应该加强对农村生源学生的专业理念与师德教育,提高他们对学前教育专业的理解和认同,增强他们的师德意识,培养他们的道德素养。

第二,注重中专学生的教育。调查数据显示,中专学生在专业理念与师德上的得分普遍较高。这是因为中专学生接受的学历教育相对较短,对学前教育专业抱着满腔热情,因此需要培养他们对学前教育专业的认识和信念,不能降低他们的热情。学校应该注重对中专学生的专业理念与师德教育,增强他们对教师职业的认同和信念。

第三,注重挖掘学生的内在动机。调查数据显示,喜欢教师这个职业的学生在专业理念与师德上的得分普遍较高。这表明,学生的内在动机对专业理念与师德的养成有着重要的影响。因此,学校应该注重挖掘学生的内在动机,提高他们对教师职业的热爱程度。

第四,要对所有学生进行师德教育。无论是农村生源还是城市生源,无论是中专还是大学,无论是因为喜欢教师职业还是因为其他原因,所有学前教育公费师范生都需要接受师德教育,提高师德意识和道德素质。学校应该对所有学生进行师德教育,提高他们的道德素质和职业素养。

三、专业知识调查带来的启示

调查数据显示,家庭经济条件对学前教育公费师范生的专业知识水平有一定的影响,家庭人均月收入较高的学生在专业知识方面的表现更好。这说明,家庭经济条件对学前教育公费师范生的学习环境、教育资源等都有一定的影响,因此,家庭收入较高的学生在专业知识方面的表现更好也是可以理解的。在学前教育公费师范生的培养中,我们可以为不同家庭经济条件的学生提供相应的教育资源和支持,例如,为家庭经济困难的学生提供奖学金、助学金等,优化学习环境,丰富学习资源,以提高他们的专业知识水平。

不同年级的学生在专业知识上的表现也有差异,大学二年级的学生在专业知识方面的表现最好。这与大学二年级的学生在学习经验、学习能力等方面的提高有关。在学前教育公费师范生的培养中,我们可以针对不同年级的学生,制订相应的教育计划和课程体系。

报考原因也会对学前教育公费师范生的专业知识水平产生影响,因喜欢教师这个职业和家长要求而报考的学生表现相对较好。学生的报考原因与其对学前教育事业的认识和兴趣、家庭背景等因素有关,在培养过程中,我们可以开设相应的课程和实践活动,例如职业规划和就业指导课程等。

四、建议

1. 加强宣传

高职高专院校要拓宽宣传渠道,加强宣传力度,详细解读学前教育公费师范生的相关政策,以增强公费师范生坚守教育事业的信念。从调研结果来看,无论是刚入校的新生还是已经毕业的学生,对公费师范生政策都不够了解,他们更多关注的是自己的利益而忽视了应承担的责任。为使政策落到实处,高职高专院校应向考生深入地解读学前教育公费师范生的相关政策,增强其责任感,树立权利和义务对等的观念。如果政策解读不到位,学生盲目报考,就很难实现培养学前教育公费师范生的预期效果。因此,学校应加强前期宣传工作,通过开展专题讲座等形式为学生现场解惑,吸引更多优秀学子报考。

2. 进一步明确培养目标

学前教育公费师范生必须到定向区县服务至少6年,这就要求他们不但要具备扎实的学科专业知识,而且要有丰富的教育教学知识,以及足够的实践教学经验。负责培养学前教育公费师范生的院校必须结合学校实际,制订培养计划,更新培养理念,进一步明确培养目标。学前教育公费师范生应具有符合时代要求、适应学前教育发展的先进理念,形成终身为学前教育服务的信念;具有高尚的职业道德操守,良好的人文素养,扎实而系统的专业理论知识,良好的沟通能力和团队协作意识,以及终身学习的能力。

3. 调整课程设置,完善课程体系

根据培养目标,学前教育公费师范生的人才培养方案中设置了由通识教育课程、专业课程和教师教育课程三大板块组成的课程体系。

设置通识教育课程的目的在于进一步拓宽学生的知识面,开阔其学科综合视野,了解学术进展和学科前沿,培养科学精神与人文素养,提高综合素质和社会适应能力。学前教育公费师范生的在校时间短,因此,学校要充分挖掘通识教育课程的内在联系,优化同类课程设置;大力拓展理工、文史哲类课程,补齐学前教育学生的薄弱环节。

专业课程包括专业基础课程、专业核心课程、专业拓展课程和专业实践课程,旨在夯实学前教育公费师范生的学科基础,拓宽专业知识面,使他们具备适应未来社会需求的可持续发展的专业素养与专业技能。学校要以实践为导向，重点推进专业理论课程改革和专业实践课程建设，实现"做中学"和"学中做"的相互促进。

教师教育课程分为技能类课程和实践类课程。技能类课程主要包括音乐技能、美术技能、舞蹈技能，以技能学习为主线，注重学而有为的价值导向。尤其在三年制艺术类班级中，既要强调特长培养，又要重视学前教育专业导向。实践类课程是在传统的教育实践课程的基础上，构建在校学习、见习、实习一体化的实践课程体系。

第四篇

实践探索篇

重庆幼儿师范高等专科学校暨川南幼儿师范高等专科学校卓越乡村幼师培养改革与实践成果

重庆幼儿师范高等专科学校卓越乡村幼师培养改革与实践成果[①]

一、成果背景

2010年颁布的《国务院关于当前发展学前教育的若干意见》明确提出,要建设一批幼儿师范专科学校,加大面向农村的幼儿教师培养力度。2012年5月,我校正式升格为重庆市唯一一所幼儿师范高等专科学校,并围绕"培养什么样的幼儿教师"展开人才培养大讨论,根据重庆及西部地区"大城市、大农村"的区域特征,最终明确在传承学校六十余年学前教育师资培养的历史基础上,定位于培养"乡村情怀、幼儿为本、才艺兼备、擅长保教"的卓越乡村幼师。此后,我校卓越乡村幼师培养改革与实践成果以"三峡库区乡村幼师卓越人才培养U-G-K协同育人模式改革研究"等8项市级重大重点教学改革项目和3项市级教育综合改革试点项目为支撑,联合重庆三峡学院、重庆市女子职业高级中学等市内13所学校,围绕乡村幼师一体化培养过程,形成了全覆盖、全适应、全实践、全融合"四全一体"培养模式(见图1),赋予学校一贯秉承的"向农·姓师·为幼"办学思想新内涵。

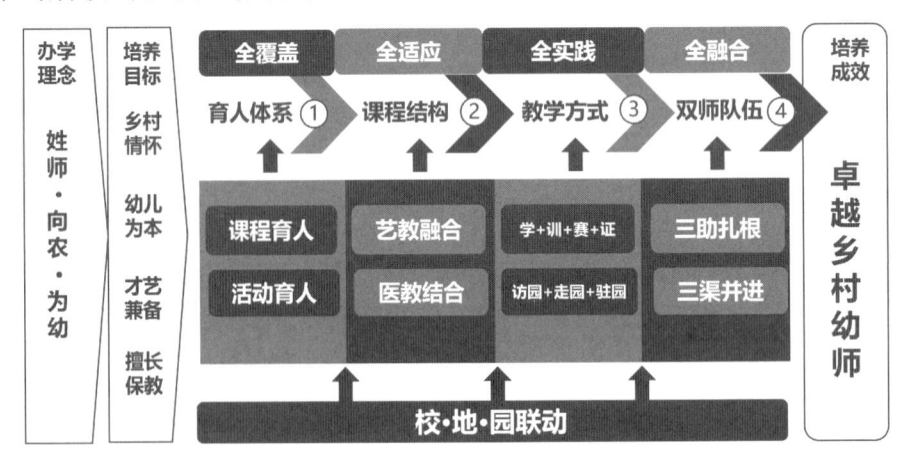

图1 "四全一体"培养模式结构

[①] 本篇由重庆幼儿师范高等专科学校撰写,是该校2022年职业教育国家级教学成果奖二等奖"向农·姓师·为幼——乡村卓越幼师'四全一体'培养改革与实践"的成果之一。

二、成果主要解决的教学问题

(一)"离农轻乡":乡村幼师下不去,乡村情怀不浓

长期以来,师范院校人才培养定位普遍"离农轻乡",对国家重点发展农村学前教育、优先培养农村幼儿园教师的政策和方向理解不够、落实不足,大多数开设学前教育专业的高校未专门针对乡村幼教岗位需求调整人才培养方案,难以培养胜任乡村幼儿园课程建构、资源创设、家长引导、乡土游戏、班级管理的专门人才,由此导致所培养的学生就业选择主要指向城市,缺乏乡村情怀。

(二)"技能取向":偏弹跳画唱技艺,保教能力不足

传统的学前教育往往偏重于学生的艺术技能,以学生的"弹跳画唱"能力为重点考核板块,弱化本应属于核心幼师能力的保教素养,导致学生有效组织幼儿园一日活动的能力差,这不仅不符合《幼儿园教师专业标准(试行)》中的要求,也不能培养满足乡村幼儿园需要的人才。

(三)"重教轻学":倾静态课堂教学,临床实践不够

学前教育专业具有很强的实践性。然而,传统的学前教育人才培养偏重理论课程,强调在课堂中讲授知识,仅仅将实践集中在实习环节,不仅造成理论与实践脱离,而且导致学生专业实践空间狭窄、机会不足,实践能力难以有效生成。

(四)"产教脱节":双师联动不力,专业指引不强

西部地区城乡幼儿教育样态差异明显。师范院校的专业教师与乡村幼儿园教师缺乏联动,对乡村幼教的情况了解不全面、不准确,导致教师之所教与乡村幼教之所需脱节,从而难以培养乡村幼教急需的卓越人才。

三、成果解决教学问题的过程

(一)调研阶段

2012—2013年,根据《国务院关于当前发展学前教育的若干意见》的精神,针对重庆及西部其他地区的区域特征和学前教育发展状况,学校开展了系统的行

业调研和专家论证,在坚持学校"向农·姓师·为幼"的办学宗旨下,最终提出了培育"乡村情怀、幼儿为本、才艺兼备、擅长保教"的卓越乡村幼教人才的改革思路。

(二)系统建设阶段

2013—2015年,学校与300余所幼儿园以及市内13所中职学校建立了合作关系,通过与区县签署人才共育协议,建成"校·地·园"三方协同育人机制,扩大双师队伍比例,并针对卓越乡村幼教人才培养,设计并实践"全覆盖、全适应、全实践、全融合"的"四全一体"培养模式,逐步实现培养卓越乡村幼师的目标。

(三)检验推广阶段

2015年至今,成果进入检验与推广阶段。在这一阶段,学校通过行业调研、毕业生调查、专业建设诊断、人才与技术引入,进一步完善"四全一体"卓越乡村幼师育人体系,推进课程、教材、教师、教法、第二课堂以及园校共育机制的改革,并推广建设经验,承接各地相关院校大量的参观与交流任务。

四、成果解决教学问题的方法

(一)"全覆盖"构建植入乡村基因的育人体系,解决乡村情怀不浓的问题

本成果将乡村基因植入育人体系,构建了"全覆盖"乡村幼师培养体系(详见图2)。

图2 "全覆盖"构建植入乡村基因的育人体系结构

1.改革课程育人体系

以"四有"好老师为思政主线,以"乡村情怀"为培养导向,并将它们全面融入学前教育专业课程之中,潜移默化地加深学生对乡村幼教的认知,形成情感认同,逐步发展其胜任农村幼儿园课程建设、活动实施、家长引导、乡土游戏、班级管理、资源建设等方面的专业能力。

第一,在幼儿园游戏活动指导、幼儿园环境创设与教玩具制作等10门专业课程中嵌入民间游戏、乡土玩具设计制作、乡村童谣、乡土课程资源开发等16个乡村模块。第二,开设中外著名乡村教育思想、重庆地方童谣鉴赏与解析、渝东北皮影艺术等以乡村幼教为主题的专业选修课程5门,并给予学生充分的选择权,让其根据自身兴趣而搭建课程模块,激发学生的学习主动性,拓宽并加深学生对乡村幼教的认知。第三,编写《乡村材料在幼儿园运动游戏中的开发与应用》《重庆方言儿歌》《万州民间故事及鉴赏》等4本校本教材,将乡村基因植入课程资源的建设之中。具体见图3。

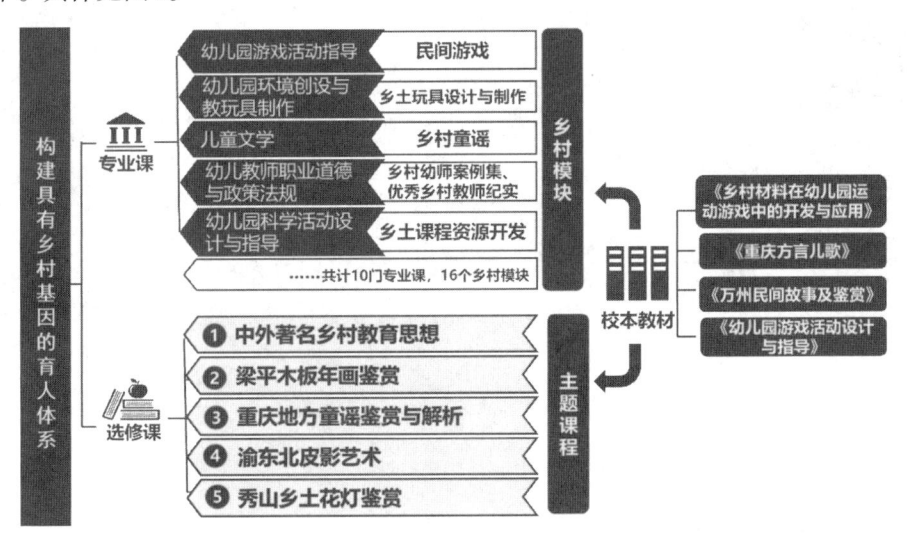

图3 植入乡村基因的课程体系

2.创新活动育人体系

以乡村幼教为主线,持续开展"乡村幼教论坛",先后邀请30多位乡村幼儿园园长举办乡村幼教主题讲座43次;组建支教团队,开展"三下乡""小夫子进社区"等社会实践活动100余次;创演舞台剧《大山支教》《他一直都在》等文化活动。具体见图4。

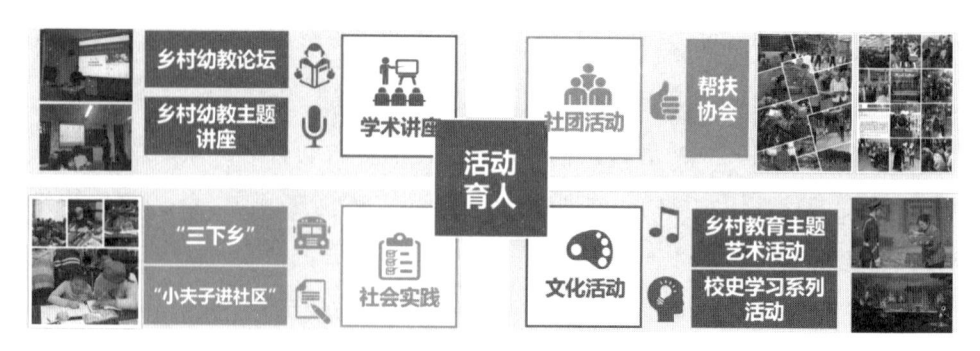

图4 活动育人的结构体系

(二)"全适应"优化基于乡村幼师岗位能力的课程结构

基于乡村幼师岗位对复合型能力的需求,我校通过"艺教融合""医教结合"等形式构建了全适应性的课程结构。具体见图5。

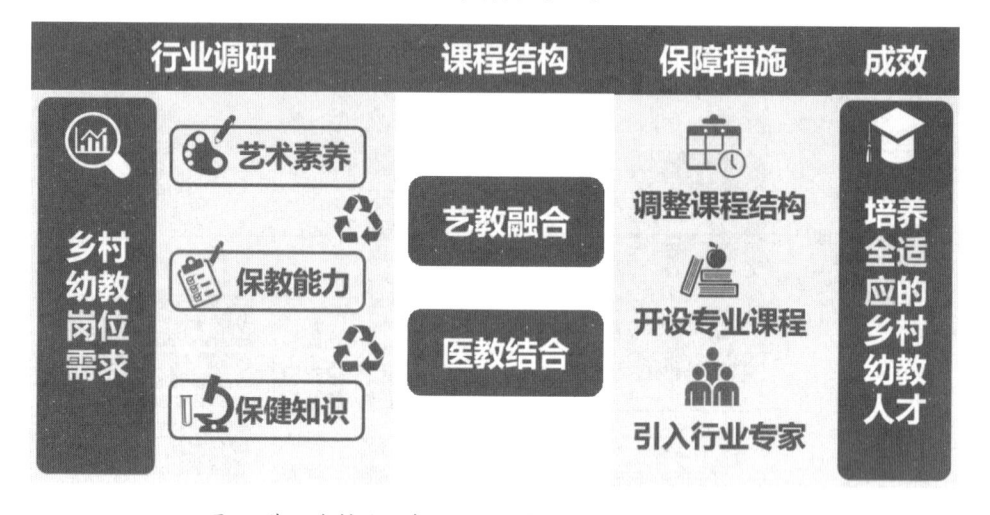

图5 基于乡村幼师岗位能力需求下的"全适应"课程结构

1.艺教融合提升教育能力

培养知识与技能并重、文化与艺术兼备的新型幼教人才。将弹跳画唱等艺术技能与幼儿园艺术教育能力相融合,艺术类课程由原来的548课时(艺术技能308课时,艺术教育240课时)调整为484课时(艺术技能192课时,艺术教育292课时),开设儿童绘本阅读与指导、儿童剧目排练、幼儿园环境创设与教玩具制作、奥尔夫音乐教育等6门艺教融合课程。实现由单纯地评价学生的艺术技能,转向注重学生发展综合的艺术教育素养。毕业学生不仅具备在乡村幼儿园的一日活动中融入艺术元素辅助保教工作的能力,又具备在艺术教育中发展幼儿艺术能力的教育素养。具体见表1。

表1 "艺教融合"课程种类与实施

序号	具体课程	类别	学期	学分	学时
1	幼儿舞蹈创编	专业必修	3-4	3	34
2	儿童剧目排练	专业必修	5	2	36
3	幼儿园环境创设与教玩具制作	专业必修	5	2	36
4	奥尔夫音乐教育	专业选修	2-5	2	32
5	儿歌情景应用与创编	专业选修	2-5	2	32
6	儿童绘本阅读与指导	专业选修	2-5	2	32

2.医教结合提升保育能力

全科教育的思想不仅适合乡村小学,同样适合乡村幼儿园。结合当前重庆乡村的发展实际与社会需求,依托学前教育专业群的优势,我校调整了卫生学、心理学等课程的内容结构,优化专业群师资,将医学、卫生保健类课程融入相关的专业学科之中,在医教结合层面提升学生的保育能力,使之更胜任未来的乡村幼教工作。我校聘请妇幼保健院、医学院30余名医生及教师担任兼职教师,开设儿童营养配餐与指导、儿童常见疾病预防与指导等3门课程,增强了学生的保育保健能力;每学年组织学生深入妇幼保健院开展不少于18学时的儿童保健实操活动。具体课程见表2。

表2 "医教结合"课程种类与实施

序号	具体课程	类别	学期	学分	学时
1	儿童营养配餐与指导	专业选修	2-5	2	32
2	儿童常见疾病预防与指导	专业选修	2-5	2	28
3	儿童健康管理	专业选修	2-5	2	28

(三)"全实践"实施学做螺旋交替的教学方式

为充分培养学生的理论和实践能力,本成果探索了螺旋交替的教学模式,模型如图6所示:

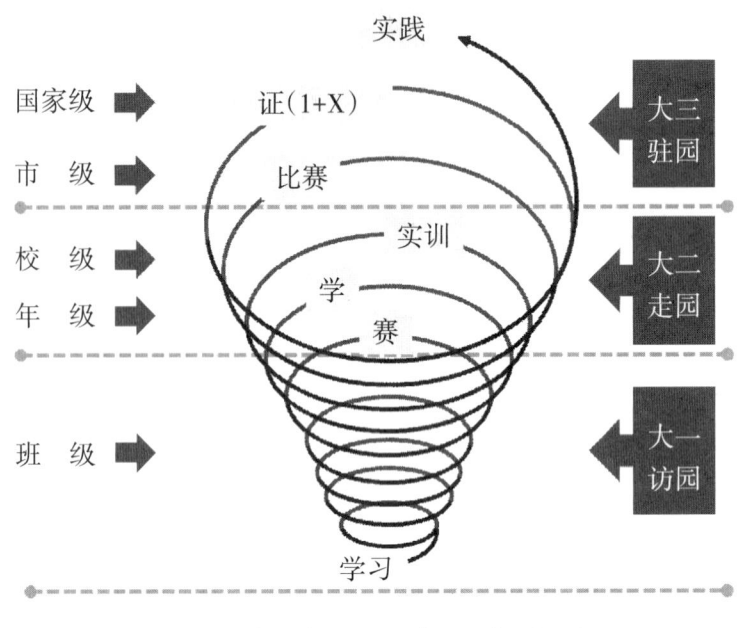

图6 "全实践"实施学做螺旋交替的教学方式结构

1."学+训+赛+证"互促

构建"全实践"教育理念下的课程体系,打破单一课程的理实比例所带来的教学局限,以学生整体能力的形成为视角,以学期或学年为单位,本着"能力本位、目标递进、模块衔接、统筹兼顾"的原则,整合阶段性课程,形成"以训促学、以赛增训、课证融通"的螺旋交替的教学方式。课赛融合将职业技能大赛项目融入专业课程体系,构建"班级—年级—校级—市级—国家级"五级递进且覆盖全体学生、全部学段的技能比赛体系;将"X"证书(幼儿照护)、育婴师、保育员等5类证书与专业核心课程深入融合,通过学分互认实现课证融通。

2."访园+走园+驻园"递进

构建"双主体、双团队、双基地"全实践教学模式。基于园校合作理事会,选择300余所优质幼儿园作为教育实践基地,大一"访园"48学时,大二"走园"48学时,大三"驻园"480学时,在真实的幼儿园环境中坚定职业理想和信念,充分感知乡村幼儿园的真实情况,增强学生的专业实践能力,促进学生专业理论知识向技能的有效转换,提升学生的学前教育综合素养。见表3。

表3 "访园+走园+驻园"安排时间与考核方式

课程名称	属性	学分	第一学年 一 20	第一学年 二 20	第二学年 三 20	第二学年 四 20	第三学年 五 20	第三学年 六 20	学时	考核方式
访园	C	2		2周					48	考查
走园	C	2				2周			48	考查
驻园	C	18						20周	480	考查
合计		22							576	

(四)"全融合"培养园校深度联动的双师队伍

为了充分发挥"校·地·园"三位一体协同育人的功能,本成果构建了园校深度联动的双师队伍结构,模型如图7所示:

图7 "全融合"培养园校深度联动的双师队伍结构图

1.助教、助管、助研"三助扎根"

学校支持教师深入一线,通过建立乡村附属幼儿园、实施"科研副园长"制、制定教师互换机制、成立园校联盟等一系列措施,为我校教师与乡村幼师之间的联动创造平台和保障机制,深入推进我校教师去乡村幼儿园"助教、助管、助研",在提升现有乡村幼儿园整体教育质量的同时,完善了我校双师型队伍的结构,有效地保障了产教不脱节。另外,幼儿园教师也到我校进行能力提升、承担教学活动等。在"全融合"理念的指导下,学前教育专业教师每学年累计下园实践不少于1个月,双师型教师达到95%,并建成200余人的师德好、能力强的兼职教师队伍,从而实现"教含所需,学之能用"的局面。

2.引入、共进、提升"三渠并进"

聘请100余名优秀乡村幼师担任兼职教师,承担专业课程教学,不断优化双师团队。近六年,为乡村幼儿园开展园长、骨干教师、园本研修、保育培训等专项培训6000人次;为5000余名乡村幼师提供函授、专衔本等多种形式的高等学历继续教育,服务乡村幼师学历提升。详见图8、表4。

图8 开展乡村教师(园长)的培训

表4 近年聘请行业教师授课情况　　　　　　　　　　　单位:人

年份	聘请行业教师数	职务			职称	
		园长/副园长	保教主任/骨干教师	行业专家（硕/博导）	高级	中级
2018	62	16	46	0	29	33
2019	76	24	52	0	28	48
2020	82	29	53	0	29	51
2021	85	27	58	0	33	52

五、成果的主要创新点

(一)创新性地提出了"知、情、意、行"一体培养乡村幼师的理念

面对师范院校普遍存在人才培养"离农"倾向的现实,本成果基于学校的办学定位,秉持"向农·姓师·为幼"的办学宗旨,聚焦培养胜任乡村幼教的专门人才,将从事乡村幼师所需的认知、情感、意志、行为全方位融入人才培养方案、课程标准、教学设计、考核评价等教学要素当中,并呈现为由表层向深层不断发展的状态,最终实现内化于心、外化于行的目的,进而为乡村幼儿教育振兴提供高质量师资保障。

(二)首次探索了"艺教融合、医教结合、理实一体"跨界培养幼师能力的路径

本成果遵循《幼儿园教师专业标准(试行)》,适应当前乡村幼师岗位能力需求,培养复合型乡村幼师。通过"艺教融合",摒弃传统单纯训练"弹跳画唱"艺术技能的弊病,转向儿童艺术教育,走向集感受、理解、欣赏、表达于一体的艺术素养养成;通过"医教结合",将基础医学、卫生保健等知识融入专业课程体系,使学生既能教又善养;通过"理实一体",学做螺旋交替提升学生保教能力和实践应用能力。

(三)开创性地构建了"乡村附幼、三助扎根、三渠并进"等园校联动机制

为了充分发挥"校·地·园"三位一体协同育人的功能,我校开展了系列卓有成效的实践探索。一是打造一批"乡村附属幼儿园",既为学生前往乡村幼儿园实习实践提供稳定平台,也利于学校更好地服务乡村幼教发展;二是探索"三助扎根",选派专业课教师前往乡村幼儿园担任"科研副园长",通过助教、助管、助研,提升教师能力,助力乡村幼教发展;三是实施"三渠并进",通过选聘兼职教师、职业培训、学历提升等方式培养一批优秀的乡村幼儿园教师。

六、成果的推广应用效果

(一)乡村幼师人才培养数量大、覆盖广

自2015年成果推广应用以来,我校向重庆市各区县幼儿园输送毕业生1万余人。据毕业生调查数据显示,其中80%以上扎根乡村,多数已成为乡村幼教骨干,为重庆市学前教育质量提升和教育改革提供了重要的师资保障。

(二)乡村幼师人才能力强、质量优

近六年,学前教育专业学生在各类比赛中共有39人次获国家级技能大赛奖项、86人次获市级技能大赛奖项,连续两年在全国职业院校学前教育专业技能大赛获最高奖(全国仅2所)。学前教育专业近五年的就业率达到96%以上,毕业生工作满意度94%以上,用人单位对毕业生工作满意度为95.16%。见表5、表6。

表5 近六年学前教育专业学生和教师获奖情况

类别	获奖人数小计	学生获奖人数	教师获奖人数
国家级奖项	78	39	39
重庆市级奖项	135	86	49

表6 2015—2020届学前教育专业就业情况概要

毕业年份	人数	就业率	工作与专业相关度	工作满意度	薪酬满意度	平均薪酬(单位:元)
2017	2053	97.17%	95.49%	94.44%	80.09%	2633.78
2018	2620	97.58%	92.77%	93.62%	77.66%	2563.09
2019	2694	96.29%	95.84%	95.40%	83.79%	3143.54
2020	2996	96.09%	92.26%	94.60%	72.45%	2500左右

(三)学前教育专业群成效显、特色明

我校建成重庆市学前教育高水平专业群,包含国家级骨干专业1个、市级骨干专业3个,建成国家级课程思政示范课程1门、市级课程思政示范课程1门、市级一流课程3门、市级精品课程6门,有市级以上教学名师9名,国家级教学团队1个。建立了涵盖300多所幼儿园的园校联盟、重庆三峡学前教育职业教育集团、学前教育大数据研究中心;与川南幼儿师范高等专科学校专共同成立了川渝

学前教育联盟,进一步提升我校学前教育专业群实力,并以成渝地区双城经济圈为圆心,扩大本成果的推广应用范围。

图9 重庆幼儿师范高等专科学校园校合作理事会

(四)人才培养经验可复制、能推广

本成果借助中国学前教育研究会教师发展高职高专分委会在全国推广,山东、江苏、四川等10省20余所院校来校学习教改经验;指导重庆女子职业高级中学、云阳师范学校、黔江职业教育中心等13所中职学校研制学前教育专业人才培养方案、课程标准和考试标准;学校在全国各类会议上做30余次经验分享;凭借项目经验,近六年对外培训了全国共计6000余名乡村幼儿园园长和骨干教师。详见图10、图11、图12。

图10 市内外高职高专院校来校交流学习

图11　中职学校来校交流与研讨

图12　在全国各类会议上分享经验

（五）教学改革行动传播广、影响大

本成果被光明日报、中国青年网、央广网等主流媒体报道30余次。其中，重庆日报社与中国青年网于2020年12月16日报道了我校学前教育乡村公费师范生的培养硕果。2020年12月17日,《光明日报·综合新闻》专题报道了我校学前教育专业学生在全国职业院校技能大赛中取得的成果。

团队成员积极开展教学改革理论研究,在《国家教育行政学院学报》《教育实验研究》等CSSCI期刊发表教改论文20余篇。中国教育学会学前教育专委会前会长朱家雄如此评价本成果:"重庆幼专卓越乡村幼师人才培养体系对促进中西部地区学前教育高质量发展和城乡学前教育公平,服务乡村振兴有积极意义,在全国具有较大的推广价值。"北京师范大学霍力岩、西南大学朱德全等全国知名专家学者对成果给予高度认可。

川南幼儿师范高等专科学校"校地园协同、学训教一体"乡村幼师人才培养模式探索与实践[①]

从"幼有所育"到"幼有优育",从"基本普及幼儿教育"到"普及有质量的幼儿教育",从快速成长到规范发展,从粗放式的规模扩张迈向内涵式优质均衡的可持续发展,这是新时代我国乡村学前教育转型发展的目标和方向。提升乡村幼师质量一直是我校学前教育专业不懈追求的目标。我校紧跟国家战略指向,破除人才培养的要素壁垒,探索性地构建了"校地园协同、学训教一体"乡村幼师人才培养模式,并积极应用于乡村幼师人才培养实践,助力乡村学前教育高质量发展。

一、我校学前教育专业在乡村学前教育中的优势与特色

(一)乡村幼师培育体系完备

我校前身是创办于1932年的隆昌县立乡村师范学校。学前教育专业依托学校90余年的师范教育,以"中国幼教之父"陈鹤琴先生"一切为儿童"的理念为引领,至今已有64年学前教育师资培养历史,经历了新中国幼儿园教师培养的主要历程,尝试了幼师的不同培养层次。尤其是在培养乡村幼师方面,我校形成了较完备的培育体系,从师表文化育师德情怀,升华培养目标内涵;到知行合一奠定保教基础,发挥课程载体作用;再到协同育人培养保教能力,建立乡村沉浸实践体系;以及注重反思培养终身发展,构建教研科研能力等,均围绕"培养热爱儿童和乡村学前教育事业、德智体美劳全面发展,具有良好师德修养、科学和人文素养,掌握扎实的专业知识和技能,具备较强保教实践能力、综合育人能力和自主发展能力,能扎根乡村幼儿园从事保教工作的高素质乡村幼儿教师"而构建。该体系具有乡土性、师范性和时代性三个特点,具体体现在接纳乡村、扎根乡村和服务乡村,师德师风、专业理论和专业技能的培养,以及国家政策、教育发展和当代背景的影响等方面。

[①] 本篇由川南幼儿师范高等专科学校撰写(撰写人:王芳),是该校2022年获得的四川省人民政府教学成果一等奖"'校地园协同、学训教一体'幼儿教师人才培养模式改革与实践"的成果之一。

(二)乡村幼教协同基础较好

第一,乡村幼儿园与我校互动成效明显。我校在川南片区建有教学、科研和就业基地百余个,成立了4个园长工作站,邀请乡村一线专家加入教学和专业建设指导委员会,助力乡村幼儿教师人才培养。第二,地方政府与我校合作推进迅速。我校与隆昌市、资中县、兴文县、资阳市雁江区、盐源县、遂宁市、自贡市等多个地方政府或教育行政部门签订了校地合作协议,开展乡村幼儿教师培训。第三,校地园协同助力乡村教育初见雏形。我校牵头组建川南幼教集团,成立成渝地区双城经济圈职业院校学前教育发展联盟,形成校地园协同联动办学机制,产教融合紧密。

(三)乡村幼教研究特色突出

学前教育专业聘请知名幼教专家鄢超云在我校建立校内特聘教授工作室,引领师资队伍发展,形成了一支熟悉乡村幼儿教育、来自乡村幼教领域的双师型教师队伍。基于对乡村幼教的熟悉与研究,他们开展了"农村幼儿园新教师培养""乡村幼师科学素养"等课题研究,服务乡村幼师职前职后培训,在凉山州、宜宾市等地的贫困地区、乡村地区开展教育精准扶贫工作,建立乡村留守儿童之家,开展助残支教活动,助推乡村学前教育事业发展。

二、"校地园协同、学训教一体"乡村幼师人才培养模式探索背景

乡村幼师教育模式是一个由多部分组成、构成复杂且具有连贯性的系统。进行乡村幼师教育模式一体化改革是实现幼儿教师教育系统化的基本要求,也是教师教育改革的重点和难点。我校构建了"校地园协同、学训教一体"乡村幼儿教师人才培养模式,即各个环节相互连接、相互支持的一体化乡村幼儿教师教育模式,以此迎接成渝地区双城经济圈带来的乡村幼师培育机遇与挑战。

(一)乡村学前教育深化改革的需要

乡村学前教育的振兴和可持续发展是促进乡村振兴和我国全面可持续发展的重要基础和支撑。可持续发展的乡村学前教育在促进乡村文化振兴、人才振兴和产业振兴等方面作用显著。《中国教育现代化2035》强调"面向人人",关注弱

势群体,提供公平、优质、包容的教育,并提出要根据各地实际,强化分类指导,补齐短板。乡村教育被列为重点关注对象之一。我国乡村学前教育的可持续发展是乡村振兴的必经之路,是时代的呼唤和社会的要求,也是我国乡村幼儿教育发展的目标。

(二)成渝地区双城经济圈带来的机遇与挑战

乡村学前教育事业是成渝地区双城经济圈教育改革的主战场,理应"弯道超车"。我校地处成渝地区双城经济圈腹地,必须把握住此次改革机遇。在机遇与挑战并存的形势下,我校对乡村幼儿教师教育做出积极回应,打破地域藩篱,走向区域联动,加强协作,全面提高资源配置效率,推进各区域均衡发展,优化乡村学前教育发展格局,健全空间规划体系,积极推进中心城市与周围县域之间、成渝两地之间的合作,走向区域联动,实现合作共赢。

(三)乡村幼师培养存在的现实问题

高素质的乡村师资队伍,是乡村教育的核心力量。乡村幼师教育是为乡村和偏远地区幼儿园提供高质量教师队伍的重要途径,但是,目前大部分乡村幼师职前教育没有满足乡村地区对于教师的需求,所培养出来的教师没有充分掌握在乡村任教所应具备的知识与能力。因此,培养乡村幼师的学校必须了解乡村幼教实际,采用有效的育人措施,让将要从事乡村幼教事业的准教师从长远的角度考虑乡村职业生涯。

三、"校地园协同、学训教一体"乡村幼师人才培养模式的主要内容

我校依托四川省职业教育教学改革重大项目"成渝地区双城经济圈建设背景下'校地园协同、学训教一体'幼儿教师人才培养模式改革研究"等项目,着力解决乡村幼师人才培养供需脱节、理实脱节、环节割裂等问题,形成了"校地园协同、学训教一体"乡村幼师人才培养模式,产生了三大成果。

(一)该模式的内涵

"校地园协同、学训教一体"乡村幼师人才培养模式,是以"四有"好老师为标准,聚焦培养新时代乡村幼师这一目标,坚持"协同、整合"两大策略,汇聚校地园

三方力量,实施师资队伍、课程教材、教学方法、教育评价四项改革,推进五育融合,落实"全人+特长"理念,构建知识学习、技能训练、教育实践有机整合的乡村学前教育"学训教"素质养成体系。

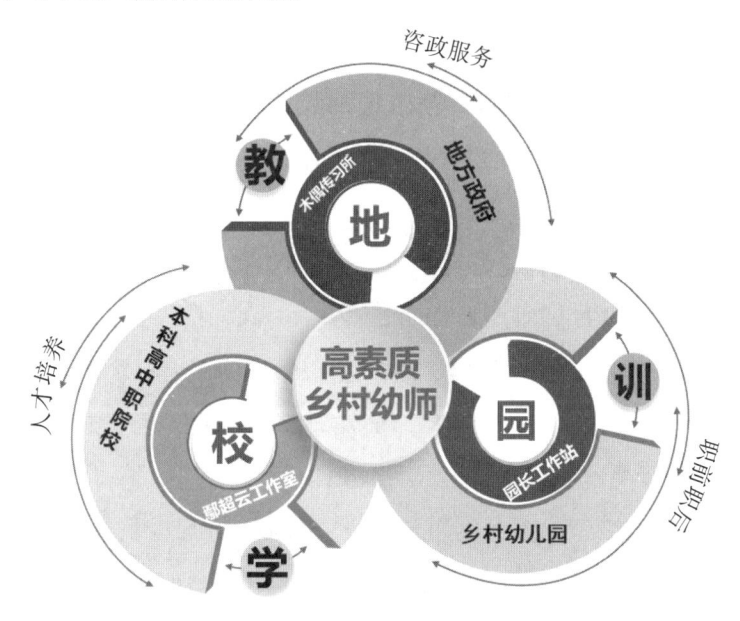

"校地园协同,学训教一体"乡村幼师人才培养模式

1. 构建协同创新、深度融合的乡村育人共同体

人才培养主体部门(职业学校)、政府行政部门和人才使用单位(幼儿园)按照各自职能,在平等协商的基础上组成育人共同体,共同致力于乡村幼师人才培养。政府是协同育人的统筹主体,充分发挥引导与协调职能,在其职权范围内积极利用政策为校—园、校—校合作创造机会和条件;学校作为人才培养的"出口"单位(人才供给方),是协同育人的重要主体,负责整合教育教学资源,将专业学习和实践教育相结合,深入改革人才培养模式,强化学生实践技能的培养;乡村幼儿园作为人才"进口"单位(人才需求方),是协同育人的重要参与主体,在校园共赢形式下,积极参与人才培养,共同建设师资,参与专业调整与建设、课程开发与内容调整,推进职业标准与课程标准深度融合,共同建设乡村实习实训基地,切实培养学生契合乡村学前教育的专业知识、职业技能和综合素养,提高人才培养质量。

学前教育专业对接乡村幼教需求,牵头组建成渝地区双城经济圈职业院校学前教育发展联盟和川南幼教集团,形成学校为主体、地方政府支持、乡村幼儿园参与的"校地园"育人共同体,建成学前教育研究中心、幼教产业园等,服务于乡村幼儿教育的人才链、产业链、教育链,促进了乡村幼教事业发展、学校提质培优、乡村幼儿园提档升级,打造了乡村学前教育协同创新高地。

2.形成实践导向、能力为重的乡村幼师素质养成体系

我校以"校地园"为载体,打造校内外双主体育人平台,延展教育时空,将"学训教"有机整合于乡村幼儿教师职前培养、职后培训全过程。幼儿教师"学训教"整体培养模式是将理论学习的"学"、技能训练的"训"和教育实践的"教"三元整合的育人模式。该模式不仅体现在传统的"校地园协同"办学模式中,也体现在课程教学中,具体表现为理论学习中包含的"训与教"、技能训练中包含的"学与教"和教育教学实践中包含的"学与训"。

"学训教"一体培养模式以"学"为中心,以"训"为关键,以"教"为提升,构建突出产教融合、能力为重、五育并举、全面发展的人才培养模式,这也是高职学校学前教育专业人才培养模式改革与实践的成功探索。

该模式的构成要素主要包括科学的乡村幼师人才培养目标、产学研结合的教学方式、技能导向的课程体系、多元务实的评价体系,厘清了乡村学前教育"学训教三位一体"的实践性内涵,重新定位了服务乡村学前教育的培养目标,重构了课程体系,突出了实践能力的培养,改进了评估评价体系,体现在课程教学的全过程中,是三元整合背景下乡村幼儿园人才培养理论和实践结合的表现,有意识地引导学生获得乡村生活和文化的体验,强化了乡村学前教育的专业性和职业性。为培养全面发展、一专多能的乡村幼师,我校实施五大行动,培养四大职业能力,实现了幼师生的全面发展,使他们成为"下得去、留得住、吃得苦、干得好、有发展"的乡村幼儿教师。该成果惠及学生万余名,大批毕业生成长为川渝城市、乡镇、贫困山区、民族地区幼儿园园长和骨干教师。

(二)该模式解决的乡村幼师培育主要问题

1."校地园"三方构建育人共同体,解决了乡村幼师供需脱节、培养资源不足问题

校地合作对接乡村幼教需求。我校聚力乡村幼教咨政服务,向四川省政府提供决策参考,建成学前教育研究中心、幼教产业园等;助力乡村振兴,赴凉山、宜宾等教育帮扶,建留守儿童之家、乡村幼儿园;着力示范引领,开展乡村幼教师资培养培训等。

校园互动对接乡村幼教要求。我校组织学生到乡村幼儿园参与常规工作、延时服务等工作;派送男幼师生到乡村实践基地开展体智能支教活动,使师范生触摸到乡村幼教事业的真实脉搏,了解并接纳乡村工作条件。

校校合作满足乡村幼教发展。我校与四川师范大学等本科院校、重庆幼儿师范高等专科学校等同级院校、城关职中等中职院校合作,最大限度地发挥优质教育资源的作用,助力乡村幼师教育质量提升。

2."四项改革"推进"学训教一体",解决乡村幼师培养理实脱节、不够精准问题

加强双师建设。我校与川渝高校师资共融互换,成立鄢超云领衔的特聘教授工作室,建设23个名师工作室、4个园长工作站,引领教师成长为服务乡村幼师教育的双师队伍。

编写优质教材。我校契合"1+X"需求,开发双元新形态教材,主编《学前教育专业顶岗实习》等活页教材,编写《幼儿教师科学素养》等校本教材,整理乡村幼教典型案例,拓展幼师生的乡村岗位素养。

创新教学方法。我校以高效课堂为出发点、以"学训教"为着力点,构建"课堂教学+课外竞赛"等全实践教学体系,以数字化教学推动"课堂革命",提升育人实效。

完善评价体系。我校构建知识、技能与实践并重,多方参与,融合社会满意度、学生专业满意度、学校社会贡献度等多元共生的人才质量评价机制,及时了解并反馈乡村幼师评价情况。

3."五大行动"促进"五育融合",解决了乡村幼师培养环节割裂、整合不佳问题

培根铸魂行动。我校打造"两代师表、仁爱笃行"为核心的师表文化,研讨课程思政"触点",开展道德讲堂等,依托省级课程思政示范课程推动课程思政全覆盖,构建扎根乡村幼教的"大思政"格局。

一专多能行动。我校以"学训教"提升幼师生的专业纵深发展能力,通过组建男幼师班,建立百余个社团,鼓励幼师生考取1+X证书,评定特长生、提供限选课等,满足幼师生的多元化需求,促进个性化发展。

强身健体行动。我校丰富"健康知识+基本与专项运动技能"内涵,围绕峨眉武术、双凤舞龙等非物质文化遗产,创编与实践幼儿操、武术等,提升幼师生服务于乡村环境的身体素质。

立美育人行动。我校融合"艺术基础与知识基本技能+艺术审美体验+艺术专项特长",将国家级非物质文化遗产资中杖头木偶、青石牌坊等地域文化融入课程、活动等,让幼师生了解、熟悉乡村文化和风土人情。

劳动幸福。我校实施"专业+社会公益+生活+特色体验"劳动教育方案,引导师范生参与乡村幼儿园环创、玩教具制作、织夏布、制土陶等活动,体验乡村幼教的职业幸福。

四、"校地园协同、学训教一体"乡村幼师人才培养模式的实效

从"扎根乡村"到"面向川南",川南幼儿师范高等专科学校坚定走好乡村学前教育高质量发展之路。学校以"双高"建设为中长期目标,大力实施深化教育教学改革行动计划,创新"校地园协同、学训教一体"乡村幼师人才培养模式,完善教学质量保障体系,强化课堂教学人才培养主渠道作用,确保既"教得好"又"学得好"。《"校地园协同、学训教一体"幼儿教师人才培养模式改革研究与实践》荣获2022年四川省人民政府教学成果一等奖。《构建以师表文化为特色的卓越幼师文化自信探索与实践》荣获2022年四川省人民政府教学成果二等奖。

(一)学生素质优良,扎根乡村幼教能力强

学生在国家级、省级等各级职业技能、师范技能比赛中获奖千余项。学校为云贵川城乡地区、民族地区、贫困山区培养大批幼师人才,其中,藏族、彝族等少数民族学生占12%,毕业生到西部地区就业的占90.34%、专业相关度达88.27%,用人单位满意度达97.12%,培养了国家级乡村教育家冷莉等大批优秀校友。

(二)模式可复制性强,培育乡村幼师应用价值高

学校组织撰写的专著《校地园协同,学训教一体:成渝地区双城经济圈建设背景下幼儿教师人才培养模式研究与实践》全面诠释了该人才培养模式的内涵,总结了教改成果,有效推广了建设模式;出版教材20余本,其中学前教育专业实习类活页教材3本,校企合编教材9本;撰写经典案例11个、调研报告5篇,可复制性强,推广应用价值高。

(三)同行一致认可,培养乡村幼师示范效应好

我校研究成果在四川师范大学、金华职业技术学院、北京师范大学教育集团等单位推广应用,他们都认为,该成果对中西部幼儿教师人才培养做出了前瞻性和创新性实践研究,有助于专业建设;人才培养与岗位无缝对接,学生综合素质高、技能强、上手快、干得好。西南大学李静教授认为,该成果在乡村幼教人才培养模式改革实践中具有示范作用,对提高人才培养质量、达成高素质乡村幼师培养目标具有显著成效,能够引领同类院校人才培养模式改革。重庆幼儿师范高等专科学校、金苹果幼教集团等来校交流学习200余次。我校在有关培训和会议上作经验分享460余次。

(四)乡村幼师办学得到肯定,国内影响大

教育部、四川省政府都对该成果给予高度肯定,认为我校人才培养模式改革提升了幼师能力,拓宽了幼教领域,丰富了幼教资源,体现了区域引领示范作用。"成渝地区双城经济圈学前教育协同创新发展研究"被中共四川省委政策研究室作为决策咨询项目推荐,获四川省科技厅2022年科技计划项目立项(2022JDR0238)。学校荣膺"全国文明单位",获批"少儿科学知识普及基地",充分发挥了地域辐射带动作用、行业桥梁纽带作用。

(五)国内媒体广泛报道,社会反响好

该成果被30余家主流媒体报道,其中《培养卓越幼师,助力幼有所育》《川南幼专:培养以师表文化为特色的卓越幼师》《川南幼专:承九秩积蕴育卓越幼师》先后在《中国教育报》《四川日报》发表,并被四川省教育厅等官网报道。

参考文献

[1]张沪.张宗麟幼儿教育论集[M].长沙:湖南教育出版社,1985.

[2]熊明安,徐仲林,李定开.四川教育史稿[M].成都:四川教育出版社,1993.

[3]李定开.中国学前教育[M].重庆:西南师范大学出版社,1990.

[4]林林.清末民初四川女子教育——以女子学堂(校)为中心[J].四川师范大学学报(社会科学版),2005(S1).

[5]凌兴珍.民国时期的基督教师范教育——基于以四川为中心的考察[J].四川师范大学学报(社会科学版),2005(6).

[6]刘占兰.中国百年老园透视[M].北京:北京师范大学出版社,2020.

[7]宋立会.清末民国时期学前教育政策研究[D].保定:河北大学,2020.

[8]喻本伐.中国幼儿教育史[M].郑州:大象出版社,2000.

[9]朱有瓛.中国近代学制史料(第二辑上册)[M].上海:华东师范大学出版社,1987.

[10]王萍.改革开放以来我国发展农村幼儿教育相关政策分析[J].东北师大学报(哲学社会科学版),2010(4).

[11]李红婷.农村学前教育政策审视:期待更多关注[J].中国教育学刊,2009(5).

[12]夏婧.我国农村学前教育政策:特点、矛盾与新趋势[J].现代教育管理,2014(7).

[13]吕苹.基于统筹城乡发展的学前教育公共服务体制建构[J].教育研究,2014,35(7).

[14]姜金秋,田明泽,杨雨甜.政策工具视角下《乡村教师支持计划》的实施路径与改进策略——基于31个省级政策文本的量化分析[J].教师教育学报,2020,7(6).

[15]周艳鹏.促进江西省学前教育发展的财政支持政策研究[D].南昌:江西财经大学,2022.

[16]邓玮珏.生育意愿提升的政策支持研究[D].长沙:湖南大学,2019.

[17]张佳.普惠性民办幼儿园发展的公共政策研究——以重庆中心城区为例[D].乌鲁木齐:新疆农业大学,2023.

[18]联合国教科文组织.教育——财富蕴含其中[M].联合国教科文组织总部中文科,译.北京:教育科学出版社,1996.

[19]李静,余瑶.我国学前教育政策的现实困境与发展路向——基于"十三五"时期学前教育政策文本的分析[J].学术探索,2022(3).

[20]林青,黄昌祯.教育供给侧结构性改革视野下普惠性幼儿园发展现状及对策研究——以湖南省为例[J].早期教育,2021(Z4).

[21]肖幸,朱德全.培养"全科型"卓越乡村幼师:学前教育专业群建设的价值与路径[J].中国职业技术教育,2022(29).

[22]申轶群,但菲.乡村幼儿园教师专业身份建构现状与对策建议[J].辽宁教育,2023(4).

[23]高智俐.民办学前教育企业发展战略研究——以R机构为样本[D].贵阳:贵州大学,2020.

[24]尚红鑫.基于SWOT-PEST分析的河南省幼儿体育培训机构发展研究[D].郑州:河南大学,2022.

[25]郑小燕.农村幼儿教师专业发展的困境及对策研究——以四川省安岳县为例[D].成都:四川师范大学,2018.

[26]周端云,谢勇.人才培养模式视角下乡村幼儿教师补充的困境与出路[J].教师教育论坛,2017,30(1).

[27]蒋宗珍.乡村振兴战略下农村学前教育发展:机遇与挑战[J].重庆第二师范学院学报,2021,34(2).

[28]筑波大学教育学研究会.现代教育学基础[M].钟启泉,译.上海:上海教育出版社,1986.

[29]陈德云.国际视野下的教师专业标准述要[J].教育科学研究,2010(8).

[30]李翠.乡村幼儿教师心理资本、工作投入与离职倾向的关系研究[D].贵阳:贵州师范大学,2023.

[31]单中惠.教师专业发展的国际比较[M].北京:教育科学出版社,2010.

[32]李琰.义务教育阶段教师专业实践中的伦理困境研究[D].重庆:西南大学,2014.

[33]罗国杰,马博宣,余进.伦理学教程[M].北京:中国人民大学出版社,1985.

[34]罗肖泉.高等学校专业伦理教育论纲[M].北京:知识产权出版社,2011.

[35]让·雅克·卢梭.论科学与艺术[M].何兆武,译.北京:商务印书馆,1959.

[36]李园园,鄢超云.制度情境中幼儿园教师的专业伦理困境——社会学新制度主义的视角[J].学前教育研究,2023(7).

[37]夸美纽斯.大教学论[M].傅任敢,译.北京:教育科学出版社,1995.

[38]李润洲.核心概念界定的价值及其实现——以教育学学位论文写作为观察介质[J].学位与研究生教育,2023(6).

[39]邹渝.厘清伦理与道德的关系[J].道德与文明,2004(5).

[40]叶澜.新世纪教师专业素养初探[J].教育研究与实验,1998(1).

[41]易凌云.幼儿园教师专业理念与师德的定义、内容与生成[J].学前教育研究,2012(9).

[42]张杰.幼儿教师专业伦理困境研究[D].重庆:西南大学,2015.

[43]沈伟,王娟,孙天慈.逆境中的坚守:乡村教师身份建构中的情感劳动与教育情怀[J].教育发展研究,2020,40(Z2).

[44]韩延伦,刘若谷.教育情怀:教师德性自觉与职业坚守[J].教育研究,2018,39(5).

[45]傅琴.把"乡村教育情怀"立起来[J].人民教育,2021(12).

[46]马多秀,江敏锐.优师专项师范生乡村教育情怀培育的困境及破解[J].教育学术月刊,2023(4).

[47]陈晨.乡村教师"教育情怀"及其生成研究——基于淄博市S小学的个案考察[D].青岛:青岛大学,2023.

[48]臧殿高.教育情怀:蕴育一种精神力量[J].江苏教育研究,2009(35).

[49]赵中建.全球教育发展的历史轨迹——国际教育大会60年建议书[M].北京:教育科学出版社,1999.

[50]顾明远.没有乡村教育的现代化就没有全国教育的现代化[J].中国教育学刊,2023(9).

[51]徐莉莉.地方高校学前教育专业课程改革探析——以农村幼儿教师培养为视角[J].绍兴文理学院学报(教育版),2017,37(10).

[52]胡秋云.高职学前教育专业人才培养模式的改革与实践研究——以漳州城市职业学院为例[D].厦门:厦门大学,2013.

[53]王伟华.职业院校学前教育专业人才培养方案满意度研究——基于广东某几所职业院校的现状调查[J].广西教育学院学报,2022(4).

[54]张晓霞.欠发达地区高职院校学前教育专业人才培养模式优化研究——以四川凉山为例[D].广州:广东技术师范大学,2021.

[55]宋慧.川渝地区农村幼儿园课程资源配置的现状调查研究[D].重庆:重庆师范大学,2015.

[56]曹鹤.高校学前教育专业本科人才培养模式研究——以辽宁省为例[D].沈阳:沈阳师范大学,2015.

[57]李康.学前教育本科生专业能力培养问题及对策研究——以×大学为例[D].锦州:渤海大学,2018.

[58]孙明书.地方师范院校支持乡村教育的师资培养研究[D].桂林:广西师范大学,2022.

[59]石媛,杨依里,李泠等.广西民族地区乡村幼儿教师的素养及培养路径——以地方性知识、跨文化能力和乡土情怀三方面素养的培养为例[J].广西教育,2022(12).

[60]桂林.我国高等院校学前教育专业本科院校生培养方案研究——基于36所高等院校培养方案的文本分析[D].重庆:西南大学,2013.

[61]谢山莉.小学全科教师培养课程设置研究——以河南省八所高等院校为例[D].郑州:河南大学,2018.

[62]裴生辉.乡村教师专业能力现状的调查研究——以Q市G县为例[D].哈尔滨:黑龙江大学,2017.

[63]肖川.教师的幸福人生与专业成长[M].北京:新华出版社,2008.

[64]虞永平.试论政府在幼儿教育发展中的作用[J].学前教育研究.2007(1).

[65]刘占兰.幼儿园教师的专业能力[J].学前教育研究,2012(11).

[66]李如密.教学艺术论[M].济南:山东教育出版社,1995.

[67]约翰·杜威.民主主义与教育[M].2版.王承绪,译.北京:人民教育出版社,2001.

[68]周平艳,等.提出21世纪核心素养的驱动力研究[J].华东师范大学学报(教育科学版),2016,34(3).

[69]张鹏,蒋荣辉.近15年来我国幼儿教师专业素养研究的进展与反思[J].陕西学前师范学院学报,2017(5).

[70]朱旭东.论我国教师教育体系的重建[J].教师教育研究,2009,21(6).

[71]辛星.上海市小学教师职业倦怠现状调查及思考——以对上海市365名小学教师的调查研究为例[D].上海:华东师范大学,2005.

[72]胡祥云.幼儿教师专业能力现状的调查研究——以济南市为例[D].荆州:长江大学,2014.

[73]付敬雯.幼儿园对幼儿教师专业能力发展的影响研究——基于《幼儿园教师专业标准(试行)》的视角[D].沈阳:沈阳师范大学,2014.

[74]王高峰.新时代下政校企"三位一体"协同育人模式的探索与研究[J].现代职业教育,2023(11).

[75]朱旭东,李琼.澳门教师专业发展与规划研究[M].北京:北京师范大学出版社,2011.

[76]蒋荣辉.浅析幼儿园教师专业标准视野下的幼儿教师素质结构[J].职业教育(下旬刊),2013(2).

[77]任楠欣,张杰.学前教育公费师范生专业认同的现状初探——来自四川省内某高校的调查[J].成都师范学院学报,2020,36(2).

[78]田艳娟.学前教育公费师范生培养现状调查研究[D].重庆:重庆师范大学,2019.

[79]苏尚锋,常越.地方公费师范生政策与乡村教育的"留住机制"[J].河北师范大学学报(教育科学版),2020,22(2).

[80]王小英,张鸿宇,孙贺群.中国农村学前教育发展百年回眸与启示[J].东北师大学报(哲学社会科学版),2014(4).

[81]王中华,周洁方.乡村卓越幼儿教师核心素养构成及其培养[J].陕西学前师范学院学报,2021,37(1).

[82]龙正香,郑琳川.公费师范生学习动力的现状,问题与对策——基于西部地区5所高师院校的调查研究[J].西昌学院学报(社会科学版),2019,31(4).

[83]李静美.农村公费定向师范生"下得去,留得住"的内在逻辑[J].中国教育学刊,2020(12).

[84]郭志辉,秦玉友.中国农村教育发展报告2011[M].北京:北京师范大学出版社,2012.

[85]熊彩云,付华.卓越乡村幼师职前师德培养实践探索——以学前教育公费师范生培养为例[J].科学咨询(教育科研),2021(11).

[86]石中英.知识转型与教育改革[M].北京:教育科学出版社,2001.

[87]冯晓霞.幼儿园教师的专业知识[J].学前教育研究,2012(10).

[88]莫云娟.农村幼儿园教师专业知识现状研究[D].重庆:西南大学,2015.

[89]代晓雯,高媛媛,刘飞.后脱贫时代学前教育持续介入脱贫的有利条件、问题与对策——以四川省为例[J].教育科学论坛,2021(11).

[90]高晓敏,张洁,刘岗.农村幼儿园教师专业能力发展现状及提升对策[J].学前教育研究,2020(6).

[91]赵英.当前我国农村学校教师编制、聘任和职称研究述评[J].当代教师教育,2014,7(2).

[92]方红,杨文悦.乡村教师编制政策的执行困境与纾解之策——基于政策网络理论的分析[J].当代教育论坛,2023(5).

[93]李强强.中小学教师职称评聘的问题与对策研究——以东营市A县为例[D].济南:山东师范大学,2023.

[94]王嘉毅.多维视角中的农村教师[M].北京:北京师范大学出版社,2011.

[95]王金涛.湖北省乡村教师专业发展现状与培训策略[J].湖北大学成人教育学院学报,2006(3).

[96]杨兵.重庆市农村幼儿教师专业素养现状研究[D].重庆:西南大学,2010.

[97]胡延茹.不同职业发展阶段的幼儿园教师领域教学知识的比较研究——以语言教育活动为例的分析[D].上海:华东师范大学,2012.

[98]陈金菊.影响幼儿教师专业发展的幼儿园环境因素之研究[D].广州:广州大学,2007.

后 记

本书追溯中国乡村师范历史轨迹，审视川渝地区乡村幼师现实境况，既为对标服务建设成渝地区双城经济圈这个"一号工程"反映基层声音，也为中国乡村幼师转型发展提交咨询报告。本书由重庆幼儿师范高等专科学校党委书记刘灿国、校长马文华，川南幼儿师范高等专科学校党委书记段永清、校长李达军做出顶层设计。

本书是2021年度重庆市社会科学规划项目"幼儿教师教育行为指南构建研究"（项目编号：2021NDYB130）和重庆市教育科学"十四五"规划重点课题"卓越教师培养计划实施成效评价与深化研究"（项目编号：K23YB3040020）研究成果；第四章是2023年度重庆市职业教育教学改革研究项目"乡村幼儿教师专业伦理调查研究"（项目编号：Z233274）研究成果；第六章是2022年重庆市社会科学规划课题（培育项目）"乡村振兴背景下学前教育公费师范生乡村教育情怀培育研究"（项目编号：2022PY78）和2023年重庆市人文社会科学研究规划项目（青年项目）"基于UGK协同构建三峡库区幼儿园家庭教育指导服务体系研究"（项目编号：23SKGH432）研究成果；第七章、第八章是重庆市2023年教育科学规划课题年度规划一般课题"三峡库区幼小双向衔接教育协同发展机制及路径研究"（项目编号：K23YG3040332）成果之一。本书撰写具体分工如下：刘灿国教授确定研究选题，宋生涛教授制定思路框架并撰写前言和后记，熊应教授负责全书的审稿统稿。第一篇由川南幼儿师范高等专科学校全晓燕教授统稿审核。第一章由全晓燕教授组建学术团队,罗伟、石帅、彭丹老师撰写完成;第二章由川南幼儿师范高等专科学校牟洪贵教授组建学术团队,庹晶名、谢梦怡、黄俊超老师撰写完成;第三章由唐廷秀副教授组建学术团队,邓亚玲、郑骞、沈欣、杨雪老师撰写完成。第二篇由重庆幼儿师范高等专科学校田兴江博士组建学术团队,卢静、李欢欢老师撰写第四章,潘渝、陈锦荣老师撰写第五章,刘苗苗、丘静老师撰写第六章,川南幼儿师范高等专科学校罗伟、石帅老师参与调研。第三篇由重庆幼儿师范高等专科学校任捷副教授组建学术团队,郑龙香老师撰写第七章,孙天鹏老师撰写第八章,川南幼儿师范高等专科学校郑骞、彭丹老师参与调研。

  编写本书的目的在于落实"一号工程",在于践行乡村幼师专业使命,在于为政府决策提供咨询报告,在于为同行调查研究提供数据,从而推动西南地区幼儿教师人才培养协同发展,进而促进川渝地区学前教育事业高质量发展。

  由于编写组的水平有限,本书疏漏之处在所难免,诚恳希望广大读者朋友批评指正。同时,本书在编写中参考引用了众多研究乡村幼教事业发展的中外学者的论文、著作,在此表示感谢。另外,本书的出版和编辑得到了西南大学出版社董洪宇等有关领导和编辑的大力帮助,在此表示感谢。

编者

甲辰春月巴渝